學術思想叢刊

先秦禮學思想研究

賴昇宏 著

自序

　　二〇一一年始立志於中國禮學思想研究,至今已逾十四個年頭,二〇一八年發表專書《秦漢諸子禮學思想研究——論《呂氏·十二紀》至《春秋繁露》》初步梳理《呂氏春秋》、陸賈、叔孫通、賈誼、《淮南子》、董仲舒《春秋繁露》的禮學思想內涵,考察秦漢儒者如何爭取帝王的支持,逐步建立一個家父長制禮教社會的演變脈絡,開啟個人探索中國禮學思想的契機。

　　近年則上溯先秦禮學思想的研究,本書便集結個人考察孔子、老子、曾子、《禮記》〈緇衣〉、〈中庸〉、〈禮運〉諸篇、出土文獻「郭店楚簡」及孟子、莊子、荀子、《管子》、《呂氏春秋》諸篇的研究成果,試圖梳理先秦禮學思想的發展與脈絡。二〇二五年乃提出先秦禮學思想有四條脈絡在演變與發展的主張:第一條脈絡是先秦禮學對「君子之德」的深化與發展,第二條脈絡是先秦禮學在社會規範義的重建與發展,第三條脈絡是先秦禮學在「天人合德」思想的發展,第四條是先秦「天人合德」思想另一脈絡的發展,即道家思想對先秦禮學的批判。這四條脈絡對後世中國禮學思想發展相互影響以至於今,此乃個人最新研究成果。

　　中國禮學思想源遠流長,在中國歷史長河中也歷經過幾次崩壞與重建,個人以為「禮」是中華文化的核心價值,其本質為孔子之「仁」,「仁」的內涵即是立己與立人,表現形式即是「禮」。「禮」是自覺自立、成就自我,善待家人,善待國人以至天下人,善待萬物,善待天地,更敬重鬼神的一種人生價值觀,故「禮」始於立己,終於兼善天下,此「人生有禮」的價值觀,在中國歷史治亂分合之中,或

有興衰消長,卻從未消亡,今日面對現代世界的紛亂與困境,個人相信「禮」是我中華文化能對世界人類文明做出的偉大貢獻。

謹以此書獻給指導恩師王俊彥院長,師從王院長已逾廿年,在學術與待人處事方面,受恩師教誨最多,師恩深重,謹致弟子誠摯感謝之意,還有最支持我的家人、同仁以及一路相伴的朋友們,在此深致感謝之忱。

潁川 賴昇宏 書寫於板橋書齋

二〇二五年八月

目次

自序 I

第一章　緒論 1

第二章　先秦禮學論「君子之德」的深化與發展 9

　　第一節　緒論 9
　　第二節　「孔子問禮老子」——「天下歸仁」與「天道玄德」
　　　　　　兩種思路的思想意義 13
　　第三節　曾子禮學思想——「攝禮歸孝，以孝為教」 38
　　第四節　合〈簡本〉與〈今本〉《禮記・緇衣》論「人君之德」
　　　　　　.. 69
　　第五節　孟子禮學思想——由「尊德性」至「民為貴」 109

第三章　先秦禮學在社會規範義的重建與發展 141

　　第一節　緒論 141
　　第二節　《郭店楚簡・性自命出》論「禮作於情」 144
　　第三節　《管子》「禮者教訓正俗」與
　　　　　　「國之四維」禮學研究 157
　　第四節　荀子「禮義之統」思想研究 171

第四章　先秦禮學「天人合德」思想的發展 ⋯⋯⋯⋯ 207

第一節　緒論 ⋯⋯⋯⋯⋯⋯⋯⋯⋯⋯⋯⋯⋯⋯⋯ 207

第二節　〈中庸〉到〈禮運〉的禮學思想發展
　　　　──由「天人合德」思想角度切入 ⋯⋯⋯⋯ 210

第三節　天人合德的國家禮制新藍圖──從《管子》〈四時〉、
　　　　〈五行〉至《呂氏春秋・十二紀》⋯⋯⋯⋯⋯ 236

第五章　先秦「天人合德」思想另一脈絡發展 ⋯⋯⋯ 261

第一節　緒論 ⋯⋯⋯⋯⋯⋯⋯⋯⋯⋯⋯⋯⋯⋯⋯ 261

第二節　從《老子》、《莊子》到《淮南子》
　　　　對儒家禮學的批判與意義 ⋯⋯⋯⋯⋯⋯⋯ 264

第三節　《禮記・禮運》合天人氣化義論「人」⋯⋯⋯ 288

第六章　結論 ⋯⋯⋯⋯⋯⋯⋯⋯⋯⋯⋯⋯⋯⋯⋯ 333

參考文獻 ⋯⋯⋯⋯⋯⋯⋯⋯⋯⋯⋯⋯⋯⋯⋯⋯⋯ 337

第一章
緒論

一　前言

　　我中華自古為禮儀之邦,關於禮的起源,學者蔡仁厚主張「禮」由文字學角度考察當與祭祀有關,「禮」本指祭祀之器,擴大範圍為祭祀之禮,再引申發展為人倫之規範[1]。禮學在傳統學術屬於經學範疇,主要為經學中的「三禮(周禮、儀禮、禮記)之學」,或名「禮經學」[2]。傳統禮學的貢獻主要在經典的整理、註解,歷代學者的傳承與發揮,學者周何認為傳統禮學研究,大致有六個方向:1.禮文、2.禮制、3.禮義、4.禮器、5.禮圖、6.禮容,[3]今日來看顯然已有所不足的。近代學者梁啟超肯定清儒鑽研三禮之學的重大貢獻,但同時也指出其名物考據的侷限性,主張「(禮學)換個方向,不把他當做經學,而把他當做史學,那麼都是中國法制史、風俗史、…史、…史的

---

[1] 學者蔡仁厚以為:「孔子身當春秋後期,春秋時代最有代表性的觀念是『禮』。禮的原初義,當然與祭祀有關,禮這個字——本是從豊字發展而來。由意指『行禮之器』的豊字,發展到意指『祭祀者之行為儀節』的『禮』字,再拓展到包括『法制、規範』的意義,乃是經過西周三百餘年的演變而漸次形成的。到了春秋時代,在說明『禮』的內容意指時,便已脫離了原始宗教的意味,而成為一個涵蓋全幅人文世界的共同理念了。」蔡仁厚:《孔孟荀哲學》(臺北:臺灣學生書局,1994年),頁50。

[2] 學者楊志剛以為「禮學,狹義的是指禮經學;擴而言之,包容禮儀學和禮論;再推而廣之,就成為廣義的禮學,它涵括泛禮學。中國古代禮學史,應以泛禮學為鋪墊、作襯托,集中於禮經學、禮儀學、禮論這三類禮學的研究。」楊志剛:〈中國禮學史發凡〉,《復旦學報》(社會科學版)1995年第6期,頁52-68。

[3] 周何:《禮學概論》(臺北:三民書局,1998年),頁7。

第一期重要資料了。」[4]梁任公之言開啟近代禮學研究的新方向。

一九四四年學者杜國庠〈略論禮樂的起源及中國禮學的發展〉討論中國禮學發展與荀子對禮學的貢獻。[5]一九六五年學者楊寬《古史新探》探討西周古禮的社會功能，開啟由社會學分析西周古禮先例。一九八七年學者劉澤華〈先秦禮論初探〉[6]討論中國古代「禮」思想的社會功能，引述禮記、荀子、道家、法家、管子的禮論。二○○○年學者惠吉興發表〈近年禮學研究綜述〉一文，剖析禮學的六個面向：一、禮的起源。二、周禮。三、禮與仁。四、禮與樂。五、禮與法。六、《三禮》學。[7]二○○三年學者劉丰發表《先秦禮學思想與社會的整合》一書，討論（一）禮的起源、（二）三禮的成書年代及傳授研究、（三）禮制研究、（四）禮樂文化研究、（五）禮學思想研究，逐步建立先秦禮學思想系統性架構。[8]二○○五年學者王啟發發表《禮學思想體系探源》認為中國古代的「禮」可區分為行為之禮、制度之禮、觀念之禮三個屬性，可由「禮」的三個面向，考察「禮」的起源和演變、功能和作用、傳承和發展脈絡。[9]

---

4 梁啟超認為「《禮》學的價值到底怎麼樣呢？幾千年很瑣碎、很繁重的名物（宮室、衣服、飲食之類）、制度（井田、封建、學校、軍制、賦役之類）、禮節（冠、婚、喪、祭之類），勞精敝神去研究他，實在太不值了。雖然，我們試換個方向，不把他當做經學，而把他當做史學，那麼都是中國法制史、風俗史、……史、……史的第一期重要資料了。……我們若用新史家的眼光去整理他，可利用的地方多著哩。」梁啟超：《中國近三百年學術史》（臺北：里仁書局，1995年2月），頁269。
5 杜國庠：〈略論禮樂的起源及中國禮學的發展〉，《中國思想的若干研究》（北京：生活‧讀書‧新知三聯書店，1952年，原發表於1944年），頁181-218。
6 劉澤華：〈先秦禮論初探〉，《中國文化研究集刊》第4號（1987年），頁44-61。
7 惠吉興：〈近年禮學研究綜述〉，《河北學刊》2000年第2期。
8 劉丰：《先秦禮學思想與社會的整合》（北京：中國人民大學出版社，2003年），頁2-32。
9 王啟發認為：「中國古代的『禮』即可區分為行為之禮、制度之禮、觀念之禮三個方面。就禮的屬性而言，作為觀念之禮，其內涵具有道德性（自律）的『應該如此』的意義；作為制度、典章之禮，其內涵具有法定姓（他律）的『必須如此』的

二〇〇八年學者陸建華發表《先秦諸子禮學研究》主張「春秋後期禮學的誕生主要表現在禮的地位的提升，禮的根源的追溯、禮的價值的反思、禮的涵意的辨析、禮治內容的重新詮釋。它為其後的禮學發展描繪了大致方向，提供了無盡的給養，並成為後世禮學發展的重要理論源泉。」[10]陸氏透過先秦道家、儒家、墨家、法家如老子、莊子、孔子、孟子、荀子、墨子、商鞅、韓非子等人禮學思想的比較，深入闡發先秦諸子禮學思想的發展脈絡。

本書成果建立在吸收前賢的研究基礎上，持續針對先秦禮學的發展脈絡做闡發，本書集結筆者近年研究先秦禮學思想的心得，通過對孔子、老子、曾子、《禮記》〈緇衣〉、〈中庸〉、〈禮運〉諸篇、郭店楚簡、孟子、莊子、荀子、《管子》、《呂氏春秋》等著作的考察分析，個人以為先秦禮學思想發端始於孔子，其後諸子百家興起，面對的時代難題是周文的禮崩樂壞，先秦禮學思想的目標是對周文之禮的省察與重建新時代的禮制規範，目的是安頓個人、建立社會人倫秩序、建立國家運作規範，進而重建在天、地、人、物中安身立命的禮制與意義，本書除針對個別學者的禮學思想分析外，更進一步比較歸納出先秦禮學思想發展的四條脈絡。

二　關於先秦禮學思想發展的四條脈絡

個人歸納先秦禮學思想的發展有四條脈絡，這四條脈絡對後世中國禮學思想發展過程中相互影響以至於今。一、先秦禮學思想論「君

意義；作為行為、儀式之禮，其內涵具有宗教性（信仰和神聖）的『天意如此』的意義。『禮』的這三方面屬性，正是我們考察『禮』的起源和演變、功能和作用、傳承和發展的起始點和著眼點。」王啟發：《禮學思想體系探源》（鄭州：中州古籍出版社，2005年1月），頁4。

10 陸建華：《先秦諸子禮學研究》（北京：人民出版社，2008年12月），頁11。

子之德」的深化與發展，此脈絡乃孔子由「克己復禮曰仁」所開創，為中國禮學思想發展的主體價值，以修身為本，立己而後立人。曾子繼之，由孝而覺仁。《禮記・緇衣》擴大為「人君之德」，孟子提倡以禮為性善之四端，達至先秦個人禮學思想巔峰，強調立身之禮的道德價值義。二、先秦禮學在社會規範義的重建與發展，此脈絡本孔子立己也推己及人思想的發展，其性情觀念多本「生之謂性」切入，針對人性喜怒哀樂之情的節制與安頓入手，「郭店楚簡」〈性自命出〉主張「禮作於情」，《管子》由民心之好惡提倡「國之四維」，荀子由食色之性的合理節制，主張「禮義之統」，試圖重建新時代父子、夫婦、兄弟、朋友、君臣等家庭、社會人倫秩序，進一步擴大建立君主集權制國家禮制以至於秦漢達於極盛。三、先秦禮學「天人合德」思想的發展，孔子罕言性與天道，此脈絡可溯及遠古「天命觀」，乃針對天人關係的回應，強調天道與人道的價值連結，〈中庸〉以「誠」連結天人，〈禮運〉以「禮」連結天人，〈管子〉由四時五行思想提倡「刑德說」，《呂氏春秋・十二紀》試圖結合天道秩序以為國家禮制規範，影響兩漢天人感應思潮甚深。四、先秦「天人合德」思想另一脈絡發展，則論述道家思想對先秦禮學的批判，道家思想在先秦禮學思想發展中扮演諍友角色，在中國歷代禮學思想發展中儒道二家似有此消彼長的關係，因此也納入先秦禮學思想中一併考察。另「《禮記・禮運》由氣、性論人的思想意義」一文補充戰國晚期天人同氣一體時代思潮特色以備審閱。

此四條脈絡先秦禮學思想概述其內容與意義：

（一）先秦禮學論「君子之德」的深化與發展

先秦禮學論「君子之德」的深化與發展這一脈絡其思想承襲周初「天命在德」、「文王之德之純」思想的發展，為回應周文之疲弊，老子提出「天道玄德」主張，孔子提出「克己復禮，天下歸仁」主張回

歸君子之德，無論是「天道玄德」或「君子之德」，二聖皆主張由個人德行入手，開創日後中華文化「以德為本」的大方向。

由先秦禮學思想的發展而言，孔子將「文王之德」擴大為「君子之德」，由儐禮省察中提出「克己復禮曰仁」，以發自生命真誠實感之仁心重新賦予周文之禮以新意，開創「君子之德」的新方向。曾子則由孝親之心點醒仁心之明覺，由「孝」言三省吾身、慎獨之立身之禮，由孝言學與行，再由「孝」擴大至家、國言「忠恕之道」，樹立「以仁為己任」的「君子之德」新內涵。

《禮記・緇衣》在「君子之德」的基礎上擴大論「人君之德」，承襲孔子「為政以德」思想，對「人君之德」有新的詮釋，人君當以仁為生命主體而非以血緣或身分為尊，君臣關係當以禮尊賢，君民關係本為一體，另外也觀察到人性有「上行下效」趨向，故人君負有社會教化責任，為孔子「君子之德風」提供人性論之基礎。

孟子禮學思想在先秦禮學思想發展中，尤其是先秦儒家論「君子之德」這一脈絡可謂是人文精神的最高成就，孟子由「君子之德」深化為「人性之善」，將孔子「仁心」一步步深化為「人性之善端」即「性善說」。「尊德性」是孟子賦予「君子之德」的新內涵，強調道德的必然性，強調「禮」的行為背後合理合宜的理性判斷「義」，強調人性尊嚴、道德人格價值的尊貴性，在「君子之德」的論述上有其重要地位，可代表先秦禮學思想人文精神的最高峰。

（二）先秦禮學在社會規範義的重建與發展

先秦禮學在社會規範義的重建與發展這一脈絡，筆者取郭店楚簡〈性自命出〉、《管子》論「禮不踰節」、荀子「禮義之統」為主要論述著作，這一派禮學思想多偏外在社會規範的建立，其人性論多沿襲「生之謂性」的傳統，主張人性即為喜怒哀樂之情、食色之性，〈性自命出〉主張「禮作於情」、《管子》擴大論「民心之好惡」、荀子主

張「性惡論」皆是。

故由先秦禮學在社會規範義的重建與發展而言，此派的禮學主張即是針對人情之喜怒哀樂有所節制與規範，〈性自命出〉主張聖人制作《詩》、《書》、《禮》、《樂》之經典，透過教育學習使人喜怒之情有所節度、規範，表現先秦社會教育的雛形。《管子》提倡「國之四維」，透過「教訓成俗」，達至「禮不踰節」的禮教理想。

荀子「禮義之統」可謂先秦禮學在社會規範義的重建與發展中的偉大藍圖，可由「善生養人者」、「善班治人者」、「善顯設人者」、「善藩飾人者」四個層面呈現，包括經濟、教育、官制、禮制等豐富內容，荀子「禮義之統」代表先秦禮學在社會規範義的重建與發展上的重要里程碑。

（三）先秦禮學「天人合德」思想的發展

先秦禮學「天人合德」思想這一脈絡，其源頭可溯及遠古天命之說，至於周初乃生「文王之德」的人文精神萌芽，老子思想曰「尊道貴德」是為新天命說，試圖重新連結遠古天人合德思想。孔子罕言性與天道，孔子後學或有感於先秦儒家在天人關係方面論述不足，至於〈中庸〉提出以「誠」連結天人關係，以誠體重新詮釋「天人合德」的價值內涵，表現在「禮儀三百、威儀三千」的禮學實踐。至於〈禮運〉更吸收陰陽五行之說，以「禮」來「承天之道、治人之情」，主張「天人合禮」，聖人由「大一、陰陽、四時、五行、身、家、國、天下」的氣化思想，進一步制作「郊、社、祖廟、山川、五祀、飲食、冠、昏、喪、祭、射、御、朝、聘之禮」，建構先秦儒家「天人合德」禮學理論的最高峰。

《管子》〈四時〉、〈五行〉至於《呂氏春秋・十二紀》則是先秦禮學「天人合德」思想進一步的落實，二書思想來源複雜，有吸收〈夏小正〉月令思想、道家氣化天道論、陰陽家五行之說、法家賞罰

觀念，也有儒家德治主張，其發展亦有其脈絡可循，先掌握自然天象時令的規律，再進一步成為政治施政的「刑德說」，最終發展成為人君施政一年十二月的治國藍圖。它是在天人同氣一體理論之下的禮制產物，重新連結上古天人觀而賦予戰國末年興起的陰陽五行思想，乃繼周文後禮學思想在「天人合德」理論的重要成就，影響漢代天人感應思想甚深。

（四）先秦「天人合德」思想另一脈絡發展

先秦「天人合德」思想另一脈絡發展，第一篇主要論述先秦道家從老子、莊子以至淮南子對禮學的批判，第二篇則論述《禮記・禮運》論「人」的重要意義，表現先秦禮學思想的多元呈現。先秦禮學思想為孔子開創，孔子面對周文禮崩樂壞，提出「克己復禮，天下歸仁」的主張，由真誠實感之仁心賦予周文之禮以新意。老子提出「尊道貴德」模式，老子價值主體在「道」，體察天地萬物之道以為人之玄德，主張人當順「道」而行，自然無為，回歸本性之純樸，故老子反對周文之禮，也反對先秦儒家所提「仁」、「義」、「禮」諸德性，老子以為此皆背離本性，離道越遠。

莊子及其後學沿襲老子對「禮」的看法，皆對儒家禮樂儀節的虛偽矯情採批判態度，以為禮樂制度乃一時之制，不足以為長治久安之道。《淮南子》承襲漢初黃老之學，雖也延續戰國以來道家後學對禮學的批判態度，但《淮南子》提出屬於黃老之學「因性制禮，化民反性」的禮學主張甚具特色，惜乎隨後因歷史機緣淹沒而不為人知。

前文論〈先秦禮學「天人合德」思想的發展〉已論述由〈中庸〉至於〈禮運〉的禮學思想特色，此文乃論《禮記・禮運》由氣、性論人的思想意義，先秦儒家非常重視對「人」之命題的探討，孔子論「人」重文化義之承襲，孟子論「人」重道德心性義的樹立，強調人之異於禽獸者。荀子論「人」重血氣心知之實然內涵，強調教育學習

與群體的規範義。至於《禮記・禮運》論「人」，乃結合天道論，論述人之形性義，鬼神義及禮樂之根源義，更擴及到人與家、國、天下的連結，以達人與天地、山川、鬼神、人倫社會的和諧，此可謂是秦漢之際儒者在儒家論「人」議題上的重要成就。

第二章
先秦禮學論「君子之德」的深化與發展

第一節　緒論

　　先秦禮學論「君子之德」的深化與發展這一脈絡其思想承襲周初「天命在德」、「文王之德之純」思想的發展，為回應周文之疲弊，老子提出「天道玄德」，孔子則由「克己復禮，天下歸仁」主張回歸君子之德，無論是「天道玄德」或「君子之德」，二聖皆主張由個人德行入手，開創日後中華文化「以德為本」的大方向。

　　曾子由孝親之心點醒仁心之明覺，由「孝」言立身之禮，再由「孝」擴大至家、國，言「忠恕之道」，樹立「以仁為己任」的「君子之德」新內涵。《禮記・緇衣》在「君子之德」的基礎上擴大論「人君之德」，承襲孔子「為政以德」思想，對「人君之德」賦予新詮釋。孟子禮學思想在先秦儒家論「君子之德」這一脈絡可謂是人文精神的巔峰，孟子由「君子之德」深化為「人性之善」，「尊德性」是孟子賦予「君子之德」的新內涵，可代表先秦禮學思想人文精神的最高峰。

一　「孔子問禮老子」的思想意義

　　孔子與老子二哲之思想發端皆是面對日漸廢弛的周文之弊而生，面對天地、山川、祖先、天子、諸侯、大夫之禮的廢弛僭越，周文建立在「親親、尊賢」的禮樂制度已無法再維繫當時人文世界的秩序，

從這點看,老子、孔子思想皆承襲周初「天命在德」、「文王之德之純」思想的發展。

就「孔子問禮老子」而言,老子、孔子二聖面對周文禮樂衰微,二人尋求挽救周文之衰的方式不同:老子「由天以化人」提出聖人之德的理想,乃是論述天地之道到聖人玄德的思想模式;孔子乃由省察三代之禮的因革損益,「由禮弊以覺仁」,進而提出「克己復禮、天下歸仁」的理想,藉由仁心之自覺重新貫注周文禮樂以新的人文內涵,儒、道二家不同的思考方向。

「孔子問禮老子」一事由思想史角度言,重點不在二人之爭勝,二聖都對周文衰弊提出其偉大主張,老子由「天道玄德」提出由天地之道重建人文之道,孔子由「克己復禮,天下歸仁」主張回歸到君子之德,以重建人倫新秩序,無論是「天道玄德」或「君子之德」,二聖皆主張由個人之德行入手,對後世中華文化的發展產生深遠的影響。

二　曾子禮學在「君子之德」的深化

曾子承襲孔子在「君子之德」、在「克己復禮為仁」的議題上深化充實其內容,此為曾子思想所處的歷史背景。故曾子在孔子基礎上力倡「攝禮歸孝」,所謂「攝禮」是吸納周文之禮,曾子強調「孝」的自覺與表現,進一步由「孝」來提點仁心,「孝」較「仁」更親切可感。

曾子「君子之德」的內涵表現在立身之禮、進學之禮、待人忠恕之禮、治國之禮等四個層面:立身之禮方面,曾子由「孝」論立身之「慎獨」、「誠意」、「慎言行」、「三省吾身」等主張,本於不辱其親的孝親之心。曾子表現在進學之禮上,主張學習要有主題、要有方法,其中甚具特色在「博、習、知、行、讓」五階段,頗具中國先秦知識論架構的雛形。其次,曾子論「學」重視「義」的探討,「義」是仁

心落實在事物上如何因應合宜的實踐命題,至於戰國的孟子「義內義外」成為諸子討論的重要命題。曾子論「禮者忠恕之道」,分立己之道與待人之道。立己之道,曾子強調要安於名位,不貪求不逾越。待人之道要推己及人,成人之美、入人之國當入境問俗。曾子也較孔子表現出更強烈的批判性,反對耽溺逸樂,反對不學之弊,反對「臨事而不敬,居喪而不哀」的虛偽之弊。曾子論治國之禮,擴大「孝」的義涵,主張能事父乃能事君,能弟弟乃能事長,由家之孝擴大及於國之孝。曾子是將「孝」思想大力發揚,由孝親之心擴大為家、國、天下的孝治禮學思想。最後曾子樹立「君子之德」的典範,曰:「士不可以不弘毅,任重而道遠。」[1]又曰:「可以託六尺之孤,可以寄百里之命,臨大節而不可奪也。君子人與?君子人也。」[2]的君子形象影響後世深遠。

三　《禮記・緇衣》論「人君之德」

近代出土文物「郭店楚簡」、「楚竹書」皆有〈緇衣〉篇合稱「簡本」〈緇衣〉,比較「簡本」〈緇衣〉與「今本」《禮記・緇衣》二本可相互印證,彰顯〈緇衣〉為先秦儒家論「人君之德」的重要文獻。

〈緇衣〉承孔子「為政以德」思想,對「人君之德」的內涵與影響有深入的闡釋。人君之德包括:人君當以仁為好惡,謹言慎行,並多聞精知,言之有物,因「上行下效」的人性趨向,使得人君有其社會教化的責任,故人君當彰善惡惡,舉賢斥不肖,乃得為民之表率。〈緇衣〉發展孔子「君君、臣臣、父父、子子」[3]之說,更提出「大臣、邇臣、遠臣」的對待之道;在君民關係上,更主張「民以君為

---

[1] 《論語・泰伯》,《十三經注疏》(臺北:藝文印書館,1976年),頁71。
[2] 《論語・泰伯》,《十三經注疏》(臺北:藝文印書館,1976年),頁71。
[3] 《論語・顏淵》,《十三經注疏》(臺北:藝文印書館,1976年),頁108。

心，君以民為體」，重建君臣、君民之禮。〈緇衣〉表現先秦儒家在德治思想上的進展，其論人君之德及其對社會的影響力，影響後世中國社會深遠。

四　孟子禮學思想──先秦儒家論「人性之德」的高峰

　　首先，「尊德性」是孟子禮學思想的核心價值，孟子由人性之善端生發仁義禮智之道德價值，將「禮」的價值本體內在化、人性化，由周文的文化義深入人性的內涵，「禮」來自人性之善端，而非外在規範或文化傳統。孟子超越周文之禮，將「禮」內化於人性之善端，樹立先秦禮學本體價值的先天內在依據，提高禮學思想的必然性，他承襲孔子「君子之德」的人文價值，深化為「人性之德」，在此基礎上重建新時代的人性尊嚴，這是孟子在先秦禮學思想上的偉大貢獻。其次，孟子強調「禮」的表現有其「義」的合理判斷，當因時地人物因時制宜，故「禮」有常理、有變通，常與變都要掌握，這是孟子對「禮」的內涵與應用做出更深入的探討。

　　孟子禮學思想在宣揚「尊德性」在現實生活的應用與落實，在政治方面主張「民為貴，社稷次之，君為輕」[4]，論大臣當如王者師的地位，以啟發君王之德性為職分，而非有求於君王的附庸，強調大臣的獨立性價值。孟子禮學思想可謂先秦儒家人文精神的高峰。

4　《孟子・盡心下》，《十三經注疏》（臺北：藝文印書館，1976年），頁251。

第二節　「孔子問禮老子」——「天下歸仁」與「天道玄德」兩種思路的思想意義[5]

一　關於「孔子問禮老子」之疑

《史記》載孔子適周問禮於老子有二處：〈孔子世家〉曰：「魯南宮敬叔言魯君曰：『請與孔子適周。』魯君與之一乘車兩馬一豎子俱，適周問禮，蓋見老子云。辭去，而老子送之曰：『吾聞富貴者送人以財，仁人者送人以言。吾不能富貴，竊仁人之號，送子以言，曰：『聰明深察而近于死者，好議人者也。博辯廣大危其身者，發人之惡者也。為人子者毋以有己，為人臣者毋以有己。』孔子自周反于魯，弟子稍益進焉。」[6]〈老莊申韓列傳〉曰：「孔子適周，將問禮于老子。老子曰：『子所言者，其人與骨皆已朽矣，獨其言在耳。且君子得其時則駕，不得其時則蓬累而行。吾聞之，良賈深藏若虛，君子盛德容貌若愚。去子之驕氣與多欲，態色與淫志，是皆無益於子之身。吾所以告子，若是而已。』孔子去，謂弟子曰：『鳥，吾知其能飛；魚，吾知其能游；獸，吾知其能走。走者可以為罔，游者可以為綸，飛者可以為矰。至於龍，吾不能知其乘風雲而上天。吾今日見老子，其猶龍邪！』」[7]

此二則對話，皆載「孔子問禮老子」，但內容似與「禮」無關，看似不經。後世學者對此事評價不一。唐代韓愈以為「後之人其欲聞仁義道德之說，孰從而聽之？老者曰孔子，吾師之弟子也。佛者曰孔

---

[5] 本文依作者二〇二一年二月發表於《孔孟月刊》第701、702期（頁1-13）〈論「孔子問禮老子」的思想意義〉一文再修改。

[6] 〔漢〕司馬遷：《史記‧孔子世家》（臺北：藝文印書館，1962年），頁761。

[7] 〔漢〕司馬遷：《史記‧老莊申韓列傳》》（臺北：藝文印書館，1962年），頁858。

子，吾師之弟子也。為孔子者，習聞其說，樂其誕而自小也，亦曰吾師亦嘗師之云爾。不惟舉之於其口，而又筆之於其書。」(〈原道〉)[8] 韓氏以此事乃佛老好事者所捏造。宋代葉適以為「孔子贊其（老子）為龍，則是為黃老學者借孔子以重其師之辭也。」[9]葉氏以為乃黃老學者所託言。近代學者顧頡剛以為「老子為什麼會成為孔子的老師呢？我以為這不是訛傳的謠言，乃是有計畫的宣傳。」[10]勞思光則以為《史記》所載孔子問禮老子事「考之史實，舛謬顯然，且他說亦多不可通，『問禮』之事遂成為一問題。」[11]勞氏以為不可信。

　　學者陳師錫勇以為「（孔子適周將問禮於老子）此事古籍所載多有，太史公據其實而書之本（〈本傳〉），雖或有撰述異同，然孔子見老子之事必有，是孔子所嚴事者。」[12]錫勇師認為太史公必有所據。學者黃梓根、張松輝從考察史料角度論證「孔子問禮老子」以為「第一，孔子問禮於老子當屬歷史事實，第二，孔子問禮於老子與老子反對禮是不矛盾的。第三，孔子問禮於老子只是孔子向老子學習的一個方面，孔子對老子思想的接受是多方面的，孔、老的交往，開啟了儒、道文化的會通。」[13]黃、張二氏則由儒、道思想會通角度予以肯定。以上學界諸家之說，或由儒道之爭、儒佛之爭、或由史料切入以證其說，本文不再考據史料真假或爭辯老子孔子孰先孰後[14]，乃嘗試

8　《韓愈全集‧原道》（上海：上海古籍出版社，1997年10月），頁120。
9　〔宋〕葉適：《習學記言序目》（北京：中華書局，1977年10月），上冊，卷十五，頁209。
10　顧頡剛：《秦漢的方士與儒生》（上海：上海古籍出版社，1988年），頁34。
11　勞思光：〈第四章　道家學說　（b）孔子問禮之問題〉，《新編中國哲學史（一）》（臺北：三民書局，1991年1月），頁217。
12　陳師錫勇：《老子論集‧敘論》（臺北：國家出版社，2015年1月），頁16。
13　黃梓根、張松輝：〈關於孔子問禮于老子的幾點認識〉，《湖南大學學報》（社會科學版）第19卷第4期（2005年7月），頁6-10。
14　關於老子其人與《老子》一書，歷來眾說紛紜，一派主張老子生當孔子前，《老子》成書於孔子前；一派主張老子生當孔子後，《老子》成書於孔子後，今隨戰國

由老子、孔子二聖思想模式切入，論述「孔子問禮老子」在思想史意義何在？

二　老子──由「天道」到「玄德」

（一）由「天命」到「天道」

　　夏商周三代多以「天命」論述統治權之合理性，〈虞書・皋陶謨〉皋陶戒禹曰：「天命有德」[15]，首揭君主統治權之賦予在天命，且天命有德之君，人君受天命然後治民。〈湯誥〉湯伐桀曰：「夏王滅德作威，以敷虐于爾萬方百姓。……天道福善禍淫，降災于夏，以彰厥罪。肆台小子，將天命明威，不敢赦。」[16]〈泰誓〉武王伐紂曰：「商罪貫盈，天命誅之。」[17]湯、武革命皆藉「天命」以討桀、紂，因桀、紂虐于百姓乃失天命，強調革命乃順應天命之正當性。〈商書・盤庚上〉曰：「先王有服，恪謹天命，茲猶不常寧」[18]，〈召誥〉曰：「我不可不監于有夏，亦不可不監于有殷。我不敢知曰有夏服天命，惟有歷年；我不敢知，曰不其延，惟不敬厥德，乃早墜厥命……今王嗣受厥命，我亦惟茲二國命，嗣若功。」[19]商、周二代皆有感先君雖有天命，其後嗣君失德，遂失天命而亡，故「天命」非一家一代獨有，此為「天命靡常」[20]

文獻帛書老子甲、乙本出土，筆者傾向「早出論」看法。參看。劉建國：《中國哲學史史料學概要上・《道德經》的成書年代與真偽問題》（吉林：人民出版社，1983年），頁91。

15　《尚書・皋陶謨》，《十三經注疏》（臺北：藝文印書館，1976年），第1冊，頁62。
16　《尚書・湯誥》，《十三經注疏》（臺北：藝文印書館，1976年），第1冊，頁112。
17　《尚書・泰誓》，《十三經注疏》（臺北：藝文印書館，1976年），第1冊，頁153。
18　《尚書・盤庚上》，《十三經注疏》（臺北：藝文印書館，1976年），第1冊，頁127。
19　《尚書・召誥》，《十三經注疏》（臺北：藝文印書館，1976年），第1冊，頁222。
20　《詩經・大雅・文王》：「侯服于周、天命靡常。」《十三經注疏》（臺北：藝文印書館，1976年），第2冊，頁536。

觀念，要如何使君王能永承天命而不墜？乃生「天命在德」之說。

王國維以為「殷周之興亡，乃有德與無德之興亡」[21]，學者王玉彬以為「在『配天』的過程中，『德』體現出無與倫比的重要性，『敬德』遂成為天子所必備的修養或品質。當然，天子通過『德』不僅能夠參配天命，更可以獲取民心，『敬德保民』的政治訴求也便與殷人『敬事鬼神』的行為方式大相逕庭了。因此『德』堪稱周代與殷商思想的『分水嶺』。」[22]故殷周思想的重要分水嶺乃是天命由「天神」下落「人君」之德，方得永保天命而不失，此見周初人文精神的萌芽。

《史記・老莊申韓列傳》曰：「老子者，楚人也，名聃，周守藏室之史也。」[23]司馬貞《索隱》曰：「藏室史乃周藏書室之史也。」[24]老子擔任藏書室之史，屬古代知識階層，面對周室衰微，自不能無感，考《老子》書中無「天命」一詞，多「天下」、「天道」、「玄德」之語，可見老子喜作天人關係之高遠思考。《老子》論及君王統治權，其曰：

> 將欲取天下而為之，吾見其不得已。天下神器，不可為也，為者敗之，執者失之。故物或行或隨，或歔或吹，或強或羸，或培或墮。是以聖人去甚、去奢、去泰。（第二十九章）[25]

周初「天命靡常」觀念，「天命」不可為也，不可強執也，但人君可

---

21 王國維：《殷周制度論》，《觀堂集林（外二種）》（石家莊：河北教育出版社，2003年），頁244。

22 王玉彬：〈「道的突破」與「仁的覺醒」──老子、孔子之哲學突破的理論進路〉，《哲學與文化》第44卷第2期（2017年2月），頁151。

23 「《史記》今本：「楚苦縣厲鄉曲仁里人也，姓李氏，名耳，字伯陽，諡曰聃。」其文不合〈列傳〉體例，當為唐初道教徒為尊老氏所衍增。」詳見陳錫勇先生：《老子論集・敘論》，頁13。

24 〔漢〕司馬遷：《史記・老莊申韓列傳》（臺北：藝文印書館，1962年），頁858。

25 《老子》一書版本眾多，本文採高明：《帛書老子校注》（北京：中華書局，1996年初版，2002年重印），「新編諸子集成」，頁377-380。

由敬慎其德,以民為懷,透過修養、敬慎、愛民可以常保天命,若如桀、紂失德失民,終將失天命,此乃周初君臣常引以為鑑的憂患意識。《老子》論「天下神器,不可為也」則是對「天命靡常」觀念的另一種詮釋,扭轉周初以來天命在人君之德的人文精神。老子以為「天下神器」自有其規律,非人之作為所能掌握,是又回歸至天道本身為價值的主體性,但老子並非要回復上古對天地鬼神的崇拜,而是試圖重構「天命」的內涵曰「道」。

> 有物混成,先天地生,寂兮寥兮,獨立而不改,可以為天地母。吾未知其名,字之曰道,強為之名曰大,大曰逝,逝曰遠,遠曰反。道大、天大、地大、王亦大。國中有四大,而王居其一焉。人法地,地法天,天法道,道法自然。(第二十五章)[26]

老子之「道」,顯然與《尚書》「天命有德」、「天討有罪」,《詩經》「維天之命、於穆不已。於乎不顯、文王之德之純。」[27]的道德天有別,老子以「道」取代「天」,強調「道」先天地而生的先具性,為天地母的根源性,宇宙展現為「道」、「天」、「地」、「王」四大,四大之間有「人法地,地法天,天法道,道法自然」的關聯性,於是周初「文王之德」的人文精神,轉變為「人法地,地法天,天法道,道法自然」的新天人關係。學者王玉彬以為「(老子)基於對『王官之學』的失望之情,老子『反其道而行之』不僅激烈批評了文化傳統與政治現實,更提出了超越商、周之思想觀念的『道』,以之為中心而對宇宙、政治甚至人生進行了全新的系統化詮釋,因此,我們便可將

---

26 高明:《帛書老子校注》(北京:中華書局,1996年初版,2002年重印),「新編諸子集成」,頁348-3354。
27 《詩經・周頌・維天之命》,《十三經注疏》(臺北:藝文印書館,1976年),第1冊,頁708。

老子的哲學突破稱作『道的突破』。」[28]肯定老子「道」對殷、周思想困境突破的重要價值。

老子提出「道」以取代「天命」其義亦擴大,「天命」本指政權的承接與移轉,「道」擴大為天、地、人、物,不再只指人君統治權而已,學者高明以為「這是先秦學者第一次將這主宰宇宙、至高無上的帝,降到與萬物相等的地位,視帝產生於道之後,為道所生。」[29]「道」仍包含過去王朝更替背後的主導性,但更擴大為天、地、萬物與人的整體主體性。其次,「天命」的對象是有德之君,「道」的對象則擴大為天、地、萬物與人而無不涵攝。最後在內涵意義上,「天命」本指「文王之德之純」表現的敬事愛民的德行,但「道」的內涵則轉化為「自然」,故「人法地,地法天,天法道,道法自然」的共通性為「自然」,「自然」顯然是老子對三代「天命說」的內涵轉化,「自然」內在於「道」、「天」、「地」、「王」四層面,而成為老子的核心價值。

(二)由「天道」到「玄德」

> 致虛極也,守靜篤也。萬物並作,吾以觀其復也。夫物芸芸,各復歸於其根。歸根曰靜,是謂復命。復命常也,知常明也。不知常,妄,妄作,凶。知常容,容乃公,公乃王,王乃天,天乃道,道乃久,沒身不殆。(第十六章)[30]

此由「人」以體「道」,「道」之體察由自我內省與觀察客觀世界兩部

---

28 王玉彬:〈「道的突破」與「仁的覺醒」——老子、孔子之哲學突破的理論進路〉,《哲學與文化》第44卷第2期(2017年2月),頁153。

29 高明:《帛書老子校注》(北京:中華書局,1996年初版,2002年重印),「新編諸子集成」,頁243。

30 高明:《帛書老子校注》(北京:中華書局,1996年初版,2002年重印),「新編諸子集成」,頁298-304。

分而得,「致虛極,守靜篤」乃自我內省之功夫,「夫物芸芸,各復歸其根」乃對萬物體察其生長榮枯循環反復之情狀曰「觀復」,自我內省乃得體察萬物之情狀,乃知天道之內涵曰「常」,此乃人之「明」,能虛靜自我、能明覺萬物之情、能明覺知常乃能「容」、「公」、「王」、「天」以契於「道」,王弼注:「無所不包通也。無所不包通,則乃至於蕩然公平也。蕩然公平,則乃至於無所不周普也。無所不周普,則乃至於同乎天也。與天合德,體道大通,則乃至於窮極虛無也。窮極虛無,得道之常,則至於不窮極也。」[31]生命能知「道」之常,表現包通、公平、周普之德,人乃得同於天,得長生久視,身不危殆,此論人體「天道」而為「人道」之說。

老子「道」的體察並非抽象、絕對主體式的邏輯思維模式,乃來自對自我生命自覺與萬物生長榮枯的體察所得,此「道」非空寂邏輯思維下最高本體形式,乃包含萬物生長榮枯、循環不已、不可名狀之生生實體。「天乃道」可證老子將「天命」轉變為「道」的思想軌跡,「道」的內涵不再只是「文王之德之純」的政治性涵義,老子之「道」擴大三代以來「天命」論統治權轉移的範圍,「道」乃成為主導整個天地萬物與人倫社會的價值實體。但老子論述之主旨不在崇敬「道」,若如此又回復上古鬼神祭拜之宗教觀,老子論述主旨是進一步由「天道」之明覺,下落為「人道」之「玄德」,此點老子仍是與周初人文精神相呼應的。徐復觀先生以為「順著古代宗教墮落的傾向,在人的道德要求下,道德自覺的情形下,天由神的意志的表現,轉進為道德法則的表現。老子之學的動機和目的,不在於宇宙論的建立,而依然是由人生的要求逐步向上面推求,推求到作為宇宙根源的處所,以作為人生安頓之處。」[32]故老子之學不在於強調天道的崇

---

31 〔三國魏〕王弼等著:《老子四種》(臺北:臺大出版中心,2016年6月),頁13。
32 徐復觀:〈文化新理念的開創——老子的道德思想之成立〉,《中國人性論史・先秦篇》(臺北:臺灣商務印書館,1999年9月十二刷),頁352。

拜，其所重在藉由「天道」找到人生的安頓即「玄德」。

> 道生之，德畜之，物形之，器成之，是以萬物莫不尊道而貴德。道之尊，德之貴，夫莫之爵而恆自然。故道生之，德畜之，長之，育之，亭之，毒之，養之，覆之。生而弗有，為而弗恃，長而弗宰，是謂玄德。（第五十一章）[33]

此論「道體」指生物、成物、養物、育物，乃「道法自然」生生之情狀，萬物本道體之自然以生、以成、以養、以死，莫不循「道體」之自然而形、而成，此論天、地、萬物法「道」之自然而成。惟「道」能生物、成物、器物以成天地，卻不有，不恃，不宰，即不自有、不自驕、不自以為功多，此謂「玄德」，此乃「道」之德。

人不能成為「道」，但人可體察踐行「道之德」。老子曰：「故天之道，損有餘而益不足。人之道則不然，損不足而奉有餘。孰能有餘而有以取奉於天者乎？唯有道者乎！是以聖人為而不恃，成功而弗居，若此其不欲見賢也。」[34]（第七十七章）河上公注：「聖人為德施不恃望其報也，功成事就，不處其位。不欲使人知己之賢，匿功不居榮名，畏天損有餘也。」[35]若本人性之私，必「生而有，為而恃，長而宰」，常「損不足以奉有餘」此乃人道之弊病；人若能循天道之玄德，當「為而不恃，功成而不處，其不欲見賢」，使老者安之、壯者用之、少者懷之，人人各得其所，若萬物之自生自養，功成而不居、不爭，此為聖人之玄德。

---

33 高明：《帛書老子校注》（北京：中華書局，1996年初版，2002年重印），「新編諸子集成」，頁69-73。

34 此章各家爭議較多，本文採高明：《帛書老子校注》之說（北京：中華書局，1996年初版，2002年重印），「新編諸子集成」，頁203-207。

35 〔三國魏〕王弼等著：《老子四種》（臺北：臺大出版中心，2016年6月），頁169。

載營魄抱一,能無離乎?專氣致柔,能嬰兒乎?滌除玄鑒,能無疵乎?愛民治國,能無知乎?天門開闔,能為雌乎?明白四達,能無知乎?生之、畜之,生而弗有,長而弗宰,是謂玄德。(第十章)[36]

河上公注:「治身者,愛氣則身全,治國者,愛民則國安。」「治身者,呼吸精氣,無令耳聞也。治國者,布施惠德,無令下知也。」[37]此言聖人玄德之養。天道具「生而不有、長而不宰」之德,故人受天道之氣以生,當長養之而不離於道,則精神自全,當滌除私欲,如嬰兒之無邪,以此修身、以此治國,自然無所偏私而國治民安,此聖人玄德乃由修身以至治國安民之養。故河上公注:「言道行德,玄冥不可得見,欲使人如道也。」[38]言欲人之成德如天道也。人之成德如天道,發而治民,乃有使民無知無欲之主張。

「古之為道者,非以明民也,將以愚之也。夫民之難治也,以其智也。故以智治國,國之賊也;以不智治國,國之德也。恆知此兩者,亦稽式也。恆知稽式,是謂玄德。玄德深矣,遠矣,與物反矣,乃至大順。」(第六十五章)[39]王弼注:「明,謂多智巧詐,蔽其樸也。愚,謂無知守真,順自然也。」[40]聖人見道之全以成其玄德,但一般人溺於私智,以私相爭、相鬥,爭端乃由此起,故曰民之難治。善為道者,以道化私,以道治民,不以私智治民,不助長民逞其私智,常使民無知無欲,以順道化之常。老子故曰:「成功遂事,而百

---

[36] 高明:《帛書老子校注》(北京:中華書局,1996年初版,2002年重印),「新編諸子集成」,頁262-269。
[37] 〔三國魏〕王弼等著:《老子四種》(臺北:臺大出版中心,2016年6月),頁87。
[38] 〔三國魏〕王弼等著:《老子四種》(臺北:臺大出版中心,2016年6月),頁88。
[39] 高明:《帛書老子校注》(北京:中華書局,1996年初版,2002年重印),「新編諸子集成」,頁140-145。
[40] 〔三國魏〕王弼等著:《老子四種》(臺北:臺大出版中心,2016年6月),頁57。

姓謂我自然。」（第十七章）[41]王弼注：「居無為之事，行不言之教，不以形立物，故功成事遂，而百姓不知其所以然也。」[42]正言玄德由個人以至於化民之效。

（三）小結

老子思想乃由天地之道發端，論天地之道的運行及內涵、再深入論述其天地之玄德，復落實為人道，人當法天地之玄德，以為聖人之玄德，最重要的精神在「自然」，「自然」就是順應天地之道而生、養、成、敗、死、生的規律，這過程無一己之私在干涉，雖曰天地不仁，老子思想背後仍有一份自覺自成、進而成全他人、成就天下萬物的人文精神。

個人以為老子思想乃承周初「天命以德」思想的進一步發展，面對東周禮崩樂壞的亂局，老子思考天命的內涵，將傳統國運之命擴大為天地之道，將傳統人君之德擴大為個人之玄德，試圖重構天地之道，而其目的乃在重建人文之道，使人文之道上應天地自然之道，重建「法自然」的天人關係，此為老子面對禮崩樂壞的周代亂局，建構天道玄德思想以重建人文新價值的用意所在。

三 孔子──「克己復禮」到「天下歸仁」

（一）反思三代之禮因革損益

《史記‧孔子世家》載：「孔子之時，周室微而禮樂廢、詩書缺。追跡三代之禮，序書傳，上紀唐虞之際，下至秦繆，編次其事。曰：

---

41 高明：《帛書老子校注》（北京：中華書局，1996年初版，2002年重印），「新編諸子集成」，頁308-309。
42 〔三國魏〕王弼等著：《老子四種》（臺北：臺大出版中心，2016年6月），頁15。

『夏禮,吾能言之,杞不足徵也。殷禮,吾能言之,宋不足徵也。足則吾能徵之矣。』觀殷、夏所損益,曰:『後雖百世可知也。』以一文一質,周監二代,郁郁乎文哉!『吾從周。』故書傳、禮記自孔氏。」[43]此太史公論孔子之學由「追跡三代之禮,序書傳」的時代文化背景切入,孔子論周代文、武之政建立在「親親與尊賢」的基礎上[44],周文的禮樂制度乃依血緣親疏遠近與對功臣的尊賢兩大支柱而建立,藉由「親親」與「尊賢」共同擁護王室,成就西周「郁郁乎文哉」的盛世。至於春秋,隨著王室東遷,「親親」隨時間而疏遠,「尊賢」隨政治實力消長而崩解,諸侯僭越天子之禮,大夫僭越諸侯之禮,屢見不鮮。孔子身處春秋禮樂崩壞的文化背景,雖極力批判僭越之非禮,仍難扭轉周文崩壞之時勢。孔子乃進而上溯省察三代因革損益之禮。

> 子張問:「十世可知也?」子曰:「殷因於夏禮,所損益,可知也;周因於殷禮,所損益,可知也;其或繼周者,雖百世可知也。」(〈為政〉)[45]

馬融曰:「所因謂三綱五常,所損益謂文質三統。」朱熹注:「三綱五常,禮之大體,三代相繼,皆因之而不能變。其所損益,不過文章制度小過不及之間,而其已然之跡,今皆可見。則自今以往,或有繼周而王者,雖百世之遠,所因所革,亦不過此,豈但十世而已乎!聖人

---

43 〔漢〕司馬遷:《史記》(臺北:藝文印書館,1962年),頁770。
44 哀公問政。子曰:「文、武之政,布在方策,其人存,則其政舉;其人亡,則其政息。人道敏政,地道敏樹。夫政也者,蒲盧也。故為政在人,取人以身,修身以道,修道以仁。仁者人也,親親為大;義者宜也,尊賢為大。親親之殺,尊賢之等,禮所生也。」《禮記‧中庸》,《十三經注疏》(臺北:藝文印書館,1976年),第5冊,頁887。
45 《論語‧為政》,《十三經注疏》(臺北:藝文印書館,1976年),頁19。

所以知來者蓋如此,非若後世讖緯術數之學也。」[46]蓋「三綱五常」、「文質三統」說法採自《白虎通・三綱六紀》引《禮緯・含文嘉》曰:「君為臣綱,父為子綱,夫為妻綱」[47]是為著名「三綱說」,其說又本於董仲舒「尊陽賤陰」理論發展而成[48];《白虎通・三正》以為天有三統,王者受命當改正朔而正,周以十一月為正,色尚赤;殷以十二月為正,色尚白;夏以一月為正,色尚黑。[49]董仲舒對漢武帝冊問曰:「夏上忠,殷上敬,周上文者……今漢繼大亂之後,若宜少損周之文致,用夏之忠者。」[50]故以「三綱五常」為夏商周三代之禮之因襲,以「文質三統」作為三代之禮損益變化之規律,以詮釋夫子三代因革、繼百世可知之說,實乃漢儒演繹三代禮制之規律,以為漢興一代典制之依據,有其時代背景。後儒借漢儒說法詮釋孔子之說,雖具體詳盡,但恐非孔子原意。

孔子知三代之禮,故曰:「夏禮,吾能言之,杞不足徵也;殷禮,吾能言之,宋不足徵也。文獻不足故也,足則吾能徵之矣。」(〈八佾〉)[51]此言三代之禮孔子能言而文獻不足徵之故,故三代之禮

---

46 〔宋〕朱熹:《四書章句集注》(臺北:大安出版社,1996年),頁78。

47 〔清〕陳立撰;吳則虞點校:《白虎通疏證》(北京:中華書局,2007年10月重印),頁373-374。

48 《春秋繁露・基義》曰:「陽兼於陰,陰兼於陽,夫兼於妻,妻兼於夫,父兼於子,子兼於父,君兼於臣,臣兼於君。君臣、父子、夫婦之義,皆取諸陰陽之道。君為陽,臣為陰;父為陽,子為陰;夫為陽,妻為陰。」〔清〕蘇輿著;鍾哲點校:《春秋繁露義證》(北京:中華書局,2007年10月重印),頁350-352。

49 《白虎通・三正》曰:「正朔有三何本?天有三統,謂三微之月也。明王者當奉順而成之,故受命各統一正也,敬始重本也。十一月之時,陽氣始養根株黃泉之下,萬物皆赤。赤者,盛陽之氣也,故周為天正,色尚赤也。十二月之時,萬物始牙而白。白者,陰氣,故殷為地正,色尚白也。十三月之時,萬物始達,孚甲而出,皆黑,人得加功,故夏為人正,色尚黑。」〔清〕陳立撰;吳則虞點校:《白虎通疏證》(北京:中華書局,2007年10月重印),頁362-364。

50 《漢書・董仲舒傳》(臺北:宏業書局,1978年8月再版),頁2518-2519。

51 《論語・八佾》《十三經注疏》(臺北:藝文印書館,1976年),第5冊,頁27。

確有其因革損益之關聯性,但孔子無明確說明三代之禮所因為何?三代之禮所損為何?只看出孔子對三代之禮做過一番深切省察,孔子何以深切省察三代之禮?蓋有深意焉。

今從《論語》考察孔子對當時禮儀取捨因革之例,或許能體會孔子所謂三代之禮因革損益之依據何在?

> 子曰:「麻冕,禮也;今也純,儉。吾從眾。拜下,禮也;今拜乎上,泰也。雖違眾,吾從下。」(〈子罕〉)[52]

此條可見夫子對「冠禮」緇布冠與「君臣相見之禮」拜見場所的看法。朱熹注:「麻冕,緇布冠。純,絲也。」[53]又《儀禮・士冠禮》:「始冠,緇布之冠也,太古冠布,齊則緇之。」[54]緇布冠乃行冠禮始加之冠,本太古之冠,此蓋有反本復始之意,古之材質以布三十升成之,今以絲為之易成,夫子取其易成而樸質之意存焉,故曰儉,孔子從之。此見夫子不堅持麻冕之材質,不拘泥必須由布織縷而成,由絲亦可,以其符合緇布冠背後儉樸之意涵即可。

古者君臣行禮,臣再拜稽首於堂下,君辭之,然後升堂,復再拜稽首以尊君。觀《左傳》僖公九年(西元前651年)周王使宰孔賜齊侯胙可知[55],以齊桓公之強,尚且下拜登受,不敢於堂上受胙。孔子言今君臣行禮,拜於堂上,乃表現臣驕慢無禮之態,故不從眾而行,

---

52 《論語・子罕》《十三經注疏》(臺北:藝文印書館,1976年),第5冊,頁77。
53 〔宋〕朱熹:《四書章句集注》(北京:中華書局,2010年10月重印),頁148。
54 《儀禮》,《十三經注疏》(臺北:藝文印書館),第4冊,頁33。
55 (僖公九年)王使宰孔賜齊侯胙,曰:「天子有事于文武,使孔賜伯舅胙。」齊侯將下拜,孔曰:「且有後命,天子使孔曰:『以伯舅耋老,加勞賜一級,無下拜。』」對曰:「天威不違顏咫尺,小白,余敢貪天子之命,無下拜?恐隕越于下,以遺天子羞,敢不下拜?」下,拜;登,受。楊伯峻:《春秋左傳注》(高雄:復文書局,1991年9月再版),上冊,頁326-327。

堅持拜於堂下，僖公九年距孔子出生（魯襄公二十二年，西元前551年）僅百年，周文禮崩樂壞其速如此。孔子在此不能認同君臣之禮拜於堂上，寧守古禮拜於堂下以違眾，乃為示臣尊君之意。

麻冕材質由布改為絲，取其易成而儉樸反始之意寓焉，故孔子從眾改之；君臣行禮於堂上不敬，孔子堅持先拜於堂下，因為拜於堂上就失去尊君之意，可見孔子有所取、有所不取乃有所據焉，孔子堅持的不是材質或儀式的復古，而是服飾與儀式背後表現之禮意精神，故材質與儀式是可以損益的，但禮儀背後之精神卻要加以傳承不失的。

> 宰我問：「三年之喪，期已久矣。君子三年不為禮，禮必壞；三年不為樂，樂必崩。舊穀既沒，新穀既升，鑽燧改火，期可已矣。」子曰：「食夫稻，衣夫錦，於女安乎？」曰：「安。」「女安則為之！夫君子之居喪，食旨不甘，聞樂不樂，居處不安，故不為也。今女安，則為之！」宰我出。子曰：「予之不仁也！子生三年，然後免於父母之懷。夫三年之喪，天下之通喪也。予也有三年之愛於其父母乎？」（〈陽貨〉）[56]

宰我對「三年之喪」的質疑，夫子雖言此乃「天下之通喪」，但非拘泥古禮而不可變，乃以「人心之安否？」為論述之旨。君子居喪，食不甘，樂不樂，居不安，乃說明喪期之制源於人心之安，三年之喪乃回報父母三年之懷，孔子強調的是三年之喪背後的人心依據。《禮記・問喪》論三年之喪，曰：「祭之宗廟，以鬼饗之，徼幸復反也。成壙而歸，不敢入處室，居於倚廬，哀親之在外也；寢苫枕塊，哀親之在土也。故哭泣無時，服勤三年，思慕之心，孝子之志也，人情之實也。」[57]；「思慕之心，孝子之志，人情之實」正承孔子「於女安

---

[56] 《論語・陽貨》，《十三經注疏》（臺北：藝文印書館，1976年），頁157-158。

[57] 《禮記・問喪》，《十三經注疏》（臺北：藝文印書館，1976年），頁947。

乎？」的發揮。三年之喪孔子堅持不改，乃因喪期之制背後本於孝親之心的精神。

> 林放問禮之本。子曰：「大哉問！禮，與其奢也，寧儉；喪，與其易也，寧戚。」(〈八佾〉)[58]

朱熹注：「禮貴得中，奢易則過於文，儉戚則不及而質，二者皆未合禮。然凡物之理，必先有質而後有文，則質乃禮之本也。」[59]林放問禮之本？孔子直呼「大哉問」，實有其深意焉！孔子沒有明確回答何謂「禮之本」，乃以諭譬之。「禮，與其奢，寧儉」乃指「禮」外在形式不在奢而在儉，即不在繁文縟節、誇耀財富而在量力而為。「喪，與其易，寧戚」則言喪禮與其儀節習熟，不如盡其哀戚之心，則喪禮當以哀戚之情為主，更勝習熟儀式之行。此論及禮儀的形式與內涵問題，孔子以為「禮之本」當質與文並重，先有質而後有文，喪禮之質在「戚」，再輔合宜之文，乃成其喪禮之制。故「禮」本於內在人心之誠，發而為外在適切之禮，先質後文曰禮之本。

> 子曰：「人而不仁，如禮何？人而不仁，如樂何？」(〈八佾〉)[60]

面對季氏「八佾舞於庭」、「三家者以雍徹」、「季氏旅於泰山」等僭禮之事[61]，孔子知道批判不足以扭轉禮崩樂壞之大勢，只有重新省思禮

---

58 《論語・八佾》，《十三經注疏》(臺北：藝文印書館，1976年)，頁26。
59 〔宋〕朱熹：《四書章句集注》(北京：中華書局，2010年10月重印)，頁82。
60 《論語・八佾》，《十三經注疏》(臺北：藝文印書館，1976年)，頁26。
61 孔子謂季氏：「八佾舞於庭，是可忍也，孰不可忍也？」三家者以雍徹。子曰：「『相維辟公，天子穆穆』，奚取於三家之堂？」季氏旅於泰山。子謂冉有曰：「女弗能救與？」對曰：「不能。」子曰：「嗚呼！曾謂泰山，不如林放乎？」《論語・八佾》，《十三經注疏》(臺北：藝文印書館，1976年)，頁25-26。

樂的因革損益之道，去其損益，因其常道，才能再重振周文之美。此條雖以反問形式呈現，但答案呼之欲出，即行禮如儀並非是禮樂的真正意涵[62]，禮樂的內涵是「仁」。

「仁」是上述孔子論禮之取捨的依據所在，「仁」是麻冕之禮，今也純，背後之儉樸精神；「仁」是君臣之禮拜乎下，背後的尊君之意；「仁」是君子居喪，食旨不甘，聞樂不樂，居處不安，背後的哀戚之感。「仁」是林放所提的「禮之本」。「禮」所因襲之常道是先有其「仁」，乃為禮之質，後有合宜之儀節為禮之文，「文」可損益修正，「質」當傳承不失，「仁」乃依據於人心之誠而發，父母喪亡自生哀戚之情，本此而制訂父母喪期之禮；面對君長自生敬意，本此而制訂臣拜君於下之禮，故「仁」實為孔子對「禮」省思後提出最重要主張，「禮之本」為「仁」乃立基於人心之誠。

(二)「克己復禮，天下歸仁」

> 顏淵問仁。子曰：「克己復禮為仁。一日克己復禮，天下歸仁焉。為仁由己，而由人乎哉？」顏淵曰：「請問其目？」子曰：「非禮勿視，非禮勿聽，非禮勿言，非禮勿動。」顏淵曰：「回雖不敏，請事斯語矣！」(〈顏淵〉)[63]

---

[62] 《左傳・昭公五年》晉侯謂女叔齊曰：「魯侯不亦善於禮乎。」對曰：「魯侯焉知禮？」公曰：「何為？自郊勞至於贈賄，禮無違者，何故不知？」對曰：「是儀也，不可謂禮。禮，所以守其國，行其政令，無失其民者也。今政令在家，不能取也；有子家羈，弗能用也；奸大國之盟，陵虐小國，利人之難，不知其私。公室四分，民食於他，思莫在公，不圖其終。為國君，難將及身，不恤其所。禮之本末將於此乎在，而屑屑焉習儀以亟，言善於禮，不亦遠乎？」君子謂叔侯於是乎知禮。」按：此文可見春秋晚期時人對「禮」與「儀」之辨，此「禮」超越「儀節」而擴大為守國行政安民，此意反映此時有識之士對「禮」的省思。《左傳》，《十三經注疏》(臺北：藝文印書館，1976年)，頁745。

[63] 《論語・顏淵》，《十三經注疏》(臺北：藝文印書館，1976年)，頁106。

「克己」在《論語》無類似說法,但「己」在《論語》有兩層涵義:一是正面「仁者,己欲立而立人,己欲達而達人」[64],二是反面「己所不欲,勿施於人。」[65]朱熹偏向反面說,曰:「己,謂身之私欲也。禮者,天理之節文也。」[66]人心之私欲須克勝之,「克己」乃自我省察,克制私欲,視聽言動乃感官之知,易逐物不反,故君子當時時內省,非禮勿行,循天理之節文而動,此乃仁心之全德,此宋儒天理、人欲之辨。

「人而不仁,如禮何?」強調「禮之本」為「仁」的內在自覺,「克己復禮為仁」則強調「仁」的外在發用。「克己復禮」乃合內在自覺與外在表現而言,非徒然只是克己之心,此偏心性義,但亦非拘泥三代復古之禮,若此又偏形式義。「克己」既有內省本心之誠,也有推己及人的同理心,「克己」乃覺「禮之質」,「復禮」則行「禮之文」,合質與文乃為禮之常,是為「仁」的自覺與發用。

孔子論「仁」合己與人而言,由己而言乃合質與文,為文質彬彬之君子,曰「為仁由己」、曰「我欲仁,斯仁至矣」[67],強調「仁」的內在主體性,擴而大之,曰「己立而立人,己達而達人」,曰「一日克己復禮,天下歸仁」,強調仁心由個人而推至天下之普遍性。故內有人心之誠,外有合宜之禮文,內外合一、推己及人,是為「仁」之義涵。

勞思光認為:「孔子如何發展其有關『禮』之理論?簡言之,即攝『禮』歸『義』,更進而攝『禮』歸『仁』是也。通過此一理論,不唯本身不同於儀文,而且『禮』之基礎亦不在於『天』,而在於人之自覺心或價值意識。於是孔子一方面固吸收當時知識份子區分禮儀

---

64 《論語・雍也》,《十三經注疏》(臺北:藝文印書館,1976年),頁55。
65 《論語・衛靈公》,《十三經注疏》(臺北:藝文印書館,1976年),頁140。
66 〔宋〕朱熹:《四書章句集注》(北京:中華書局,2010年10月重印),頁182。
67 《論語・述而》,《十三經注疏》(臺北:藝文印書館,1976年),頁64。

之說,而脫離禮生傳統;另一方面,更建立『仁、義、禮』之理論體系,透顯人對自身之肯定,離開原始信仰之糾纏。於是,孔子予周文之精神以自覺基礎,遂開創儒學之規模。故『仁、義、禮』三觀念,即構成孔子之基本理論。」[68]孔子「攝禮歸仁」將禮的根據立基於人心之真情實感,確實表現以人心為本的人文精神,凸顯出人文價值,但孔子並非要脫離天地鬼神之「糾纏」,而是重新自覺此仁心之誠的禮樂本質,因革損益後,重新安頓天地、鬼神、祖先之禮文。

(三) 小結

孔子思想發端是面對日漸廢弛的周文之弊而生,面對天地、山川、祖先、天子、諸侯、大夫之禮的廢弛僭越,周文建立在「親親、尊賢」的禮樂制度已無法再維繫當時人文世界的秩序,孔子面對周文之弊的批判與省察,思考三代之禮的因革損益、省察禮之質與文、在林放禮之本的大哉問下,孔子重新賦予周文之禮以人心內在真情實感之「仁」為內涵,主張禮文的表現,當發自人心真誠與尊重而發,試圖為周文重新找到建立在仁心本體的文化精神。余英時先生以為「孔子的禮樂實踐既未採取官方立場,也未從其中抽身而出;相反地,他是在實踐中對禮樂的精神重新賦予一種根本性的哲學闡釋。」[69]所謂「根本性的哲學闡釋」即是「仁」,站在這一點上,孔子可說是周文的改革者。

從這點看,孔子思想也可謂周初「天命在德」、「文王之德之純」思想的進一步發展,孔子由文王之德上重新找到周文精神在人文之德,再由人文之德的省察中提出「仁」,「仁」不再是君王之德獨有,

---

68 勞思光:〈第三章 孔孟與儒學(上)〉,《新編中國哲學史(一)》(臺北:三民書局,1991年1月),頁112。

69 余英時:《論天人之際:中國古代思想起源初探》(臺北:聯經出版事業公司,2014年),頁96。

「仁」成為君子之德而具普遍性,「仁」的表現在克己復禮,克己復禮實為孔子最重要的下手處。孔子「克己復禮,天下歸仁」的主張,雖仍無法挽救周文之衰,但「仁」的方向與價值,「禮」的實踐與理想,卻對後世影響深遠。

四　「天下歸仁」與「天道玄德」兩種思路的激盪

（一）論老子答「孔子問禮」

《史記・老莊申韓列傳》曰:「老子脩道德,其學以自隱無名為務。居周久之,見周之衰,迺遂去。」[70]老子思想建立在「尊道貴德」,「禮」乃先王之儀文而已,禮崩樂壞乃時代之必然,故老子以為天地人物長久之道不在「禮」而在「道」,人世長治久安在依「道」而行「德」,人世之紛亂皆因人心「失道」、「失德」所致,「尊道貴德」乃老子對周文之衰省思後所得之結論。

學者勞思光以為「老子之學起於觀變思常。萬象無常,常者唯道。於是『道』為老子思想之中心。而『道』為形上之實體;是實有義。以心觀道,心遂離物。心依於道,乃成其德,故『德』為自覺之理境,是實踐義。主客對分,超驗與經驗之界別乍顯,此老子論『道德』之主旨。」[71]故老子之學的主旨不在論「禮」,而在論「道」,「尊道貴德」乃老子之所重。

學者陳鼓應以為:「《老子》談到禮的地方並不多,卻有其特殊的哲學意涵,並反映著深刻的時代意義。《老子》第三十一章提到喪禮,但所談的並不是喪禮的儀節,而是藉喪禮表達對戰爭為人類帶來慘烈

---

70 〔漢〕司馬遷:《史記・老莊申韓列傳》(臺北:藝文印書館,1962年),頁858。
71 勞思光:〈第四章　道家學說〉,《新編中國哲學史（一）》(臺北:三民書局,1991年1月),頁252。

災難時流露內心戒懼審慎的哀戚心情。《老子》另外在第三十八章提到禮，是將它和仁義與道德並舉列論。前者藉禮表現了老子對時代悲劇的悲憫之情及深厚的人道關懷；後者論禮，則表達了老子貫通形上之道與形下之禮義，以求其無為而治的治道理想正常運作於現實社會中。」[72]老子對「仁」、「義」、「禮」諸德目，多採批判角度論之：

> 上德不德，是以有德；下德不失德，是以無德。上德無為而無以為；上仁為之而無以為；上義為之而有以為。上禮為之而莫之應也，則攘臂而扔之。失道而後德，失德而後仁，失仁而後義，失義而後禮。夫禮者，忠信之薄也，而亂之首也。（第三十八章）[73]

《韓非子・解老》曰：「失道而後失德，失德而後失仁，失仁而後失義，失義而後失禮。」韓非此說可輔助說明《老子》此章義涵。即人心與「道」同化則不失「德」，人心離「道」，其「德」乃失其主體，惟存個人之私意是謂「失德」；從個人私意出發，則仁心僅為私意而失其愛物、養物之心是謂「失仁」；失去愛養萬物之仁心，亦不能公正判斷事理之宜是謂「失義」，失去合宜之義以為判斷依據，必不能適切表現合宜之行為是謂「失禮」。故「失道而後德，失德而後仁，失仁而後義，失義而後禮」乃言失去道體內涵必為虛矯之「德」、「仁」、「義」、「禮」。

老子並非反對「德」、「仁」、「義」、「禮」諸德目，老子乃就「德」、「仁」、「義」、「禮」諸德目喪失道體之內涵，即個人生命失去對道體之明覺，徒存其名言形式的虛矯之弊而言。故與道化則自然無

---

72 陳鼓應：〈先秦道家之禮觀〉，《漢學研究》第18卷第1期（2000年6月），頁3。
73 高明：《帛書老子校注》（北京：中華書局，1996年初版，2002年重印），「新編諸子集成」，頁1-6。

為而不自以為德,是為「上德」,時時以德盛為念乃有為而為之,是謂「下德」,故上仁者有意為「仁」,上義者刻意為「義」,上禮者執意為「禮」,人莫之應則攘臂而扔之,此皆「德」、「仁」、「義」、「禮」失去道體之覺之弊。故曰:「大道廢,安有仁義;智慧出,安有大偽;六親不和,安有孝慈;國家昏亂,安有貞臣。」(第十八章)[74]老子實有感於大道廢、私智出、親不和、國昏亂,乃生仁義、孝慈、忠臣之名言虛偽,發而為感憤之詞。

陳鼓應先生以為「在老子的想法,在最好的狀態,仁義禮都蘊含在大道中,不用特異去標舉,也不用將道德行為外化出來。老子所以正言若反地發話,乃基於人倫道德之日漸淪喪,『攘臂而扔之』在老子時代已是相當普遍的現象,這種現象反映的是在那禮崩樂壞的年代,禮失去了內在的情質,外化不僅流於形式,而且華而不實地相率以偽,同時演為強民就範的工具,第三十八章所謂『夫禮者,忠信之薄,而亂之首。』並非對禮的否定,而是對那時代的動亂發出沉痛的呼喚,反映在周文凋敝的歷史背景下,如何來重建社會人倫,這是對一個時代的重大課題進行的深刻反省。」陳氏以為老子是面對周文凋敝的歷史背景,針對當時「仁」、「義」、「禮」相率以偽的沉痛呼喚,並非對「仁」、「義」、「禮」本身的否定。[75]

面對「孔子問禮」,老子告孔子曰:「聰明深察而近於死者,好議人者也。博辯廣大危其身者,發人之惡者也。為人子者毋以有己,為人臣者毋以有己。」(〈孔子世家〉)、又曰:「子所言者,其人與骨皆已朽矣,獨其言在耳。且君子得其時則駕,不得其時則蓬累而行。吾聞之,良賈深藏若虛,君子盛德容貌若愚。去子之驕氣與多欲,態色與淫志,是皆無益於子之身。吾所以告子,若是而已。」(〈老莊申韓

---

74 高明:《帛書老子校注》(北京:中華書局,1996年初版,2002年重印),「新編諸子集成」,頁310-311。
75 陳鼓應:〈先秦道家之禮觀〉,《漢學研究》第18卷第1期(2000年6月),頁7。

列傳〉）由老子「尊道貴德」思考模式切入，孔子所問的「禮」，對老子而言並非價值主體，其價值主體在「道」，老子認為「禮」當時失去道體內涵，只徒留形式，故言「子所言者，其人與骨皆已朽矣，獨其言在耳」，此乃老子對「禮」失「道」之批判。

老子又言「君子得其時則駕，不得其時則蓬累而行。」老子價值主體在「道」，「道」包含自我與天地萬物的明覺，故體察天地萬物而行乃為人德，此老子期勉孔子當順「道」而行，自然無為，可行則行，可止則止。接著老子針對人之失道失德之弊以警孔子，言去子之驕氣、多欲、態色、淫志，此皆以己為志，恃己才、爭己功之表現，又言聰明深察、博辯廣大，卻好議人，好發人之惡，人與人必相爭相鬥，將招致近死、危身之禍，此皆言人失道以至失德，終至危身之弊。

最後，老子勉孔子「良賈深藏若虛，君子盛德容貌若愚」，當順外在客觀道體自然無為而行，當順內在純樸之自然無為而發，不自恃、不自功、不迫切而強為之。三代之禮也好，周文之美也罷，毋執於形式，毋執於己志，放下形式與我見，回歸道體之自然，回歸玄德之純樸，方為根本之道。故對老子而言，孔子來問「禮」，但老子卻告之以「道」，告之以成「德」為貴。

（二）論「孔子問禮」之深意

觀孔子出而謂弟子曰：「鳥，吾知其能飛；魚，吾知其能游；獸，吾知其能走。走者可以為罔，游者可以為綸，飛者可以為矰。至於龍，吾不能知其乘風雲而上天。吾今日見老子，其猶龍邪！」[76]乃站在人之「才」與「器」而言，鳥則教之以成其飛，魚則教之使其能游，獸則教之使其能走，人各有其才，當因其才而施教使成器。但人若恃才傲物，徒恃己長，則其所能乃成其所弊，適足以亡身，故曰

---

[76] 〔漢〕司馬遷：《史記・老莊申韓列傳》（臺北：藝文印書館，1962年），頁858。

「走者可以為罔,游者可以為綸,飛者可以為矰」,故君子當學而時習,日新又新,乃得不器,不為器所限。孔子以「龍」喻老子,乃尊老子為不器之人。由孔子對老子的回應來看,二人實無交會。

蓋孔子由三代之禮因革損益的反思發端,可以看出孔子無執著於形式,亦非復古周文之美,孔子省察禮儀背後之禮意,面對時禮的變遷有所取、有所不取,只要能沿襲禮樂精神的,如麻冕之材質變為絲質,夫子亦取之;但臣下妄自尊大,失去君臣尊卑精神的拜見之禮,夫子寧拜於下;在三年之喪的省思中,喪期之制的堅持不在三代之禮的傳統,而在回報父母三年之懷的心安。孔子面對時禮的因革損益的省察中,在「人而不仁,如禮何?」、在「禮之本為何?」的叩問下,終提出「克己復禮,天下歸仁」,乃是孔子針對周文衰微的反思而主張的新內涵。余英時以為「孔子不斷追求『禮之本』而歸宿於『仁』,這是中國古代精神史上一件劃時代的大事。從一方面看,它可以說是孔子從哲學角度重新闡釋禮樂實踐的最後完成,但從另一方面看,它也標誌著儒家軸心突破的開端。」[77]孔子並非如老子所言是拘泥於周文的形式儀節,孔子同樣批判喪失真心誠意的虛矯之弊,因此孔子提出「仁」、提出「克己復禮」,此「禮」乃有別於「周文之禮」,從這一角度來說孔子與老子皆為周文之弊的改革者,但二人改革的方向不同而已。

面對春秋晚期諸侯、大夫僭禮、君臣失序之亂象,孔子試圖重新為周文找回生命力,孔子「克己復禮為仁」的主張,提倡「禮之本」在人心之「仁」,進而推擴以至「天下歸仁」。「仁」遂超越「親親」與「尊賢」之侷限,而具有永恆性。孔子或許只想為周文衰微找出繼續延續的永恆常道,卻為中國文化開出道德方向,如何讓生命自覺仁

---

[77] 余英時:《論天人之際:中國古代思想起源試探》(臺北:聯經出版事業公司,2014年),頁9-10。

心?如何將仁心推己及人?如何建構以仁為本質的禮樂文化?遂成為中華文化日後發展的努力方向。

(三) 從思想史角度,論「孔子問禮老子」

老子面對周室衰微,重新思考「天命」議題而提出新的天道主張,天道生而不有、為而不恃、長而不宰,天地萬物自生自養自成自亡,此為天道之自然無為,人道當法天道之自然,以為人道之玄德,主張使人民重新回歸生命質樸之性,提倡不欲、不賢、不爭的聖人之德,追求不功、不伐、不強戰的小國寡民理想,希冀人人飽食自足、安身立命,此為天人合德之理想,可以說老子是「由天以化人」的思路方向,藉由天人關係的重建,意圖重建周代人文社會的和諧,開創出道家思想,影響後世深遠。

孔子承襲三代之禮的傳統,透過對禮樂文化的反思,追溯禮樂背後的精神內涵,提出禮樂本質為「仁」,「仁」本於人心之安,但又不僅止於個人之誠而已,「禮」從來都是人與人的事,故孔子之「仁」乃立己也推己及人的真誠實感。故夫子答顏淵之問「仁」,乃個人在視、聽、言、動當以「禮」行之,「仁」乃質,「禮」乃文,「仁」與「禮」的結合,方為「文質彬彬」之君子,此乃「仁」在個人的修身之義;「脩己以敬」、「脩己以安人」、「脩己以安百姓」[78]則是「仁」推己及人的發用。孔子重新提出「仁」的本質作為「禮」的內涵,禮樂仁心質文相合乃能在因革損益下依然傳承百世。故孔子是由歷史文化的省察,鑑往而知來,在三代之禮因革損益中,標舉出「仁心禮文」質文合一理論,再由己而及人,以至於天下歸仁的思想方向,開創儒家思想,日後成為中華文化主流思想。

因此「孔子問禮老子」一事,個人以為老子、孔子二聖面對周文

---

[78] 《論語・憲問》,《十三經注疏》(臺北:藝文印書館,1976年),頁131。

禮樂衰微，自不能無感，但二人尋求挽救周文之衰的方式不同：老子「由天以化人」提出聖人之德的理想，乃是論述天地之道到聖人玄德的思想模式，試圖藉由天人合德的視野與修養，挽回世道人心之衰弊；孔子乃由省察三代之禮的因革損益，「由禮弊以覺仁」，進而提出「克己復禮、天下歸仁」的理想，試圖藉由仁心之自覺重新貫注周文禮樂新的人文內涵，重建君君臣臣父父子子的人倫新秩序，這是儒、道二家不同的思考方向。

孔子或許想問老子「百世之禮」為何？但老子卻告以「尊道貴德」，真正恆久不變的是天地之道與人之玄德，而非周文之禮或個人之禮，孔子不能認同而退。孔子認為周文之禮可以藉由人之自覺仁心，重新賦予周文新的活力，不再限於文王之德，而是「我欲仁，斯仁至矣」的君子之德，因此另闢蹊徑提出「天下歸仁」的主張。

個人以為「孔子問禮老子」一事由思想史角度言，重點不在二人之爭勝，二聖都對周文衰弊提出其偉大主張，老子由「天道玄德」提出由天地之道重建人文之道，孔子由「克己復禮，天下歸仁」主張回歸到仁心的真誠實感，來重建人倫新秩序，二人對中華文化皆有深遠重大的影響與貢獻，表現儒、道二家不同的思考模式與發展，故由老子與孔子二家思想模型來考察「孔子問禮老子」一事是可呈現孔、老二家不同之學術特色，並非不可通[79]，在思想史上有其學術意義，此或太史公取此史料之深意。

德國哲學家雅斯貝斯在《歷史的起源與目標》一書中提出「軸心時代」的概念，考察西元前八〇〇至西元前二〇〇年間，世界各古老文明不約而同發生心靈思想大突破，名之曰「軸心時代」。中國的

---

[79] 「勞思光以為《史記》所載孔子問禮老子事「考之史實，舛謬顯然，且他說亦多不可通，「問禮」之事遂成為一問題。」勞思光：〈第四章　道家學說　(b) 孔子問禮之問題〉，《新編中國哲學史（一）》（臺北：三民書局，1991年1月），頁217。

「軸心時代」無疑在春秋戰國，雅斯貝斯言「在中國，孔子與老子非常活躍，中國所有的哲學流派，包括墨子、莊子、列子和諸子百家，都出現了。」[80]孔子與老子正代表中國「軸心時代」的兩種思路的突破，影響中國後世深遠。

第三節　曾子禮學思想
　　　　──「攝禮歸孝，以孝為教」

一　前言

孔子思想可謂周初「天命在德」、「文王之德之純」思想的繼承與發展，孔子由文王之德上重新找到周文精神在人文之德，再由人文之德的省察中提出「仁」，「仁」不再是君王之德獨有，「仁」成為君子之德而具普遍性，「仁」的表現在克己復禮，克己復禮實為孔子最重要的下手處。孔子「克己復禮，天下歸仁」的主張，雖仍無法挽救周文之衰，但「仁」的方向與價值，「禮」的實踐與理想，卻對後世影響深遠。

曾子為孔子弟子，《史記‧仲尼弟子列傳》記載「曾參，南武城人，字子輿。少孔子四十六歲。」「孔子以為能通孝道，故授之業。作《孝經》。死於魯。」[81]孔子讚許曾子能通「孝道」，「孝道」思想是曾子學說的重要特色。學者王甦以為「曾子踐仁的工夫有：一、本之以至誠，二、先之以孝弟，三、貫之以忠恕，四、守之以義理，五、持之以弘毅，六、輔之以友生。」[82]曾子身處孔子之後，周文禮崩樂

80　〔德〕卡爾‧雅斯貝斯著；魏楚雄、俞新天譯：《歷史的起源與目標》（北京：華夏出版社，1989年），頁8。
81　〔漢〕司馬遷：《史記‧仲尼弟子列傳》（臺北：藝文印書館，1962年），頁883。
82　王甦：〈曾子踐仁的工夫〉，《孔孟月刊》第13卷第11期（民國64年〔1975〕7月），頁 1-5。

壞更甚，傳統周文宗法制度猶存，新時代禮制尚未建立，曾子承襲孔子克己復禮為仁之學說主張，深化君子之德的內涵，在先秦禮學思想的發展中有其一定地位。

曾子文獻材料散見在《論語》、《小戴禮記》、《大戴禮記》等經典，國內關於《大戴禮記》的研究：或由乾嘉學術入手[83]，或論盧辯注解之異同[84]，論其思想義理者偏少[85]。《大戴禮記》論曾子之言行者有十篇，分別為〈曾子立事〉、〈曾子本孝〉、〈曾子立孝〉、〈曾子大孝〉、〈曾子事父母〉、〈曾子制言〉上、〈曾子制言〉中、〈曾子制言〉下、〈曾子疾病〉、〈曾子天圓〉等，題目雖皆有「曾子」之名，內容卻不全然為曾子著作[86]。《漢書藝文志·儒家》有：「《曾子》十八篇」[87]，《大戴禮記》所存曾子十篇，當為《漢志》曾子十八篇之殘存[88]。據出土文獻研究學者李銳所作〈出土文獻與《曾子》成書研究——兼論對曾子思想的新認識〉一文，分析近代戰國秦漢簡牘材料出土文獻有關曾子思想者有：上博簡《內豊》篇與《大戴禮記》《曾子立孝》、《曾子事父母》等章節有相近，海昏侯墓其中有與《曾子疾病》、《曾

---

83 陳宜均：《王聘珍《大戴禮記解詁》研究》（彰化：國立彰化師範大學國文學系碩士論文，2006年）；黃佳駿：〈孔廣森《大戴禮記補注》的思想取向〉，《東吳中文線上學術論文》第1期（2008年3月），頁107-126。

84 李明慈：《大戴禮記盧辯注研究》（臺北：中國文化大學中國文學研究所碩士論文，1987年），鄭麗娟：〈盧辯《大戴禮記注》與「鄭、王」論說異同考〉，《中國文哲研究集刊》第36期（2010年3月），頁137-180。許東海：〈大戴禮記盧辯注釋例〉，《孔孟月刊》第21卷1期（1982年9月），頁5-10。

85 陳志信：〈禮制國家的組構——以《二戴記》的論述形式剖析漢代儒化世界的形成〉，《臺大文史哲學報》第60期（2004年5月），頁1-3+5-44。徐玉梅：〈談大戴禮記中曾子的孝道觀〉，《臺南家專學報》第15期（1996年6月），頁1-9。

86 據王聘珍：「此以下十篇，題首並云『曾子』者，蓋曾子之後學者，論撰其先師平日所言立身孝行之要，天地萬物之理，同在《古文記》二〇四篇之中，並出於孔氏壁中者也。」〔清〕王聘珍：《大戴禮記解詁》（北京：中華書局，1983年3月），頁3。

87 〔漢〕班固：《漢書·藝文志》（臺北：鼎文書局，1997年10月），頁1711。

88 皮錫瑞云：「《藝文志》曾子十八篇久逸，是書猶存其十篇。」〈論大戴禮記〉，《經學通論》（臺北：臺灣商務印書館，1989年10月），頁83。

子事父母》等章節相關,近年出土安大簡《仲尼曰》可以發現曾子語和孔子之言的相關性。[89]本文不再考證出土文獻的真偽,乃就曾子禮學思想材料進行闡述如下。

二 曾子「攝禮歸孝,由孝復禮」

孔子論「禮」與「孝」的關係,孟懿子問孝,孔子曰:「生事之以禮;死葬之以禮,祭之以禮。」《論語・為政》[90]孔子認為生前對父母的對待、父母去世時喪禮的舉辦、去世後祭禮的舉行,皆能循禮而行是為「孝」。但孔子論「孝」非徒然只循禮而行,更重要的是內在孝親之心。

> 子曰:「今之孝者,是謂能養。至於犬馬,皆能有養;不敬,何以別乎?」(〈為政〉)[91]
>
> 子曰:「事父母幾諫。見志不從,又敬不違,勞而不怨。」(〈里仁〉)[92]
>
> 子曰:「父母在,不遠遊。遊必有方。」(〈里仁〉)[93]
>
> 子曰:「父母之年,不可不知也。一則以喜,一則以懼。」(〈里仁〉)[94]

---

[89] 李銳:〈出土文獻與《曾子》成書研究——兼論對曾子思想的新認識〉,《哲學與文化》第51卷第9期(2024年9月),頁57-72。

[90] 孟懿子問孝。子曰:「無違。」樊遲御,子告之曰:「孟孫問孝於我,我對曰『無違』。」樊遲曰:「何謂也?」子曰:「生事之以禮;死葬之以禮,祭之以禮。」《論語・為政》,《十三經注疏》(臺北:藝文印書館,1976年),頁16。

[91] 《論語・為政》,《十三經注疏》(臺北:藝文印書館,1976年),頁17。

[92] 《論語・里仁》,《十三經注疏》(臺北:藝文印書館,1976年),頁37。

[93] 《論語・里仁》,《十三經注疏》(臺北:藝文印書館,1976年),頁38。

[94] 《論語・里仁》,《十三經注疏》(臺北:藝文印書館,1976年),頁38。

孔子批評時人以為孝只是衣食之養,不知犬馬皆能有養,人之所以為人,乃在孝養之外更要有感念崇敬之心,這是從外在行為深入到內在心性的感念。父母有錯本於是非之義當諫,但感念父母之心,故當委婉幾諫,「見志不從,又敬不違」則是孝子情理之兼備,不可執理以害情,當兼顧孝親之心;「父母在,不遠遊。」「父母之年,不可不知也。」表現孔子論「孝」強調體貼父母之心,故孔子論「孝」已有向內在心性深化之趨勢。

> 宰我問:「三年之喪,期已久矣。君子三年不為禮,禮必壞;三年不為樂,樂必崩。舊穀既沒,新穀既升,鑽燧改火,期可已矣。」子曰:「食夫稻,衣夫錦,於女安乎?」曰:「安。」「女安則為之!夫君子之居喪,食旨不甘,聞樂不樂,居處不安,故不為也。今女安,則為之!」宰我出。子曰:「予之不仁也!子生三年,然後免於父母之懷。夫三年之喪,天下之通喪也。予也,有三年之愛於其父母乎?」(《論語·陽貨》)[95]

孔子面對宰我「三年之喪」的禮制質疑,雖言此乃「天下之通喪」,但非拘泥古禮而不可變,乃以「人心之安否?」為論述之旨。君子居喪,食不甘,樂不樂,居不安,乃說明喪期之制源於人心之安,三年之喪乃回報父母三年之懷,孔子強調三年之喪背後的內在孝子之心。三年之喪,孔子堅持禮制不改,不在拘守形式之禮,乃因喪期之禮制本於孝親之心,孔子重視「禮」的實踐,但更強調「禮」背後仁心之自覺與發用。

> 曾子曰:「孝子之養老也,樂其心不違其志,樂其耳目,安其

---

95 《論語·陽貨》,《十三經注疏》(臺北:藝文印書館,1976年),頁157-158。

寢處，以其飲食忠養之孝子之身終，終身也者，非終父母之身，終其身也；是故父母之所愛亦愛之，父母之所敬亦敬之，至於犬馬盡然，而況於人乎！」(《禮記・內則》)[96]

　　曾子論「孝」承襲孔子之義涵更擴大深化之，「孝」不僅是孝子對父母飲食備物之養，使父母衣食不匱。曾子更深入論及孝子對應父母內在敬愛之心，「父母愛之，喜而不忘；父母惡之，懼而無怨；父母有過，諫而不逆」。[97](〈曾子大孝〉)這是深入到內在敬愛之心的體貼順服，對父母不僅衣食之養，更要「樂其心不違其志」，面對父母有過則當諫而不逆，此乃承襲孔子「事父母幾諫」之說而衍生。孝子對父母之孝，不僅只在父母生前，更要貫徹孝子一生，可謂孔子「生，敬之以禮；死，祭之以禮」[98]的發揮。故曾子又云「故孝之於親也，生則有義以輔之，死者哀以涖焉，祭祀則涖之以敬；如此，而成於孝子也。」(〈曾子本孝〉)[99]曾子強調以禮行孝的內涵是義、哀、敬的內心真誠的抒發。

　　單居離問曾子事父母之道，曾子曰：「愛而敬。父母之行若中道，則從；若不中道，則諫；諫而不用，行之如由己。從而不諫，非孝也；諫而不從，亦非孝也。孝子之諫，達善而不敢爭辨；爭辨者，作亂之所由興也。由己為無咎，則寧；由己為賢人，則亂。孝子無私樂，父母所憂憂之，父母所樂樂之。孝子唯巧變，故父母安之。若夫坐如尸，立如齊，弗訊不言，言必齊色，此成人之善者也，未得為人

96　《禮記・內則》，《十三經注疏》(臺北：藝文印書館，1976年)，第5冊，頁531。
97　〔清〕王聘珍：《大戴禮記解詁・曾子大孝》(北京：中華書局，1983年3月)，頁84。
98　《論語・為政》，《十三經注疏》(臺北：藝文印書館，1976年)，頁16。
99　〔清〕王聘珍：《大戴禮記解詁・曾子本孝》(北京：中華書局，1983年3月)，頁80。

子之道也。」[100]事父母之道曰「愛而敬」強調內心的真誠與感念，強調「孝」內在心性內涵，但「孝」並非不分是非，父母若不行中道則當諫，諫非爭辨，乃委婉勸說以達善，此承孔子「幾諫」之義，至於孝子無私樂，以父母之憂樂為憂樂，則又較孔子論「孝」更進一步。

> 孝子之使人也不敢肆，行不敢自專也；父死三年，不敢改父之道；又能事父之朋友，又能率朋友以助敬也。(〈曾子本孝〉)[101]

曾子論孝子對父母之孝擴而大之，孝子之使人不敢自肆、不敢自專，必時時以父母之道為念，父死三年不敢改父之道，又能事父執之友、率朋友以敬。此為孝的進一步擴大，由對父母的孝養擴而大之，影響及於孝子之人際互動。曾子曰：「夫孝，置之而塞乎天地，溥之而橫乎四海，施諸後世而無朝夕，推而放諸東海而準，推而放諸西海而準，推而放諸南海而準，推而放諸北海而準。《詩》云：『自西自東，自南自北，無思不服。』此之謂也。」[102]「孝」對曾子而言是天地間最高的價值，孔子後真正把「孝」思想發揚光大的是曾子。

> 曾子曰：「身也者，父母之遺體也。行父母之遺體，敢不敬乎？居處不莊，非孝也；事君不忠，非孝也；蒞官不敬，非孝也；朋友不信，非孝也；戰陳無勇，非孝也；五者不遂，災及於親，敢不敬乎？亨孰膻薌，嘗而薦之，非孝也，養也。君子之所謂孝也者，國人稱願然曰：『幸哉有子！』如此，所謂孝

---

100 〔清〕王聘珍：《大戴禮記解詁・曾子事父母》(北京：中華書局，1983年3月)，頁86。
101 〔清〕王聘珍：《大戴禮記解詁・曾子本孝》(北京：中華書局，1983年3月)，頁80。
102 《禮記・祭義》，《十三經注疏》(臺北：藝文印書館，1976年)，第5冊，頁821。

也已。眾之本教曰孝,其行曰養。養,可能也,敬為難;敬,可能也,安為難;安,可能也,卒為難。父母既沒,慎行其身,不遺父母惡名,可謂能終矣。仁者,仁此者也;禮者,履此者也;義者,宜此者也;信者,信此者也;強者,強此者也。樂自順此生,刑自反此作。」(《禮記‧祭義》)[103]

孔子是由「仁」重新賦予周文之禮以活力,曾子則由「孝」重新詮釋「禮」的新內涵,身者父母之遺體,是以立身以敬,發而為居處莊、事君忠、涖官敬、朋友信、戰陳勇,皆為孝心之發用所致,孝心之發用不僅止於物質之奉養,更重視內在對父母恭敬之心,父母既歿,更慎行其身,不敢遺父母以惡名。故仁、義、禮、信、強諸德,皆由「孝」所發,順此曰樂,背此遭刑。

孔子藉「三年之喪」來警醒人心之仁,曾子則由「人心之孝」來省察自我、警醒他人,由「孝」而發仁、義、禮、信、強諸德,因孝親之心所發、不忍災及於親、不忍陷親於惡名,故而立身以慎、處事以義、待人以信、事君以忠。曾子進而言仁、義、禮、信、強諸德的內涵在「孝」,只是在不同的職分上而有不同之表現,故在家能事父事兄,在國便能事君事長,可以說曾子是將人倫之禮收攝於人心之孝,可謂「攝禮歸孝」的類型。

孔子「攝禮歸仁,克己復禮」乃是由周文之衰而生,以「仁」重新貫注周文以新的內涵,以「君子之德」取代「文王之德」,試圖重振周文之活力。曾子則在孔子之基礎力倡「攝禮歸孝」,所謂「攝禮」是吸納周文之禮,曾子之時周文之禮崩樂壞更劇,他則強調「孝」的自覺與表現,進一步由「孝」來提點仁心,「孝」較「仁」更親切可感,故曾子之學由「攝禮歸孝」切入,當得其為學之宗旨。

---

103 《禮記‧祭義》,《十三經注疏》(臺北:藝文印書館,1976年),第5冊,頁821。

三　曾子立身之禮

（一）不辱其身，不羞其親

> 曾子有疾，召門弟子曰：「啟予足！啟予手！《詩》云：『戰戰兢兢，如臨深淵，如履薄冰。』而今而後，吾知免夫！小子！」（《論語・泰伯》）[104]

> 樂正子春下堂而傷其足，數月不出，猶有憂色。門弟子曰：「夫子之足瘳矣，數月不出，猶有憂色，何也？」樂正子春曰：「善如爾之問也！善如爾之問也！吾聞諸曾子，曾子聞諸夫子曰：『天之所生，地之所養，無人為大。』父母全而生之，子全而歸之，可謂孝矣。不虧其體，不辱其身，可謂全矣。故君子頃步而弗敢忘孝也。今予忘孝之道，予是以有憂色也。壹舉足而不敢忘父母，壹出言而不敢忘父母。壹舉足而不敢忘父母，是故道而不徑，舟而不游，不敢以先父母之遺體行殆。壹出言而不敢忘父母，是故惡言不出於口，忿言不反於身。不辱其身，不羞其親，可謂孝矣。」（《禮記・祭義》）[105]

曾子何以如此「戰戰兢兢、如臨深淵、如履薄冰」、「吾知免夫」，或言身全而歸之，或言免於刑戮。曾子重身之全備，非徒然養生或身全，唯有由孝親之心角度切入，才可以理解。所謂「父母全而生之，子全而歸之，可謂孝矣。不虧其體，不辱其身，可謂全矣」，父母生育我們，為感念父母，照顧好自己的身體，是最基本的孝親之心，進而在言行舉止上使自己之行為「不辱其身，不羞其親」則可謂孝矣。

104　《論語・泰伯》，《十三經注疏》（臺北：藝文印書館，1976年），頁70。
105　《禮記・祭義》，《十三經注疏》（臺北：藝文印書館，1976年），第5冊，頁821。

曾子立身之禮甚嚴，時時警醒自我戰戰兢兢、如臨深淵、如履薄冰之戒慎，乃因時刻不敢忘孝親之心所致。

〈大學〉曰：「所謂誠其意者，毋自欺也，如惡惡臭，如好好色，此之謂自謙，故君子必慎其獨也！小人閒居為不善，無所不至，見君子而后厭然，揜其不善，而著其善。人之視己，如見其肺肝然，則何益矣！此謂誠於中，形於外，故君子必慎其獨也。曾子曰：『十目所視，十手所指，其嚴乎！』富潤屋，德潤身，心廣體胖，故君子必誠其意。」[106]〈大學章句序〉：「三千之徒，蓋莫不聞其說，而曾氏之傳獨得其宗，於是作為傳義，以發其意。」朱熹以為曾子傳〈大學〉之作[107]，〈大學〉主張「誠意」、「慎獨」之說，可由曾子「不辱其身，不羞其親」的孝道思想切入，方能體會曾子自律甚嚴的思想背景，乃發於孝親之心所致。

（二）慎容貌、顏色、辭氣

> 曾子有疾，孟敬子問之。曾子言曰：「鳥之將死，其鳴也哀；人之將死，其言也善。君子所貴乎道者三：動容貌，斯遠暴慢矣；正顏色，斯近信矣；出辭氣，斯遠鄙倍矣。籩豆之事，則有司存。」(《泰伯》)[108]

學者錢穆曰：「曾子為學，蓋主謹於外而完其內。孟子乃主由中以達外。要之，學脈相承，所謂一是皆以修身為本。」[109]籩豆之事為周文禮文之形式儀節，自有有司所存，曾子此說似承《左傳》「禮與儀」

---

106 《禮記・大學》，《十三經注疏》（臺北：藝文印書館，1976年），第5冊，頁983。
107 〔宋〕朱熹：《四書章句集注・大學章句序》（北京：中華書局，1983年10月），頁2。
108 《論語・泰伯》，《十三經注疏》（臺北：藝文印書館，1976年），頁70。
109 錢穆：《論語新解》（臺北：東大圖書公司，1988年4月），頁278。

之辨[110]的發展,即「禮」不徒然只是行禮如儀,更重要是「人君之禮」背後「禮所以守其國,行其政令,無失其民」的人文內涵。

　　曾子論君子之所貴在自我修身之嚴整,容貌適切乃能遠暴慢,臉色神情端正乃得人之信任,合宜言談對應乃得遠離人之鄙視背棄。故曾子勉勵孟敬子當以身作則,慎重自身舉止、顏色、辭氣之發,立身即從自身行為之嚴整做起,此乃曾子論立身之禮。至於「籩豆之事,則有司存」,他強調當政者不僅止於行禮如儀,更重要的是自身的道德實踐,強調立身之禮,視人本身道德人格的樹立,人格的價值比形式之禮要更重要。而人格價值的道德實踐就在容貌、顏色、辭氣的慎重與得體的表現。《大戴禮記・曾子立事》記載數則曾子慎於言行之說:

> 君子慮勝氣,思而後動,論而後行,行必思言之,言之必思復之,思復之必思無悔言,亦可謂慎矣。(《大戴禮記・曾子立事》)[111]

王聘珍注:「慮,謀思。勝,克也。氣,血氣。復,猶覆也。無悔言者,信近於義,言可復也。此言君子之慎思也。」曾子之慎思慎行,慮、思、論、行、言、復,始無悔言。此見曾子慮而後發之慎。

---

110 《左傳・昭公五年》:「公如晉,自郊勞至於贈賄,無失禮,晉侯謂女叔齊曰,魯侯不亦善於禮乎,對曰,魯侯焉知禮,公曰,何為,自郊勞至於贈賄,禮無違者,何故不知,對曰,是儀也,不可謂禮,禮所以守其國,行其政令,無失其民者也,今政令在家,不能取也,有子家羈,弗能用也,奸大國之盟,陵虐小國,利人之難,不知其私,公室四分,民食於他,思莫在公,不圖其終,為國君,難將及身,不恤其所,禮之本末,將於此乎在,而屑屑焉習儀以亟,言善於禮,不亦遠乎,君子謂叔侯於是乎知禮。」〔清〕阮元:《左傳》,《十三經注疏》(臺北:藝文印書館,1976年),頁744-745。

111 〔清〕王聘珍:《大戴禮記解詁・曾子立事》(北京:中華書局,1983年3月),頁71。

> 可言而不信，寧無言也。君子終日言，不在尤之中；小人一言，終身為罪。(《曾子立事》)[112]

王聘珍注：「左氏昭八年傳：『君子之言，信而有徵，故怨遠於其身；小人之言，僭而無徵，故怨咎及之。』」曾子論言當有徵，否則寧可不言。

> 孝子惡言死焉，流言止焉，美言興焉，故惡言不出於口，煩言不及於己。(〈曾子本孝〉)[113]

曾子立身之禮始於孝親之心，由孝親之心發而為個人自律之嚴謹，個人修身之嚴謹則始於言行，故孝子慎言，慮而後行，不言不信，不出惡言，不散布不實流言，興美言，乃因孝子有感事親之心，故自尊自重，對他人亦謹慎應對之。

(三) 三省吾身

> 曾子曰：「吾日三省吾身：為人謀而不忠乎？與朋友交而不信乎？傳不習乎？」(《論語・學而》)[114]

朱熹注：「盡己之謂忠。以實之謂信。傳，謂受之於師。習，謂熟之於己。曾子以此三者日省其身，有則改之，無則加勉，其自治誠切如此，可謂得為學之本矣。而三者之序，則又以忠信為傳習之本也。」[115] 孔子言「克己復禮為仁」，「仁」之全德本含內在克己的省察、外在復

---

112 〔清〕王聘珍：《大戴禮記解詁・曾子立事》(北京：中華書局，1983年3月)，頁73。
113 〔清〕王聘珍：《大戴禮記解詁・曾子本孝》(北京：中華書局，1983年3月)，頁79。
114 〔宋〕朱熹：《四書章句集注・論語》(北京：中華書局，1983年10月)，頁48。
115 〔宋〕朱熹：《四書章句集注・論語》(北京：中華書局，1983年10月)，頁48。

禮的形式表現，曾子由孝心之發，故重「三省吾身」以求不辱其親，似偏孔門「克己之學」的方向，重在自省自律的省察：為人謀、與朋友交、傳之習皆為人之事，曾子所重在省察己心之忠否？交之信否？傳之習熟否？即己心之是否盡力謀事、是否真誠相交？是否習熟所學？自省自察個人內在道德心是否如實彰顯？表現曾子儒學往內在心性深化之趨向。

>曾子曰：「忠者，其孝之本與？孝子不登高，不履危，痺亦弗憑；不苟笑，不苟訾，隱不命，臨不指。故不在尤之中也。」（〈曾子本孝〉）[116]

忠者盡己之誠，曾子以為此乃「孝之本」，故孝子不登高、不履危、不臨深、不可以其貪生怕死，欠缺冒險犯難精神視之，乃因「孝子之事親也，居易以俟命，不興險行以徼幸……出門而使不以，或為父母憂也；險塗隘巷，不求先焉，以愛其身，以不敢忘其親也」。[117]（〈曾子本孝〉）孝之本質在忠，忠非後世所謂忠君之忠，忠對曾子而言即是盡己之誠，故不登高、不履危，非無冒險犯難之心，乃因感念孝親之心，不輕率使自己身陷險地，故自尊自重如此。

>君子患難除之，財色遠之，流言滅之。禍之所由生，自纖纖也，是故君子夙絕之。（〈曾子立事〉）[118]

盧辯注：《易》曰「君子以恐懼修省」，《說文》云：「纖，銳細也。夙，早敬也。」曾子論禍患往往起於積微，故當時時警醒自我，遠離

---

116 〔清〕王聘珍：《大戴禮記解詁·曾子本孝》（北京：中華書局，1983年3月），頁79。
117 〔清〕王聘珍：《大戴禮記解詁·曾子本孝》（北京：中華書局，1983年3月），頁79。
118 〔清〕王聘珍：《大戴禮記解詁·曾子立事》（北京：中華書局，1983年3月），頁71。

財色,即使細微之事有小錯也立即改正,毋使積累為大禍,見外在利誘好惡當謹慎因應。

> 君子見利思辱,見惡思詬,嗜慾思恥,忿怒思患,君子終身守此戰戰也。(《曾子立事》)[119]

王聘珍:「戰戰,恐懼貌。」曾子論君子面對外在之利、惡、內在情慾之嗜欲、忿怒,當思其辱、詬、恥、患之失,而守其中道而行。故曾子立身之禮甚嚴,所謂「君子不絕小不殄微也;行自微也不微人,人知之則願也,人不知苟吾自知也,君子終身守此勿勿也。」[120]曾子論行事不因善小而不為,不求人知而貴於自知。

曾子立身之禮由孝親之心所發,由孝親而慎行父母之所遺,即立身之言行使不辱及父母,故「三省吾身」時時省察自我內心,審慎發而「慎容貌、顏色、辭氣」,曾子本於不敢忘親之孝心而發,故立身乃戰戰兢兢、如履薄冰,時時警省自我、慎言行辭氣顏色,唯恐悖禮忘義以辱其親之故。

(四)小結

曾子立身之嚴,也深化先秦儒家論道德自覺的內在自省,所謂「君子之於不善也,身勿為,能也;色勿為,不可能也。色也勿為,可能也;心思勿為,不可能也。」(《大戴禮記》)[121]王聘珍注:「勿,禁止。能,耐。言人於不善,雖強制於外,而不可強制於中也。」所謂身可勿為,色可勿為,要心勿思乃不可能也,即內在心之勿為乃為難能者,故曾子強調「三省吾身」、「容貌、顏色、辭氣」、「慎言行」

---

[119] 〔清〕王聘珍:《大戴禮記解詁・曾子立事》(北京:中華書局,1983年3月),頁71。
[120] 〔清〕王聘珍:《大戴禮記解詁・曾子立事》(北京:中華書局,1983年3月),頁70。
[121] 〔清〕王聘珍:《大戴禮記解詁・曾子立事》(北京:中華書局,1983年3月),頁77。

的修身主張，可謂承孔子「克己復禮曰仁」後，文化義的周文之禮逐漸弱化，禮學的發展逐步落實於個人立身之禮的實踐，個人立身之禮往內在道德自覺方向深化的趨勢，強化禮學與個人道德主體的連結，強調個人內在道德主體的自覺內涵。

四　曾子論進學之禮──學以論義

> 君子攻其惡，求其過，彊其所不能，去私欲，從事於義，可謂學矣。(〈曾子立事〉)[122]

孔子論「學」曰：「有顏回者好學，不遷怒，不貳過。」(〈雍也〉)[123]即好學的意義在成就生命的不遷怒、不貳過；孔子論「義」曰：「君子之於天下也，無適也，無莫也，義之與比。」(〈里仁〉)[124]孔子論「仁」乃全德之名，由仁心發而應事則曰「義」，「義」沒有固定形式，端賴仁心之自覺與外在環境變化適時因應而定，故孔子論「學」既有君子內在道德生命的自覺，也有探究外在事理的規範義涵。

曾子論「學」，以自省自我之惡與過、學己之不足、去私欲，從事於義的探討，可謂承襲孔門論「學」之精神，在成就君子道德生命的自省自覺，也不偏廢外在事理的探索。

> 君子學必由其業，問必以其序。問而不決，承閒觀色而復之，雖不說亦不彊爭也。(〈曾子立事〉)[125]

曾子論君子為學態度，為學必有正業，必有其序，問而不爭。

122　〔清〕王聘珍：《大戴禮記解詁・曾子立事》(北京：中華書局，1983年3月)，頁69。
123　《論語・泰伯》，《十三經注疏》(臺北：藝文印書館，1976年)，頁51。
124　《論語・里仁》，《十三經注疏》(臺北：藝文印書館，1976年)，頁37。
125　〔清〕王聘珍：《大戴禮記解詁・曾子立事》(北京：中華書局，1983年3月)，頁69。

> 君子疑則不言，未問則不言，兩問則不行其難者。(〈曾子立事〉)[126]

王聘珍注：「學記『善問者如攻堅木，先其易者，後其節目』，問必以其序也。」曾子論學當有所見乃言，不來問則不往教，不以學問誇耀，為學當循序漸進，先其易者，後其難者。

> 君子既學之，患其不博也；既博之，患其不習也；既習之，患其無知也；既知之，患其不能行也；既能行之，貴其能讓也；君子之學，致此五者而已矣。(〈曾子立事〉)[127]

曾子論「君子之學」有五：「博、習、知、行、讓。」「學」的內涵有五個面向，先以「博」為先，〈大學〉「修身、齊家、治國、平天下」可謂博也。「習」者學而時習之，熟習也。「知」者知曉其理。「行」者實踐其義。「讓」者卑己而尊賢。曾子論「君子之學」的層面大矣：有知識面的拓展、技術面的熟習、理性面的理解、價值面的建立與實踐，更有情感面的推己及人、尊賢卑己的仁人胸懷。令人聯想到〈中庸〉所謂「君子尊德性而道問學，致廣大而盡精微，極高明而道中庸，溫故而知新，敦厚以崇禮」。[128] 儒家仁人君子崇高學養、道德人格形象的樹立。

> 君子愛日以學，及時以行，難者弗辟，易者弗從，唯義所在。日旦就業，夕而自省思，以歿其身，亦可謂守業矣。(〈曾子立

---

126 〔清〕王聘珍：《大戴禮記解詁・曾子立事》(北京：中華書局，1983年3月)，頁71。
127 〔清〕王聘珍：《大戴禮記解詁・曾子立事》(北京：中華書局，1983年3月)，頁69-70。
128 《禮記・中庸》，《十三經注疏》(臺北：藝文印書館，1976年)，第5冊，頁897。

事〉》[129]

　　君子義則有常，善則有鄰；見其一，冀其二；見其小，冀其大；苟有德焉，亦不求盈於人也。(〈曾子立事〉)[130]

王聘珍注：《說文》：「義，己之威儀也。」〈緇衣〉：「衣服不貳，從容有常。」《論語》：「德不孤，必有鄰。」盈，滿也。《論語》：「無求備於一人。」曾子之「義」，王氏以「威儀」釋之似偏外在之行為。雖以《說文》為據，此乃漢儒之說，以解先秦文義恐不妥。曾子論「義」曰：「君子愛日以學，及時以行，唯義所在」、「君子攻其惡，求其過，彊其所不能，去私欲，從事於義，可謂學矣」、「君子義則有常，善則有鄰……苟有德焉」，曾子論「學」的目的在於能知「義」，「義」的內涵包括外在知識的學習、自我的自省其過、最後得其人事物之道德價值所在曰「義」，故「義」是與君子之德相連結的，若只以「威儀」釋之實太偏狹，故不取之。

　　曾子又以「君子之業」釋之，所謂「日旦就業，夕而自省思，以歿其身，亦可謂守業矣。」「君子之業」在旦以日學、夕自省思，以歿終身，曾子曰：「君子博學而孱守之，微言而篤行之，行必先人，言必後人，君子終身守此悒悒。」[131]盧辯注：「孱，小貌，不務大。悒悒，憂念也。」王聘珍注：「微，少。篤，厚。」曾子論為學篤行，行先言後。故曾子批判「多知而無親，博學而無方，好多而無定者，君子弗與也。」[132]王聘珍注：「知，謂通問相知之人。無方，謂無常也。定，猶成也。」即知識廣博卻無人生價值方向，貪多務得而已。又「博學而無行，進給而不讓，好直而徑，儉而好侼者，君子不

---

[129] 〔清〕王聘珍：《大戴禮記解詁·曾子立事》（北京：中華書局，1983年3月），頁69。
[130] 〔清〕王聘珍：《大戴禮記解詁·曾子立事》（北京：中華書局，1983年3月），頁73。
[131] 〔清〕王聘珍：《大戴禮記解詁·曾子立事》（北京：中華書局，1983年3月），頁70。
[132] 〔清〕王聘珍：《大戴禮記解詁·曾子立事》（北京：中華書局，1983年3月），頁74。

與也。」[133]王聘珍注:「進,謂進取。紿,捷也。讓,禮讓。《玉篇》、《廣韻》:『俓,急也。』」盧辯注:「侄,塞也。」此言學習突然侷限於外在知識,並無內化為生命之道德價值,故而「無行」、「不讓」,此為君子所不取。

《禮記‧曾子問》有數則曾子問禮於孔子之紀錄,雖然回答的是孔子,反映的是孔子的禮學觀念,但由曾子所問也可窺見其對冠、婚、喪、祭之禮互相衝突時,如何取捨判斷的想法。如:

> 君薨而世子生,如之何?(〈曾子問〉)[134]
> 如已葬而世子生,則如之何?(〈曾子問〉)[135]

此論國喪之禮與世子出生之禮衝突該如何因應的情況,深刻的意義是涉及到國家政權如何順利過渡傳承的處理,因此曾子關心國喪期間應儘速讓新生世子與眾臣見面,正式宣告世子的新君地位,儘速穩定國家領導階層以避免動亂是為第一考量。曾子又問:

> 為君使而卒於舍,禮曰:公館復,私館不復。凡所使之國,有司所授舍,則公館已,何謂私館不復也?(〈曾子問〉)[136]

大臣奉君命出使國外而不幸病故,若在諸侯所建賓客之館曰公館,卿大夫士之家曰私館,使臣若卒於公館則舉行招魂儀式,卒於私館則不招魂,此為公與私、官修與私宅的輕重論辯,卒於公宅則行招魂之禮,私家則免。

---

133 〔清〕王聘珍:《大戴禮記解詁‧曾子立事》(北京:中華書局,1983年3月),頁74。
134 《禮記‧曾子問》,《十三經注疏》(臺北:藝文印書館,1976年),第5冊,頁358。
135 《禮記‧曾子問》,《十三經注疏》(臺北:藝文印書館,1976年),第5冊,頁360。
136 《禮記‧曾子問》,《十三經注疏》(臺北:藝文印書館,1976年),第5冊,頁384。

將冠子，冠者至，揖讓而入，聞齊衰大功之喪，如之何？（〈曾子問〉）[137]

昏禮既納幣，有吉日，女之父母死，則如之何？（〈曾子問〉）[138]

此問乃有關冠禮與喪禮、婚禮與喪禮發生衝突當如何因應的問題。學者羅新慧以為「曾子對於禮的基本認識是力圖在君臣大義與宗族親情關係間找出一個匯聚點，站在這個點上對於兩方面都能兼而顧之，這是他向孔子請教禮的問題的中心。」[139]曾子之時周文宗法制度雖正崩壞而尚存，故曾子提問皆有關諸禮發生衝突當如何處理的問題。如君薨當儘速推尊世子，以維持宗法制度的順利運作，此為君臣大義為重；冠、婚之禮則屬宗族親情之禮，冠婚之禮行而遭喪故則略而行禮，致哀而返，表現曾子禮學思想面對嘉禮凶禮衝突時是想兼而顧之的。故〈曾子問〉所記錄多為行禮時遭遇變數的因應之道，個人以為其判斷標準正是曾子所謂「義」之命題的探討。

曾子論「學」傳承孔子「學而時習之，不亦說乎」傳統，既有君子知性生命的增長，也有道德生命的實踐與體驗，知性與德性二理論層次皆有所推進。首先在知性的拓展上，曾子主張「學必由其業，問必以其序」、「疑則不言，未問則不言」是強調學習要有主題、要有方法、不確定的事就不講，其中甚具特色是認為學習深化的過程在「博、習、知、行、讓」五個階段，頗有中國先秦知識論架構的雛形，令人聯想〈大學〉「格物、致知、誠意、正心、修身」的思想架構由來的淵源，但知識的學習最後仍歸結於道德生命的成長與實踐，這是一脈相承的。

其次，曾子論「學」的意義在於知「義」，「義」是仁心落實在外

---

137 《禮記·曾子問》，《十三經注疏》（臺北：藝文印書館，1976年），第5冊，頁362。
138 《禮記·曾子問》，《十三經注疏》（臺北：藝文印書館，1976年），第5冊，頁364。
139 羅新慧：〈曾子禮學思想初探〉，《史學月刊》2000年第3期，頁21-22。

在事物上如何因應合宜的實踐命題,可發現曾子承孔子之後,面對外在事物之因應標準正逐漸脫離周文之禮的侷限,落實在個人道德心的自省與外在事物如何合宜表現的判斷,這是一個新時代道德規範的重建,曾子論「義」已表現出新時代的趨勢,至於孟子倡論「義」的內在判斷依據,所謂「告子未嘗知義,以其外之也。」[140]成為其學術主張的重要命題。

五　禮者忠恕之道

> 子曰:「參乎!吾道一以貫之。」曾子曰:「唯。」子出。門人問曰:「何謂也?」曾子曰:「夫子之道,忠恕而已矣!」(〈里仁〉)[141]

學者錢穆曰:「盡己之心以待人謂之忠,推己之心以及人謂之恕。忠恕之道即仁道,其道實一本之於我心,而可貫通之於萬人之心,乃至萬世以下人之心者。」[142]曾子以「忠恕」一貫夫子之道,曾子論「忠恕之道」,由禮而言乃立身之禮與待人之禮,二者本於孝親之心,不敢忘親之恩,故立身以敬曰忠,待人以禮曰恕,此乃曾子「忠恕之道」。

立身之禮的精神內涵在「忠」,忠乃盡己之心、知己之性、盡己之學、成己之才、明己之位,視聽言動得其宜乃為立身之禮。能知己乃至推己及人,待人之禮的精神內涵在「恕」,推己及人之心,以待父母、學生、君臣,知合宜之對應,以宜其職分。

---

140 《孟子·公孫丑上》,《十三經注疏》(臺北:藝文印書館,1976年),頁55。
141 《論語·里仁》,《十三經注疏》(臺北:藝文印書館,1976年),頁37。
142 錢穆:《論語新解》(臺北:東大圖書公司,1988年4月),頁132。

（一）素其位而行

子曰：「不在其位，不謀其政。」曾子曰：「君子思不出其位。」（〈憲問〉）[143]

孔子「不在其位，不謀其政」，偏政治層面各司其職而言，曾子「君子思不出其位」更擴大至人倫之禮的人人謹守分際，〈中庸〉曰：「君子素其位而行，不願乎其外」[144]亦有此義。

《禮記‧檀弓上》記錄曾子臨終易簀之文「曾子寢疾，病。樂正子春坐於床下，曾元、曾申坐於足，童子隅坐而執燭。童子曰：「華而睆，大夫之簀與？」子春曰：「止！」曾子聞之，瞿然曰：「呼！」曰：「華而睆，大夫之簀與？」曾子曰：「然，斯季孫之賜也，我未之能易也。元，起易簀。」曾元曰：「夫子之病革矣，不可以變，幸而至於旦，請敬易之。」曾子曰：「爾之愛我也不如彼。君子之愛人也以德，細人之愛人也以姑息。吾何求哉？吾得正而斃焉斯已矣。」舉扶而易之。反席未安而沒。」[145]《禮記‧檀弓上》記錄曾子臨終易簀之文，曾子發現所臥之簀乃季孫大夫所賜，非己之名位可得，故堅持易簀。曾元見曾子病篤不忍易之，曾子告之以「君子之愛人也以德，細人之愛人也以姑息」，曾元本於孝親之私不忍易簀，曾子堅持其守禮自持之價值，君子當謹守分際，非大夫不用大夫之簀，如此乃君君、臣臣、父父、子子各安其位，各應其禮，「君子愛人以德」，此「德」乃指合於名位之禮之謂「德」。

曾子一生多居家講學，落實在人倫之禮上則多偏生活中待人接物之對應，而少朝堂君臣之禮的論述，可謂生活之禮的實踐。

---

143 《論語‧憲問》，《十三經注疏》（臺北：藝文印書館，1976年），頁128。
144 《禮記‧中庸》，《十三經注疏》（臺北：藝文印書館，1976年），第5冊，頁883。
145 《禮記‧檀弓上》，《十三經注疏》（臺北：藝文印書館，1976年），第5冊，頁117。

> 君子不先人以惡，不疑人以不信；不說人之過，成人之美；存往者，在來者，朝有過夕改則與之，夕有過朝改則與之。(〈曾子立事〉)[146]

王聘珍注：「往者之過則恤之，來者之善則許之。《論語》：『人潔己以進，與其潔也，不保其往也。』」曾子此論待人之忠恕之道，不先惡、不疑、不說人過，成人之美，朝夕有過若改則與之。律己以嚴，待人則以恕道之寬待之。

> 君子不絕人之歡，不盡人之禮；來者不豫，往者不慎也，去之不謗，就之不貉；亦可謂忠矣。(〈曾子立事〉)[147]

盧辯注：「通飲食之饋，序其歡也。簡服物之禮，令其忠也。」王聘珍注：「豫慎謗貉，皆以君子言。忠，盡中心也。此言君子之全交也。」曾子論君子之交，不絕歡，不盡禮，寬以待人。不豫、不憂、不謗、不貉，不以利害交友，乃以德交也。《禮記・曲禮上》：「博聞強識而讓，敦善行而不怠，謂之君子。君子不盡人之歡，不竭人之忠，以全交也。」[148]君子律己則以力學而踐善行為旨，待人則以寬待不苛責、不謗、不貨利之原則，此君子之交。

(二) 見賢與不賢

> 君子己善，亦樂人之善也；己能，亦樂人之能也；己雖不能，亦不以援人。(〈曾子立事〉)[149]

---

146 〔清〕王聘珍：《大戴禮記解詁・曾子立事》(北京：中華書局，1983年3月)，頁72。
147 〔清〕王聘珍：《大戴禮記解詁・曾子立事》(北京：中華書局，1983年3月)，頁72。
148 《禮記・曲禮上》，《十三經注疏》(臺北：藝文印書館，1976年)，第5冊，頁53。
149 〔清〕王聘珍：《大戴禮記解詁・曾子立事》(北京：中華書局，1983年3月)，頁71。

王聘珍注:「援,猶引也,取也,謂引取人之能以為能也。」曾子論推己及人以為善、為能,不忌妒賢能,己善亦願人為善,己能亦願人為能。

> 君子好人之為善,而弗趣也,惡人之為不善,而弗疾也;疾其過而不補也,飾其美而不伐也,伐則不益,補則不改矣。(〈曾子立事〉)[150]

盧辯注:「弗趣者,不促速之,恐其倦也。」王聘珍注:「疾,急也,不急持之,恐其生亂也。補,謂彌縫其闕。言惡人之過而不為之彌縫,俟其自改也。好人之美而不與之矜夸,恐其自足也。」曾子論見人之善與惡,除對己之思齊與自省外,當如何對應之,勿過許使人矜夸,勿過疾或不補使人不生亂俟自改。

> 君子禍之為患,辱之為畏,見善恐不得與焉,見不善恐其及己也,是故君子疑以終身。(〈曾子立事〉)[151]

盧辯注:「見善如不及,見惡如探湯。」曾子承孔子知為善去惡之迫切,但增加患禍、畏辱之危機意義,亦可見時代之感。

(三) 論入國之禮

> 君子入人之國,不稱其諱,不犯其禁,不服華色之服,不稱懼惕之言。故曰:與其奢也寧儉,與其倨也寧句。(〈曾子立事〉)[152]

---

150 〔清〕王聘珍:《大戴禮記解詁・曾子立事》(北京:中華書局,1983年3月),頁72。
151 〔清〕王聘珍:《大戴禮記解詁・曾子立事》(北京:中華書局,1983年3月),頁70。
152 〔清〕王聘珍:《大戴禮記解詁・曾子立事》(北京:中華書局,1983年3月),頁73。

王聘珍注：「《禮記‧曲禮上》：『入竟而問禁，入國而問俗，入門而問諱。』恐懼忧惕之言，悚人聽聞者。倨，傲也。句，曲之也。左氏襄二十九年傳曰：『直而不倨，曲而不屈。』」曾子論入人之國之禮，當問禁、問俗、問諱，這是對他國易俗之尊重，不張揚、不悚人、寧儉、寧曲，則是表現個人在他國之謙遜低調。

（四）反面批判

> 夸而無恥，彊而無憚，好勇而忍人者，君子不與也。(《曾子立事》)[153]

王聘珍注：「夸，誇毗。彊，暴也。憚，懼也。忍，殘忍。」曾子批判浮誇、無恥、暴力好勇殘忍之行。

> 亟達而無守，好名而無體，忿怒而為惡，足恭而口聖，而無常位者，君子弗與也。(《曾子立事》)[154]

盧辯注：「亟，數也，數自達而無所守。」王聘珍注：「體，行也。口聖，守順其口，捷給為通，以言語餂取人意。位者，立也。凡若此者，皆不知禮，無以立也。」曾子批判速成、好名而無實、忿怒為惡、足恭巧說者，皆為無實之過。

> 巧言令色，能小行而篤，難於仁矣。嗜酤酒，好謳歌巷遊，而鄉居者乎？吾無望焉耳！(《曾子立事》)[155]

---

[153]〔清〕王聘珍：《大戴禮記解詁‧曾子立事》（北京：中華書局，1983年3月），頁74。
[154]〔清〕王聘珍：《大戴禮記解詁‧曾子立事》（北京：中華書局，1983年3月），頁74。
[155]〔清〕王聘珍：《大戴禮記解詁‧曾子立事》（北京：中華書局，1983年3月），頁75。

王聘珍注:「篤,固也。望,責也。無望,言其無足責也。」曾子批判虛而無實、嗜酒好遊者,無以為也。

> 出入不時,言語不序,安易而樂暴,懼之而不恐,說之而不聽,雖有聖人,亦無若何矣。(〈曾子立事〉)[156]

王聘珍注:「安易,謂以簡易為安。」曾子批判生活無序、喜怒無常,不知受教者,無以自進矣。

> 臨事而不敬,居喪而不哀,祭祀而不畏,朝廷而不恭,則吾無由知之矣。(〈曾子立事〉)[157]

王聘珍注:「畏,敬也。恭,肅也。《論語》:「居上不寬,為禮不敬,臨喪不哀,吾何以觀之哉?」臨事而發為真誠之情,乃曾子所重。

　　曾子論「禮者忠恕之道」呈現的內容豐富,忠恕之道分立己之道與待人之道,立己之道曾子強調要素其位而行,本於自己之名位,做自己該做的事,不貪求不逾越。待人之道上則要推己及人,成人之美、樂人之善、不絕仁之歡,但也不以善強迫他人,特別的是曾子強調入人之國當尊重其國其俗,先問所諱,入境問俗對後世影響深遠。另外曾子反面批判也較孔子為強烈,反對「嗜酣酒,好謳歌」、「忿怒而為惡」此為耽溺感官之樂無節制的批判,又「言語不序」、「安易樂暴」,此為不學之弊;又「臨事而不敬,居喪而不哀」則針對他人不真誠之弊病而發。

---

156 〔清〕王聘珍:《大戴禮記解詁‧曾子立事》(北京:中華書局,1983年3月),頁75。
157 〔清〕王聘珍:《大戴禮記解詁‧曾子立事》(北京:中華書局,1983年3月),頁75。

六　論治國之禮——以孝為教

曾子曰:「慎終追遠,民德歸厚矣!」(〈學而〉)[158]

曾子曰:「甚哉,孝之大也!」子曰:「夫孝,天之經也,地之義也,民之行也。天地之經,而民是則之。則天之明,因地之利,以順天下。是以其教不肅而成,其政不嚴而治。先王見教之可以化民也,是故先之以博愛,而民莫遺其親,陳之德義,而民興行。先之以敬讓,而民不爭;導之以禮樂,而民和睦;示之以好惡,而民知禁。《詩》云:『赫赫師尹,民具爾瞻。』」(〈孝經〉)[159]

君子由孝親之心以立身,由孝親之心以為仁人君子以行德,己立而後立人,故亦由孝親之心以教化百姓。曾子曰:「吾聞諸夫子:人未有自致者也,必也親喪乎!」[160]曾子論人能自致其情,可由親喪之痛以啟發教化人心,此呼應孔子和宰我論三年之喪,即曾子不是拘泥於喪、祭之禮的形式,重視的是喪祭之禮背後的仁心之啟發,即孝心的自覺。曾子重視喪禮與祭禮,強調喪禮、祭禮乃面對喪親之痛、孝親之思,可由喪祭之禮以啟發百姓人心之仁,仁心被啟發而自覺,自然不會遺棄其親、自能不爭、禮讓,自能和睦,如此民心風俗自會醇厚。

仲尼居,曾子侍。子曰:「先王有至德要道,以順天下,民用和睦,上下無怨。汝知之乎?」曾子避席曰:「參不敏,何足以知之?」子曰:「夫孝,德之本也,教之所由生也。復坐,吾語汝。身體髮膚,受之父母,不敢毀傷,孝之始也。立身行道,

---

158　《論語・學而》,《十三經注疏》(臺北:藝文印書館,1976年),頁7。
159　《孝經》,《十三經注疏》(臺北:藝文印書館,1976年),頁280。
160　《論語・子張》,《十三經注疏》(臺北:藝文印書館,1976年),頁172。

揚名於後世，以顯父母，孝之終也。夫孝，始於事親，中於事君，終於立身。《大雅》云：『無念爾祖，聿脩厥德。』」(《孝經》)[161]

曾子論「孝」不徒然只是飲食奉養父母無虞，更深入對父母內心好惡的體察與順服，所謂「樂其心不違其志」、「父母之所愛亦愛之，父母之所敬亦敬之」，以至父母之享盡天年，更將此孝親之心、孝親之思擴大至孝子一生，孝子終身思慕父母之恩。故《孝經》將孝道發揮至極致，所謂「身體髮膚，受之父母，不敢毀傷，孝之始也。立身行道，揚名於後世，以顯父母，孝之終也。」故曾子論「孝」始於個人身體之保重、言行之慎重、進而至於立身處世之道德實踐，皆為孝道之表現，更進而擴大至於民心的教化。

事父可以事君，事兄可以事師長，使子猶使臣也，使弟猶使承嗣也；能取朋友者，亦能取所予從政者矣；賜與其宮室，亦由慶賞於國也；忿怒其臣妾，亦猶用刑罰於萬民也。是故為善必自內始也。內人怨之，雖外人亦不能立也。(〈曾子立事〉)[162]

曾子論事父、事兄、使子、使弟、乃齊家之禮，熟習之則猶事君、事長、使臣之禮，取朋友、賜宮室、怒臣妾亦猶從政、慶賞、刑罰之於萬民，此似可見〈大學〉「修身、齊家、治國、平天下」之學脈淵源。故曾子所重雖偏個人修身之禮、居家待人之禮，但推己及人亦猶治國之禮。

曾子曰：「君子立孝，其忠之用，禮之貴。故為人子而不能孝

---

161 《孝經》，《十三經注疏》(臺北：藝文印書館，1976年)，頁10。
162 〔清〕王聘珍：《大戴禮記解詁・曾子立事》(北京：中華書局，1983年3月)，頁78。

其父者，不敢言人父不畜其子者；為人弟而不能承其兄者，不敢言人兄不能順其弟者；為人臣而不能事其君者，不敢言人君不能使其臣者也。故與父言，言畜子；與子言，言孝父；與兄言，言順弟；與弟言，言承兄；與君言，言使臣；與臣言，言事君。(〈曾子立孝〉)[163]

君子之孝也，忠愛以敬；反是，亂也。盡力而有禮，莊敬而安之；微諫不倦，聽從而不怠，懽欣忠信，咎故不生，可謂孝矣。盡力無禮，則小人也；致敬而不忠，則不入也。是故禮以將其力，敬以入其忠；飲食移味，居處溫愉，著心於此，濟其志也。(〈曾子立孝〉)[164]

盧辯注云：「不可以己能而責人之不能，況以所不能。」此言孝子為人子而言事父，為人弟而論承兄，為人臣而論事君，曾子論「孝」言「君子之孝，忠愛以敬」，強調「孝」的內涵在盡己之忠與愛。由己之孝心擴而大之論為人子、為人弟、為人臣、為人君當各盡其職分，是由忠愛之心擴大為整個社會人倫之序的忠愛以敬，若無此忠愛之心，則人倫亂也。故言「盡力無禮，則小人也；致敬而不忠，則不入也」，此為曾子論由「孝」之忠愛以敬，擴大論及整個人倫之禮的建立基礎之所在。〈曾子本孝〉言「君子之孝也，以正致諫；士之孝也，以德從命；庶人之孝也，以力惡食；任善，不敢臣三德。」[165]此論君子之孝、士之孝、庶人之孝，乃由社會人倫之禮層面以論「孝」之不同呈現，卿大夫以正，士以德，庶人以力，當各盡其分以盡其職。

---

163 〔清〕王聘珍：《大戴禮記解詁・曾子立孝》(北京：中華書局，1983年3月)，頁80-81。
164 〔清〕王聘珍：《大戴禮記解詁・曾子立孝》(北京：中華書局，1983年3月)，頁81。
165 〔清〕王聘珍：《大戴禮記解詁・曾子立孝》(北京：中華書局，1983年3月)，頁80。

子曰:「可人也,吾任其過;不可人也,吾辭其罪。」《詩》云:「有子七人,莫慰母心。」子之辭也。「夙興夜寐,無忝爾所生。」言不自舍也。不恥其親,君子之孝也。是故未有君,而忠臣可知者,孝子之謂也;未有長,而順下可知者,弟弟之謂也;未有治,而能仕可知者,先脩之謂也。故曰:「孝子善事君,弟弟善事長,君子一孝一弟,可謂知終矣。」(〈曾子立孝〉)[166]

《孝經》曰:「夫孝始於事親,中於事君,終於立身也。」[167]〈中庸〉曰「知所以修身,則知所以治人。」[168]此曾子論「孝」之社會義涵,能事父乃能事君,能弟弟乃能事長,是由家之孝以及於國之孝。孔子論「孝」以點醒仁心之自覺,曾子擴而大之,由「孝」以論修身、齊家、治國之道,可以說曾子是將「孝」思想大大發揚之。似可窺知孔子之後,後儒曾子在個人修身之德上的實踐,重新由君子之德賦予周文之禮以新意,重建賦予君子道德內涵在禮學層面上家、國、天下的新方向。

七　禮以成德──君子道德人格的樹立

孔子曰:「志於道,據於德,依於仁,遊於藝。」[169](〈述而〉)「道」是立己立人的道德大方向,將生命安住在道德方向上,生命便不會迷失步入歧途。「德」是個人實踐道德的體會,道德要去實踐,更要體會其深意,此乃個人之道德修養的深淺。「仁」是個人的仁心

---

166 〔清〕王聘珍:《大戴禮記解詁・曾子立孝》(北京:中華書局,1983年3月),頁83。
167 《孝經》,《十三經注疏》(臺北:藝文印書館,1976年),頁11。
168 《禮記・中庸》,《十三經注疏》(臺北:藝文印書館,1976年),第5冊,頁888。
169 《論語・述而》,《十三經注疏》(臺北:藝文印書館,1976年),頁60。

善意,乃君子待人處事依循的原則。「藝」禮樂射御書數,謂之六藝,乃在社會立身處世所需的技能。此乃孔子自言君子之德的生命內涵,當以「道」為方向、以「德」自我修養、以「仁」待人、以「藝」立身處世,實則君子之德就是生命道德化的實踐與表現。

> 曾子曰:「士不可以不弘毅,任重而道遠。仁以為己任,不亦重乎?死而後已,不亦遠乎?」(〈泰伯〉)[170]

曾子親炙孔子多年,其所樹立的君子之德的內涵為何?學者錢穆以為曾子「心彌小而德彌恢,行彌謹而守彌固。以臨深履薄為基,以仁為己任為量。曾子之學,大體如是。後兩章直似孟子氣象,於此可見學脈。」[171]孔子「克己復禮曰仁」,以「仁」的君子之德重新賦予周文禮樂文化以新意,以「道」、「德」、「仁」、「藝」作為君子之德的內涵。曾子在胸懷格局不及孔子,但也感受到孔子「仁」的特殊意義,他安於士之位,也以「仁」作為士之內涵及責任,「仁以為己任」說得頂天立地、不卑不亢,「仁」是作為「士」的曾子最重要的人生價值,「仁」對於曾子而言就是君子之德的實踐,故曾子對於「仁」在理論上闡釋的不多,他用一生的道德實踐來表現,故言「任重道遠」、「死而後已」。

> 曾子曰:「可以託六尺之孤,可以寄百里之命,臨大節而不可奪也。君子人與?君子人也。」(〈泰伯〉)[172]

「仁以為己任」言君子之德的價值內涵,此論君子面對外在之考驗,

---

170 《論語・泰伯》,《十三經注疏》(臺北:藝文印書館,1976年),頁71。
171 錢穆:《論語新解》(臺北:東大圖書公司,1988年4月),頁282。
172 《論語・泰伯》,《十三經注疏》(臺北:藝文印書館,1976年),頁71。

可以託六尺之孤、可以暫攝國政,臨生死存亡之際仍不改其所託付之責,待幼孤成人乃還政於朝,無一毫取而代之之私意,所謂「臨大節而不可奪」君子哉若人!曾子此論君子面對外在之考驗所表現之信、能、志節,此乃曾子樹立之君子道德人格之典範。

八　結論

　　學者羅新慧〈曾子禮學思想初探〉以為:「將外在形式上的禮轉化為內在的情操,可以說是曾子倫理學說中關於『禮』的論述的基本點。曾子所闡釋的這種在『著於心』基礎之上的『禮』,適用於一切社會等級的人,這在實際上就使得原來主要施行于貴族階層中的『禮』靠近了普通的社會民眾。『禮』的內涵在這個方面的變化到了孟子的時代更為顯著,成為孟子所宣導的『禮』的最重要的內容。」[173]羅氏肯定曾子承孔子之後將「禮」推廣至社會民眾的貢獻,但羅氏所謂「曾子所闡釋的這種在『著於心』基礎之上的『禮』,適用於一切社會等級的人」所謂「著於心的禮」為何?個人以為正是「孝」。

　　孔子「攝禮歸仁,克己復禮」乃是承周文之衰而生,以「仁」重新貫注周文以新的內涵,以「君子之德」取代「文王之德」,試圖重振周文之活力。曾子延續孔子持續在「君子之德」、在「克己復禮為仁」的議題上充實其內容,此為曾子思想所處的歷史背景。故曾子在孔子基礎上力倡「攝禮歸孝」,所謂「攝禮」是吸納周文之禮,曾子之時周文之禮崩樂壞更劇,他則強調「孝」的自覺與表現,進一步由「孝」來提點仁心,「孝」較「仁」更親切可感。

　　曾子「君子之德」的內涵表現在立身之禮、進學之禮、待人忠恕之禮、治國之禮等四個層面:

---

[173] 羅新慧:〈曾子禮學思想初探〉,《史學月刊》2000年第3期,頁23。

一、曾子由「孝」論「立身之禮」的慎獨、誠意、慎言行、三省吾身等主張，表現曾子在個人方面的自律自警甚嚴，以求不辱其親的孝親之心，曾子強調本自孝親之心的真誠感發，三省吾身更深入自省個人是否真誠、是否為人、傳習皆盡力而為？表現孔子至於曾子儒學發展向自我內在心性探索的趨向。

二、曾子在「君子之德」表現在進學之禮上有很大的推進，曾子主張學習要有主題、要有方法，其中甚具特色在「博、習、知、行、讓」五階段，頗具中國先秦知識論架構的雛形，令人聯想〈大學〉「格物、致知、誠意、正心、修身」思想的淵源。其次，曾子論「學」開始重視「義」的探討，「義」是仁心落實在外在事物上如何因應合宜的實踐命題，表現曾子逐漸脫離周文之禮的侷限，這是一個新時代道德價值規範的重建，至於戰國期間的孟子「義內義外」成為諸子討論的重要命題。

三、曾子論「禮者忠恕之道」分立己之道與待人之道。立己之道，曾子強調要安於自己所處名位，做自己本分該做的事，不貪求不逾越。待人之道，則要推己及人、成人之美、樂人之善、不絕人之歡，更強調入人之國當入境問俗。另外曾子也表現較強烈的批判性，反對耽溺逸樂，反對不學之弊；反對「臨事而不敬，居喪而不哀」的虛偽之弊。

四、曾子論治國之禮，乃擴大論「孝」的義涵，主張能事父乃能事君，能弟弟乃能事長，是由家之孝擴大及於國之孝。曾子是將「孝」思想大大發揚之，由孝親之心擴大為家、國、天下的孝治禮學治國藍圖。

考察曾子所樹立「君子之德」的新典範，曾子曰：「士不可以不弘毅，任重而道遠。」[174]又曰：「可以託六尺之孤，可以寄百里之

---

174 《論語‧泰伯》，《十三經注疏》（臺北：藝文印書館，1976年），頁71。

命,臨大節而不可奪也。君子人與?君子人也。」[175]的內涵,本於孝親之心,故嚴以律己、寬以待人,凡事自省,嚴毅治學,謹守本分,為善去惡是非分明,懂得入境問俗,尊重他人,以家人之親待鄉人、國人、天下人,曾子所表現的「君子之德」的形象影響後世深遠。

第四節　合〈簡本〉與〈今本〉《禮記・緇衣》論「人君之德」[176]

一　前言

　　近代出土文物「郭店楚簡」、「楚竹書」皆有〈緇衣〉篇,二者大致相同,乃合稱「簡本」〈緇衣〉,「簡本」〈緇衣〉與「今本」《禮記・緇衣》比較,二本可相互印證,彰顯〈緇衣〉為先秦儒家主張人君之德的重要文獻。

　　〈緇衣〉承繼孔子「為政以德」思想,並對「人君之德」的內涵與影響有深入的闡釋。人君之德包括:以仁為好惡,謹言慎行,並當多聞精知,乃能言之有物。其次,由於「上行下效」的人性趨向,使得人君有其社會教化的責任,故人君當彰善而惡惡,舉賢而斥不肖,言行上更當思其始末,勿流於空言,乃得為人民之表率。〈緇衣〉發展孔子「君君、臣臣、父父、子子」[177]之說,提出「大臣、邇臣、遠臣」的對待之道;在君民關係上,指出「民以君為心,君以民為體」為休戚一體的關係。

　　〈緇衣〉深刻論述人君當具道德修養,當能負起對社會「上行下

175　《論語・泰伯》,《十三經注疏》(臺北:藝文印書館,1976年),頁71。
176　本文依作者二〇一三年七月發表於《遠東通識學報》第七卷第二期(頁31-68)〈合「簡本」與「今本」論《禮記・緇衣》的德治思想〉一文再修改。
177　《論語・顏淵》,《十三經注疏》(臺北:藝文印書館,1976年),頁108。

效」的影響力，表現先秦儒家在德治思想上的進展，其所論人君之德及其對社會的影響。

二　比較〈簡本・緇衣〉與〈今本・緇衣〉的異同

一九九三年十月湖北省荊門市「郭店一號」楚墓出土八百餘枚竹簡，稱為「郭店楚簡」。「郭店竹簡」的內容經整理分為十六種文獻：一、《老子》甲、乙、丙，二、〈太一生水〉，三、〈緇衣〉，四、〈魯穆公問子思〉，五、〈窮達以時〉，六、〈五行〉，七、〈唐虞之道〉，八、〈忠信之道〉，九、〈成之聞之〉，十、〈尊德義〉，十一、〈性自命出〉，十二、〈六德〉，十三、〈語叢一〉，十四、〈語叢二〉，十五、〈語叢三〉，十六、〈語叢四〉。其中《老子》與〈緇衣〉二篇為傳世本，〈五行〉篇曾見於湖南長沙馬王堆出土的帛書之中，其餘十餘篇均為失傳二千餘年的佚書。根據墓葬形制及隨葬器物推斷，「郭店一號」楚墓的下葬時間為戰國中期（西元前300年），隨葬器物中有一件漆耳杯，杯底刻有「東宮之幣（師）」四字，據此學者以為此墓之主或為楚懷王太子衡之師，此時六篇典籍或為墓主教授太子的藏書，因此十六篇典籍的著成年代應更早於戰國中期（西元前300年）。[178]

一九九四年春，香港古玩市場陸續出現一些竹簡，經科學測定當為戰國時代楚國竹簡，上海博物館加以收購整理，定名為「楚竹書」。「楚竹書」簡數約一千二百餘支，簡上文字約三萬五千餘字，內容涵括哲學、文學、歷史、宗教、軍事、教育、政論、音樂、文字學等，其中以儒家類為主，兼及道家、兵家、陰陽家等近百種。二〇〇一年十一月《上海博物館藏戰國楚竹書》第一冊出版，首先發表〈孔

---

178 參見劉永信，龍永芳編著：《郭店楚簡綜覽》（臺北：萬卷樓圖書公司，2004年），頁1。

子詩論〉、〈性情論〉及〈緇衣〉三篇。二〇〇二年十二月出版《上海博物館藏戰國楚竹書》第二冊，內容包括〈民之父母〉、〈子羔〉、〈魯邦大旱〉、〈從政（甲篇、乙篇）〉、〈昔者君老〉、〈容成氏〉等。[179]

值得注意者，「郭店楚簡」、「楚竹書」中，皆有〈緇衣〉篇，與今本《禮記·緇衣》同一源流，比較《郭店·緇衣》與《上博一·緇衣》二者（以下合稱〈簡本·緇衣〉共二十三章）大致相同，與今本《禮記·緇衣》比較，〈簡本·緇衣〉與〈今本·緇衣〉在次序上多不同，比較二者各章次序、章旨之異同如下：

〈今本·緇衣〉的次序與內容

今本章序	內容	章旨
第一章	子言之曰：「為上易事也，為下易知也，則刑不煩矣。」	上易事，下易知，則刑不煩
第二章	子曰：「好賢如〈緇衣〉，惡惡如〈巷伯〉，則爵不瀆而民作愿，刑不試而民咸服。〈大雅〉曰：『儀刑文王，萬國作孚。』」	好賢惡惡，則萬民咸服
第三章	子曰：「夫民，教之以德，齊之以禮，則民有格心；教之以政，齊之以刑，則民有遯心。故君民者，子以愛之，則民親之；信以結之，則民不倍；恭以蒞之，則民有孫心。〈甫刑〉曰：『苗民罪用命，制以刑，惟作五虐之刑曰法。是以民有惡德，而遂絕其世也。』」	重德禮而輕政刑
第四章	子曰：「下之事上也，不從其所令，從其所行。上好是物，下必有甚者矣。故上之所好惡，不可不慎也，是民之表也。」	上有所好，下必甚之

---

179 參見季旭昇主編，陳霖慶，鄭玉姍，鄒濬智合撰：《上海博物館藏戰國楚竹書（一）》讀本（臺北：萬卷樓圖書公司，2004年），頁1。

今本章序	內容	章旨
第五章	子曰：「禹立三年，百姓以仁遂焉，豈必盡仁？《詩》云：『赫赫師尹，民具爾瞻。』〈甫刑〉曰：『一人有慶，兆民賴之。』〈大雅〉曰：『成王之孚，下土之式。』」	上行仁則臣民效
第六章	子曰：「上好仁，則下之為仁爭先人。故長民者章志、貞教、尊仁，以子愛百姓；民致行己以說其上矣。《詩》云：『有梏德行，四國順之。』」	
第七章	子曰：「王言如絲，其出如綸；王言如綸，其出如綍。故大人不倡游言。可言也，不可行。君子弗言也；可行也，不可言，君子弗行也。則民言不危行，而行不危言矣。《詩》云：『淑慎爾止，不愆于儀。』」	君上謹言慎行，則民言行相符。
第八章	子曰：「君子道人以言，而禁人以行。故言必慮其所終，而行必稽其所敝；則民謹於言而慎於行。《詩》云：『慎爾出話，敬爾威儀。』〈大雅〉曰：『穆穆文王，於緝熙敬止。』」	
第九章	子曰：「長民者，衣服不貳，從容有常，以齊其民，則民德壹。《詩》云：『彼都人士，狐裘黃黃，其容不改，出言有章，行歸于周，萬民所望。』」	君上應從容有常，出言有信
第十章	子曰：「為上可望而知也，為下可述而志也，則君不疑於其臣，而臣不惑於其君矣。〈尹吉〉曰：『惟尹躬及湯，咸有壹德。』《詩》云：『淑人君子，其儀不忒。』」	君王都應專一其德，才能不相疑惑

今本章序	內容	章旨
第十一章	子曰：「有國者章善癉惡，以示民厚，則民情不貳。《詩》云：『靖共爾位，好是正直。』」	君王要彰顯好惡，誠篤正直
第十二章	子曰：「上人疑則百姓惑，下難知則君長勞。故君民者，章好以示民俗，慎惡以御民之淫，則民不惑矣。臣儀行，不重辭，不援其所不及，不煩其所不知，則君不勞矣。《詩》云：『上帝板板，下民卒癉。』〈小雅〉曰：『匪其止共，惟王之邛。』」	君王要謹其好惡，使人不疑，臣下要盡其所能，使君長不勞
第十三章	子曰：「政之不行也，教之不成也，爵祿不足勸也，刑罰不足恥也。故上不可以褻刑而輕爵。〈康誥〉曰：『敬明乃罰。』〈甫刑〉曰：『播刑之不迪。』」	重政教，不可輕倚爵刑賞罰
第十四章	子曰：「大臣不親，百姓不寧，則忠敬不足，而富貴已過也；大臣不治而邇臣比矣。故大臣不可不敬也，是民之表也；邇臣不可不慎也，是民之道也。君毋以小謀大，毋以遠言近，毋以內圖外，則大臣不怨，邇臣不疾，而遠臣不蔽矣。葉公之顧命曰：『毋以小謀敗大作，毋以嬖御人疾莊后，毋以嬖御士疾莊士、大夫、卿士。』」	親大臣，慎邇臣
第十五章	子曰：「大人不親其所賢，而信其所賤；民是以親失，而教是以煩。《詩》云：『彼求我則，如不我得；執我仇仇，亦不我力。』〈君陳〉曰：『未見聖，若己弗克見；既見聖，亦不克由聖。』」	親賢用賢
第十六章	子曰：「小人溺於水，君子溺於口，大人溺於民，皆在其所褻也。夫水近於人而溺人，德易狎而難親也，易以溺人；口費而	君子慎言

今本章序	內容	章旨
第十六章	煩，易出難悔，易以溺人；夫民閉於人，而有鄙心，可敬不可慢，易以溺人。故君子不可以不慎也。〈太甲〉曰：『毋越厥命以自覆也；若虞機張，往省括於厥度則釋。』〈兌命〉曰：『惟口起羞，惟甲胄起兵，惟衣裳在笥，惟干戈省厥躬。』〈太甲〉曰：『天作孽，可違也；自作孽，不可以逭。』〈尹吉〉曰：『惟尹躬天，見於西邑；夏自周有終，相亦惟終。』」	君子慎言
第十七章	子曰：「民以君為心，君以民為體；心莊則體舒，心肅則容敬。心好之，身必安之；君好之，民必欲之。心以體全，亦以體傷；君以民存，亦以民亡。《詩》云：『昔吾有先正，其言明且清，國家以寧，都邑以成，庶民以生；誰能秉國成，不自為正，卒勞百姓。〈君雅〉曰：『夏日暑雨，小民惟曰怨；資冬祁寒，小民亦惟曰怨。』」	君為民之領導，所好則民欲之
第十八章	子曰：「下之事上也，身不正，言不信，則義不壹，行無類也。」	下之事上，當正身言信
第十九章	子曰：「言有物而行有格也；是以生則不可奪志，死則不可奪名。故君子多聞，質而守之；多志，質而親之；精知，略而行之。〈君陳〉曰：『出入自爾師虞，庶言同。』《詩》云：『淑人君子，其儀一也。』」	多聞審知，謹言慎行
第二十章	子曰：「唯君子能好其正，小人毒其正。故君子之朋友有鄉，其惡有方；是故邇者不惑，而遠者不疑也。《詩》云：『君子好仇。』」	君子交友、好惡，皆有定向

今本章序	內容	章旨
第二十一章	子曰:「輕絕貧賤,而重絕富貴,則好賢不堅,而惡惡不著也。人雖曰不利,吾不信也。《詩》云:『朋有攸攝,攝以威儀。』」	禮賢當重義輕利
第二十二章	子曰:「私惠不歸德,君子不自留焉。《詩》云:『人之好我,示我周行。』」	推重懷德,不受私惠
第二十三章	子曰:「苟有車,必見其軾;苟有衣,必見其敝;人苟或言之,必聞其聲;苟或行之,必見其成。〈葛覃〉曰:『服之無射。』」	努力修德,必見成效
第二十四章	子曰:「言從而行之,則言不可飾也;行從而言之,則行不可飾也。故君子寡言,而行以成其信,則民不得大其美而小其惡。《詩》云:『自圭之玷,尚可磨也;斯言之玷,不可為也。』〈小雅〉曰:『允也君子,展也大成。』〈君奭〉曰:『昔在上帝,周田觀文王之德,其集大命於厥躬。』」	謹言慎行
第二十五章	子曰:「南人有言曰:『人而無恆,不可以為卜筮。』古之遺言與?龜筮猶不能知也,而況於人乎?《詩》云:『我龜既厭,不我告猶。』〈兌命〉曰:『爵無及惡德,民立而正事,純而祭祀,是為不敬;事煩則亂,事神則難。』《易》曰:『不恆其德,或承之羞。恆其德偵,婦人吉,夫子凶。』」	行貴有恆

〈簡本・緇衣〉的次序與內容

簡本章序	內容	章旨
第一章	夫子曰：「好美如好緇衣，惡惡如惡巷伯，則民藏扐而刑不屯。《詩》云：『儀刑文王，萬邦作孚。』」	論好賢惡惡
第二章	子曰：「有國者章好章惡，以示民厚，則民情不忒。《詩》云：『靖共爾位，好是正直。』」	有國者章好惡
第三章	子曰：「為上可望而知也，為下可類而等也，則君不疑其臣，臣不惑於君。《詩》云：『淑人君子，其儀不忒。』」〈尹誥〉云：『惟伊尹及湯，咸有一德。』」	
第四章	子曰：「上人疑則百姓惑，下難知則君長勞。故君民者，章好以示民欲，謹惡以溙民淫，則民不惑。臣事君，言其所不能，不詒其所能，則君不勞。〈大雅〉云：『上帝板板，下民卒癉。』〈小雅〉曰：『非其止之，共維王恭。』」	
第五章	子曰：「民以君為心，君以民為體；心好則體安之，君好則民裕之。故心以體廢，君以民亡。《詩》云：『誰秉國成，不自為正，卒勞百姓。〈君牙〉云：『日溶雨，小民惟日怨；晉冬耆滄，小民亦惟怨。』」	
第六章	子曰：「上好仁，則下之為仁也爭先。故長民者，章志以昭百姓，民致行己以悅上。《詩》云：『有覺德行，四方順之。』」	論君行臣效
第七章	子曰：「禹立三年，百姓以仁道，豈必盡仁？《詩》云：『成王之孚，下土之式。』〈呂刑〉云：『一人有慶，萬民賴之。』」	

簡本章序	內容	章旨
第八章	子曰:「下之事上也,不從其所以命,而從其所行。上好此物也,下必有甚安者矣。故上之好惡,不可不慎也,民之表也。」《詩》云:『赫赫師尹,民具爾瞻。』	論君行臣效
第九章	子曰:「長民者衣服不改,適容有常,則民德一。《詩》云:『其容不改,出言有丨,黎民所信。』」	
第十章	子曰:「大人不親其所賢,而信其所賤者;教此以失,民此以變。《詩》云:『彼求我則,如不我得;執我仇仇,亦不我力。』〈君陳〉曰:『未見聖,如其弗克見;我既見,我弗迪聖。』」	論親賢遠嬖
第十一章	子曰:「大臣之不親也,則忠敬不足,而富貴已過也,邦家之不寧也,則大臣不治,而褻臣託也。此以大臣不可不敬,民之蕝也。故君不以小謀大,則大臣不怨。肄公之顧命云:『毋以小謀敗大都,毋以嬖御息莊后,毋以嬖士息大夫、卿士。』」	
第十二章	子曰:「長民者教之以德,齊之以禮,則民有勸心;教之以政,齊之以刑,則民有欺心。故慈以愛之,則民有親;信以結之,則民不倍;恭以涖之,則民有遜心。〈呂刑〉云:『非用旨,制以刑,惟作五虐之刑曰法。』」	論德禮政教
第十三章	子曰:「政之不行也,教之不成也,則刑罰不足恥,而爵不足勸也。故上不可以褻刑以輕爵。〈康誥〉曰:『敬明乃罰。』〈呂刑〉云:『播刑之迪。』」	

簡本章序	內容	章旨
第十四章	子曰：「王言如絲，其出如□；王言如索，其出如□。故大人不昌流。《詩》云：『慎爾出話，靜爾威儀。不愆于儀。』」	論言有物、行有格
第十五章	子曰：「可言不可行，君子弗言；可行不可言，君子弗行。則民言不行。《詩》云：『淑慎爾止，不愆于儀。』」	
第十六章	子曰：「君子道人以言，而互以行。故言則慮其所終，行則稽其所敝，則民謹於言而慎於行。《詩》云：『穆穆文王，於緝熙敬止。』」	
第十七章	子曰：「言從行之，則行不可匿。故君子顧言而行，以成其信，則民不能大其美而小其惡。〈大雅〉云：『白圭之石，尚可磨也。斯言之玷，不可為也。』〈小雅〉云：『允也君子，展也大成。』〈君奭〉云：『昔在上帝，割紳觀文王德，其集大命于厥身。』」	
第十八章	子曰：「君子言有物，行有格，此以生不可奪志，死不可奪名。故君子多聞，齊而守之；多志，齊而新之；精知，略而行之。《詩》云：『淑人君子，其儀一也。』〈君陳〉曰：『出入自爾師虞，庶言同。』」	
第十九章	子曰：「苟有車，必見其第；苟有衣，必見其敝；人苟有言，必聞其聲；苟有行，必見其成。《詩》云曰：『服之亡懌。』」	論君王不可私惠、交友有定、勿輕貧賤，厚富貴。
第二十章	子曰：「私惠不懷德，君子不自留焉。《詩》云：『人之好我，指我周行。』」	
第二十一章	子曰：「唯君子能好其匹，小人豈能好其匹？故君子之友有向，其惡有方。此以邇	

簡本章序	內容	章旨
第二十一章	者不惑，而遠者不疑。《詩》云：『君子好逑。』」	論君王不可私惠、交友有定、勿輕貧賤，厚富貴。
第二十二章	子曰：「輕絕貧賤，而重絕富貴，則好仁不堅，而惡惡不著也。人唯曰不利，吾弗信之矣。《詩》云：『朋友攸攝，攝以威儀。』」	
第二十三章	子曰：「宋人有言曰：『人而亡恆，不可為卜筮也。』其古之遺言與？龜筮猶弗知，而況於人乎？《詩》云：『我龜既厭，不告我猶。』	有恆

　　由〈簡本・緇衣〉與〈今本・緇衣〉的比較，可得幾點觀察：

　　一、〈簡本・緇衣〉的出土，證明〈禮記・緇衣〉確為先秦文獻，且年代至少可推前至西元前三百年，即抄本至少在戰國中期已流傳，則其創作時間當再推前，因此〈緇衣〉可確定非漢儒之作，乃戰國中期以前之先秦儒者作品。

　　二、關於〈簡本・緇衣〉與〈今本・緇衣〉的次序不同，前賢說法頗多，有以為〈簡本・緇衣〉為〈今本・緇衣〉本來面貌者；[180]有以為二本章句之差異，乃傳抄者反映傳授與訓釋「章句義理」之不同現象而已，無關優劣問題；[181]另有從二本引《詩》現象，而論今本優於簡本者；[182]另據章句結構提出〈今本・緇衣〉更層次井然者；[183]亦有

---

180 陳佩芬：〈上海博物館藏的《緇衣》和郭店楚墓的出土的《緇衣》才是《緇衣》的本來面貌〉，參見《上海博物館藏戰國楚竹書（一）》讀本（上海：上海古籍出版社，2001年），頁173。

181 參見李零：《郭店楚簡校讀記（增訂本）》（北京：北京大學出版社，2002年），頁73-76。

182 吳榮增：〈《緇衣》簡本、今本引詩考辨〉，《文史》第3輯（2002年8月），頁14-18。

183 鍾宗憲：〈《禮記・緇衣》的論述架構及其版本差異〉，收入陳福濱主編：《新出楚簡與儒家思想論文集》（新北市：輔仁大學，2002年），頁154-161。

主張二本當合而觀之,以語意完足為依據,不定著於簡本與今本者。[184]

筆者以為,無論〈簡本〉或〈今本〉皆非原創之祖本,〈簡本〉傳抄於戰國中期,〈今本〉則被選錄於西漢宣帝戴聖之《小戴禮記》中[185],當然〈簡本〉較〈今本〉更早,或更近於原本,但二者俱為抄本,本有所擇錄去取,故實不應貿然以〈簡本〉為是,而以〈今本〉為非,故保守而言〈簡本〉或〈今本〉次序的不同,只能說是反映不同時期的傳抄本在次序上不同的事實而已。

由二本次序上反映的內容上看,〈簡本·緇衣〉的安排似較具條理,先論為君當彰顯好惡,以為上行下效的重要性;論親賢遠嬖,以興德風;論為政當德禮並行,論人君當謹言慎行之個人修養,最後當持之以恆。其條理為先論理、論政、論人君在言行、交友上落實之德,上下節似經整理,諸條所論多屬同範疇,先理論再落實,甚具條理。

〈今本·緇衣〉的論述,則上下節之間較無關聯性。但整體而言,〈簡本〉或〈今本〉篇章的內容皆論為君之道,論君臣、君民關係,則並無大異,據此而言,墓主或為楚懷王太子衡之師,此為教授太子之教材,確有可能。

故由〈簡本·緇衣〉與〈今本·緇衣〉在次序上所展現的內容而言,筆者以為〈簡本·緇衣〉較〈今本·緇衣〉為佳。

三、至於〈今本·緇衣〉較〈簡本·緇衣〉多了第一章、第十六章、第十八章部分,學者林素英以為第一章當為〈表記〉一章,因其同出於子思子,且有總題下文「刑不煩」的效果,故為編者附加於此;第十六章為子思子引文,非〈緇衣〉原有,但與第十七章至第二十四

---

[184] 王金凌:〈《禮記·緇衣》今本與郭店、上博楚簡比論〉,收入陳福濱主編:《新出楚簡與儒家思想論文集》(新北市:輔仁大學,2002年),頁1-34。

[185] 孔穎達〈禮記正義序〉引鄭玄《六藝論》:「今《禮記》行於世者,戴德、戴聖之學也。德傳《記》八十五篇,則《大戴禮》是也。戴聖傳《禮》四十九篇,則此《禮記》是也。」《禮記》,《十三經注疏》(臺北:藝文印書館,1976年),第5冊,頁11。

章之內容有關,故為補充說明之用;至於第十八章可能為錯簡[186]。筆者以為第一章「為上易事,為下易知,則刑不煩矣」[187],論君臣之道並呼應儒家以德禮為主,以政刑為輔之說,確有總題全文之效。至於第十六章「小人溺於水,君子溺於口,大人溺於民,皆在其所褻也。」[188]第十八章「下之事上也,身不正,言不信,則義不壹,行無類也。」[189]皆有補充君臣應謹言慎行之說,是與內容相關的說明,或為漢儒戴聖所增入,故林氏所云是也。

　　四、《隋書・音樂志》引沈約說:「〈中庸〉、〈表記〉、〈坊記〉、〈緇衣〉皆取《子思子》」以為〈緇衣〉為子思所作,《漢書・藝文志》有「《子思》二十三篇。名伋,孔子孫,為魯繆公師。」[190]惜書已亡佚不傳,《意林》引子思子十條,其中:「君子不以所能者病人,不以人之不能者愧人」一條,見於〈表記〉;「小人溺於水,君子溺於口也」一條,見於〈緇衣〉,其說可證沈氏之說非無據。如此則〈緇衣〉的創作年代當在西元前四八三～四〇二年之間,較孟子、荀子更早,則〈緇衣〉文獻的判定,恐在孔子之後,孟子、荀子之前,則〈緇衣〉篇中所反映的思想意義,正可補充孔子之後至孟子、荀子之間這段時期儒家思想的發展狀況。

---

186 參見林素英:〈從施政策略論〈緇衣〉對孔子理想君道思想之繼承——兼論簡本與今本〈緇衣〉差異現象之意義〉,收入《哲學與文化》第34卷第3期(2007年3月),頁21。

187 〔清〕孫希旦:《緇衣・禮記集解》(臺北:文史哲出版社,1990年8月),下冊,頁1322。

188 〔清〕孫希旦:《緇衣・禮記集解》(臺北:文史哲出版社,1990年8月),下冊,頁1328。

189 〔清〕孫希旦:《緇衣・禮記集解》(臺北:文史哲出版社,1990年8月),下冊,頁1329。

190 〔漢〕班固:《漢書・藝文志》(臺北:鼎文書局,1997年10月),頁1711。

三 〈緇衣〉論「人君之德」

「為政以德」[191]是孔子政治上的主張,但「人君之德」的內涵究竟為何?孔子無細說。〈緇衣〉在「為政以德」的議題上,主張「德者」為「人君之德」,「人君之德」的內涵有:「德、禮、賞、罰並重」的政治主張,人君當謹其好惡的重要性,「人君的德」的落實則在人君之「言有物、行有法」的言行上,其說有繼承有發展,充實了先秦儒家的德治思想。

(一) 德、禮、賞、罰並重

「為政以德」、「齊之以禮」乃孔子論政的重要主張,〈緇衣〉承繼孔子之說,主張「教之以德,齊之以禮」,但也強調不可「褻刑以輕爵」,是為「德、禮、賞罰」並重的政治主張。

> (《今本》)子曰:「夫民,教之以德,齊之以禮,則民有格心;教之以政,齊之以刑,則民有遯心。故君民者,子以愛之,則民親之;信以結之,則民不倍;恭以蒞之,則民有孫心。〈甫刑〉曰:『苗民罪用命,制以刑,惟作五虐之刑曰法。是以民有惡德,而遂絕其世也。』」(第三章)[192]
> (《簡本》)子曰:「長民者,教之以德,齊之以禮,則民有勸心;教之以政,齊之以刑,則民有欺心。故慈以愛之,則民有親;信以結之,則民不倍;恭以蒞之,則民有遜心。〈呂刑〉云:『非用旨,制以刑,惟作五虐之刑曰法。』」(第十二章)[193]

---

191 《論語・為政》,《十三經注疏》(臺北:藝文印書館,1976年),頁16。
192 〔清〕孫希旦:《緇衣・禮記集解》(臺北:文史哲出版社,1990年8月),下冊,頁1323。
193 涂宗流・劉祖信:《緇衣通釋・郭店楚簡先秦儒家佚書校釋》(臺北:萬卷樓圖書公司,2001年2月),頁355-356。

此句〈今本〉、〈簡本〉並無太大歧義,今本鄭玄注:「格,來也。遯,逃也。蒞,臨也。孫,順也。」此言君王以德教民,以禮齊民,則民日善,君王以政令民,以刑齊民,民則苟免而已。君愛民如子,民則愛君以親;君以信待民,民則不生悖逆之心;君以恭敬待民,則民生謙遜之心。此論人君當以德禮為本,以政刑輔其末,則不僅能禁民之姦邪,更能導民以向善。此承《論語》子曰:「為政以德,譬如北辰,居其所而眾星共之。」[194]「道之以政,齊之以刑,民免而無恥;道之以德,齊之以禮,有恥且格。」[195]之說,乃繼承孔子「為政以德以禮,更勝於以政以刑」的主張。

〈緇衣〉雖仍延續孔子「為政以德」的主張,但強調在君民關係上,君待民以子、以信、以恭,則民必回應君以親、以不倍、以順,如此君臣關係不是建立在法令的強制約束上,而是君臣各盡其分的道德意義上,這正是儒家以德禮為內涵的政治形態,有別於以政刑為內涵的上下尊卑強制規範的形態。

> (〈今本〉)子曰:「政之不行也,教之不成也,爵祿不足勸也,刑罰不足恥也。故上不可以褻刑而輕爵。〈康誥〉曰:『敬明乃罰。』〈甫刑〉曰:『播刑之不迪。』」(第十三章)[196]
>
> (〈簡本〉)子曰:「政之不行也,教之不成也,則刑罰不足恥,而爵不足勸也。故上不可以褻刑以輕爵。〈康誥〉曰:『敬明乃罰。』〈呂刑〉云:『播刑之迪。』」(第十三章)[197]

---

194 《論語・為政》,《十三經注疏》(臺北:藝文印書館,1976年),頁16。
195 《論語・為政》,《十三經注疏》(臺北:藝文印書館,1976年),頁16。
196 〔清〕孫希旦:《緇衣・禮記集解》(臺北:文史哲出版社,1990年8月),下冊,頁1326。
197 涂宗流・劉祖信:《緇衣通釋・郭店楚簡先秦儒家佚書校釋》(臺北:萬卷樓圖書公司,2001年2月),頁358。

〈今本〉、〈簡本〉幾全同,〈今本〉作「播刑之不迪」,〈簡本〉作「播刑之迪」,鄭玄注:「不,衍字耳」,當以〈簡本〉為是。鄭玄注:「言政教所以明賞罰」,孔穎達正義:「皇氏云『言在上政令所以不行,教化所以不成者,只有君上爵祿加於小人,不足勸人為善也,刑罰加於無罪,不足恥其為惡。』」,此正面論政教當明爵祿賞罰,爵祿施於有功,則民有所勸;刑罰加於有罪,則民乃知恥,反面則言若濫施爵祿,則小人得志,不足勸人為善;若刑罰濫加於無罪,則不足使人知其所惡。

此論政教當明於賞罰,明賞罰則民不疑而政令乃行,明賞罰則民知善惡而教乃化。孔子云:「名不正,則言不順;言不順,則事不成;事不成,則禮樂不興;禮樂不興,則刑罰不中;刑罰不中,則民無所措手足。」[198]孔子主張為政當先「名正」乃能「言順」,「言順」乃得「成事」,「事成」乃興「禮樂」,「禮樂興」則「刑罰中」,如此則民乃知進退行止。由此可看出孔子對待「刑罰」是將其安置於「為政以德」與「禮樂之興」之下,「刑罰」的依據是建立在是否合於道德?是否合於禮樂之分際?非如後世法家論「法」是在「君王利益」與「富國強兵」的目標下而設的最高權威。

〈緇衣〉論政教當明刑罰,乃對孔子之說有所承繼又有所轉向,有所承繼的是〈緇衣〉仍以「德治禮樂」作為為政之目標,堅守儒家的核心價值;有所轉化的是,〈緇衣〉篇中已有將「爵祿刑罰」的地位抬高的趨勢,強調利用爵祿、刑罰的賞善罰惡,以加強人君德治教化的效果,可謂「德治」理想的進一步落實。

(二)人君當謹其好惡

「道之以德,齊之以禮」[199]乃孔子的政治理想,所重在人君之德

---

198 《論語・子路》,《十三經注疏》(臺北:藝文印書館,1976年),頁115。
199 《論語・為政》,《十三經注疏》(臺北:藝文印書館,1976年),頁16。

化,人君如何以德化民?〈今本‧緇衣〉云:「上人疑則百姓惑,下難知則君長勞。故君民者,章好以示民俗,慎惡以御民之淫,則民不惑矣。」(第十二章)[200] 言上位者當章明其好惡,以導民俗,以御民之淫,則民不惑;若上位者好惡不正,則民生疑惑而無所適從,故人君當謹其好惡,此乃人君之德的表現,人君在個人修養上以「仁」為好惡,更利用「賞善罰惡」,彰顯人君之好惡,主動營造仁風,使人民有所依從。

　　(〈今本〉)子曰:「下之事上也,不從其所令,從其所行。上好是物,下必有甚者矣。故上之所好惡,不可不慎也,是民之表也。」(第四章)[201]
　　(〈簡本〉)子曰:「下之事上也,不從其所以命,而從其所行。上好此物也,下必有甚安者矣。故上之好惡,不可不慎也,民之柬也。」《詩》云:「虩虩師尹,民具爾瞻。」(第八章)[202]

此條〈今本〉文字較精鍊,所引《詩》文,(〈今本〉)見於(第五章),或為錯簡,觀其內容所論為上位者當作民之表率而言,當以〈簡本〉所引為是。

　　此言下位者與上位者之互動影響,下位者面對上位者,不僅聽令而已,或投其所好,或畏其威嚴,總有意或無意以上位者之好惡為依歸,此為上位者無形的社會影響力,對儒家而言,這正是人君無形的

200　〔清〕孫希旦:《緇衣‧禮記集解》(臺北:文史哲出版社,1990年8月),下冊,頁1326。
201　〔清〕孫希旦:《緇衣‧禮記集解》(臺北:文史哲出版社,1990年8月),下冊,頁1323。
202　涂宗流‧劉祖信:《緇衣通釋‧郭店楚簡先秦儒家佚書校釋》(臺北:萬卷樓圖書公司,2001年2月),頁348。

道德教化之功，因此人君當謹其好惡，因為下位者會以人君之好惡為表率，故人君之好惡非徒個人情性之好惡，人君之好惡尚肩負有社會責任，因此不可不慎也。

《韓非子》論君臣之上行下效處頗多，如「越王好勇而民多輕死，楚靈王好細腰而國中多餓人，齊桓公妒而好內，故豎刁自宮以治內，桓公好味，亦牙烹其子首而進之。」[203]但韓非以為人君的好惡，會讓群臣投君王之所好而掩其所惡，如此人君將受到群臣的蒙蔽與挾制，因此人君當無好惡，如此則群臣便無以挾君以蔽主，所謂「去好去惡，群臣見素，群臣見素，則大君不蔽矣。」[204]人君惟有掌握刑德二柄以賞罰，方得以制臣。韓非的君臣關係是上下交相利的互動關係，是人臣之求富貴與人君求富國強兵之間的算計與激盪，君臣二者是緊繃的利害關係。

〈緇衣〉面對此種君臣上行下效的人性自然面，其主張不是隱藏人君之好惡，使人臣無從掌握的權謀之術，而是將人君的好惡導向，使人君的好惡不僅是個人感性之好惡，而是導向道德之好善惡惡，利用臣民對人君上行下效的自然人性，導引臣民往道德之好善惡惡，以提升整個社會世俗人心。此即《論語》：「季康子問政於孔子曰：『如殺無道，以就有道，何如？』孔子對曰：『子為政，焉用殺？子欲善，而民善矣！君子之德，風；小人之德，草；草上之風，必偃。』」[205]君子為政如風，但此非雷厲風行之執法，而是「德風」，此即無形的道德教化，乃運用臣民對人君上行下效之自然情性，將整個社會人心引導向道德的方向提升，故身為人君當深切體認其本身重大的影響力，與其所肩負的社會責任，故人君首要之德便在謹其好惡。

---

203 〔清〕王先慎：《韓非子集解》（臺北：藝文印書館，1983年6月），頁86-87。
204 〔清〕王先慎：《韓非子集解》（臺北：藝文印書館，1983年6月），頁88。
205 《論語・顏淵》，《十三經注疏》（臺北：藝文印書館，1976年），頁109。

（《今本》）子曰：「上好仁，則下之為仁爭先人。故長民者章志、貞教、尊仁以子愛百姓；民致行己以說其上矣。《詩》云：『有梏德行，四國順之。』」（第六章）[206]

（《簡本》）子曰：「上好仁，則下之為仁也爭先。故長民者，章志以昭百姓，民致行己以悅上。《詩》云：『有覺德行，四方順之。』」（第六章）[207]

此條〈簡本〉較〈今本〉為精，〈簡本〉「章志以昭百姓」，〈今本〉作「章志、貞教、尊仁以子愛百姓」，孔穎達正義曰：「言為君者當章明己志，為貞正之教，尊敬仁道，以子愛百姓，則在下之人致盡己意以說樂其上矣。」「貞教、尊仁」為「章志」之解，乃釋人君之志，似有注解摻入原文之疑。

人君之所好者何？非如越王之好勇，楚靈王好細腰，齊桓公好內、好味之氣質情性之好惡，〈緇衣〉所論人君之好惡乃為「好仁」，「仁」正是孔子思想的核心價值，子曰：「唯仁者能好人、能惡人」、「苟志於仁矣，無惡也」，[208]〈大學〉釋之云：「唯仁人放流之，迸諸四夷，不與同中國，此謂唯仁人為能愛人，能惡人。」[209]正言為仁者乃能秉其好惡之正以明辨之。

人君之「章志」，當志於「仁」，「仁」是善的總稱，是道德的方向，建立在「仁」的好惡，正是好善惡惡的道德批判，非個人之聲色喜好，人君以「仁」修身，以「仁」為好惡，正是彰明己志以示百姓，是以道德之仁示教百姓，乃為「貞教」，百姓上行下效，便能興

---

206 〔清〕孫希旦：《緇衣‧禮記集解》（臺北：文史哲出版社，1990年8月），下冊，頁1323-1324。
207 涂宗流‧劉祖信：《緇衣通釋‧郭店楚簡先秦儒家佚書校釋》（臺北：萬卷樓圖書公司，2001年2月），頁345。
208 二句俱見《論語‧顏淵》，《十三經注疏》（臺北：藝文印書館，1976年），頁36。
209 《禮記‧大學》，《十三經注疏》（臺北：藝文印書館，1976年），頁988。

善以悅於君上。

　　對儒家的政治思想而言，人君不必隱藏其好惡，反而要彰顯其好惡，但其好惡非情性聲色之好惡，乃是「好仁」、「好善」之道德好惡。故〈今本・緇衣〉云：「唯君子能好其正，小人毒其正。故君子之朋友有鄉，其惡有方；是故邇者不惑，而遠者不疑也。《詩》云：『君子好仇。』」（第二十章）[210] 此言人君好仁好善必得其正，人君所交之友必得其善者，所惡之事亦必有一定之方，故遠者不疑，邇者不惑，則臣民上行下效必向善矣，此為「君子之德風」，是為無形之道德教化之功。

　　　　（〈今本〉）子曰：「有國者章善癉惡，以示民厚，則民情不貳。《詩》云：『靖共爾位，好是正直。』」（第十一章）[211]
　　　　（〈簡本〉）子曰：「有國者章好章惡，以示民厚，則民情不忒。《詩》云：『靖共爾位，好是正直。』」（第二章）[212]

此條〈今本〉與〈簡本〉之文字無大歧義，孔穎達正義曰：「言為國者有善以賞章明之，有惡以刑癉病之。」呂與叔曰：「此言居位者惟正直是好，則所好出於理義，民德所以壹也。」此論有國之上位者，其好惡的內容正是「章善癉惡」，所善必是仁義之善行，所惡必是不義之惡行，故有國者必以正直為好惡，且不僅止於被動等待臣民之上行下效，更當主動彰顯善行以賞，痛斥惡行以刑罰。此論人君以善惡為好惡，更當發而為賞罰，有善則賞，有惡則罰，是將人君之好惡更

210　〔清〕孫希旦：《緇衣・禮記集解》（臺北：文史哲出版社，1990年8月），下冊，頁1330。
211　〔清〕孫希旦：《緇衣・禮記集解》（臺北：文史哲出版社，1990年8月），下冊，頁1325。
212　涂宗流・劉祖信：《緇衣通釋・郭店楚簡先秦儒家佚書校釋》（臺北：萬卷樓圖書公司，2001年2月），頁337-338。

落實在具體的賞罰施政而言。

〈緇衣〉論人君當謹其好惡，其旨有三：

一、此承孔子「道之以德，齊之以禮」[213]、「君子之德，風；小人之德，草；草上之風，必偃。」[214]的人君德治教化的主張而來，但〈緇衣〉進而提出「上行下效」乃人性的自然趨向，此說是否受到法家思想的影響，或需更多資料佐證。就〈緇衣〉而言，〈緇衣〉由下位者對上位者有投其所好的人性趨向，進一步解釋「上行下效」的原因，是為孔子德治教化的主張提出人性論的依據，對孔子而言，「君子之德，風」屬無形的道德感通，不必然有其普遍性，但〈緇衣〉卻說此為人性之所必然，就有其普遍性，於是孔子「君子之德風」以教化風俗，不再只是無形的道德感通，而具備人性論的依據，可謂強化了孔子德治思想的理論依據。

二、人君對人民有其影響力，人民之心性會從其所好，避其所惡，因此人君要謹其好惡，此〈緇衣〉進一步詮釋孔子「君子之德，風」的內涵，正指人君的好惡，故人君當謹其好惡，只因人性會投其所好，如人君好財貨，則民趨利；人君好勇力，則民多暴，同理，若人君好仁義，則臣民心向仁義而民德歸厚矣，此處〈緇衣〉明確點出人君之好惡在於「好仁」。「仁」是儒家的核心價值，「仁」在孔子較偏向指個人的全德，在〈緇衣〉中由人君之好惡言「仁」，此「仁」除個人道德意義之外，更肩負一層使百姓好善惡惡的社會責任義。

三、〈緇衣〉主張人君並非如法家主張要隱其好惡，才不為臣子所蒙蔽，相反的，〈緇衣〉主張人君要彰顯自己的好惡，利用賞善罰惡來彰顯「仁」與「不仁」的好惡之判，這是主動利用人君的權力，以「仁」為人君好惡之方向，主動彰顯此道德內涵之好惡以示臣民，營造社會仁義之風。

---

213 《論語‧為政》，《十三經注疏》（臺北：藝文印書館，1976年），頁16。
214 《論語‧顏淵》，《十三經注疏》（臺北：藝文印書館，1976年），頁109。

（三）君之言行為民之表

〈緇衣〉論人君好惡之表現即為人君之言與行，人君之言行不僅止於其個人之道德善惡，更有影響臣民之深刻影響力，故人君當謹其言行，要言有物、行有法，則需要「學」與「思」，透過學習增廣見聞，透過精思明辨，最後審慎做決定，其說充實了先秦儒家論人君之德的內涵。

> （《今本》）子曰：「王言如絲，其出如綸；王言如綸，其出如綍。故大人不倡游言。可言也，不可行，君子弗言也；可行也，不可言，君子弗行也。則民言不危行，而行不危言矣。《詩》云：『淑慎爾止，不愆于儀。』」（第七章）[215]
>
> （《簡本》）子曰：「王言如絲，其出如□；王言如索，其出如□。故大人不昌流。《詩》云：『慎爾出話，靜爾威儀。不愆于儀。』」（第十四章）子曰：『可言不可行，君子弗言；可行不可言，君子弗行。則民言不行。《詩》云：『淑慎爾止，不愆于儀。』」（第十五章）[216]

此條為〈今本〉（第七章），〈簡本〉乃合（第十四章）、（第十五章）二條，〈今本〉較〈簡本〉明晰有條理。綸，綬也。綍，引柩索。綸大於絲，綍大於綸。此言人君出言，其始甚微，漸行漸遠，其末甚大。

人君好惡的表現即是言行，人君之言行不同於臣民，人君為臣民所仰望，乃具社會表率之無形的影響力，或其所言，發端乃細微瑣

---

[215] 〔清〕孫希旦：《緇衣‧禮記集解》（臺北：文史哲出版社，1990年8月），下冊，頁1324。

[216] 涂宗流‧劉祖信：《緇衣通釋‧郭店楚簡先秦儒家佚書校釋》（臺北：萬卷樓圖書公司，2001年2月），頁360-361。

事，但經臣民口耳相傳，上行下效，其產生之影響往往深遠，故人君必慎其言行，不作虛浮不實之言，必言可行，行乃言也，不可行則不言，不可對人言則不行，則民將言不過行，行不過言，言行一致。「言」與「行」正是〈緇衣〉對人君之德、人君之好惡，最為具體的落實，故人君表現其影響力的第一步正是「謹言慎行」。

孔子論「言與行」涵義豐富，對君子個人修養而言，如「君子恥其言而過其行。」[217]「君子欲訥於言，而敏於行」[218]，論行更甚於言；有與禮結合而言者，如「非禮勿視，非禮勿聽，非禮勿言，非禮勿動。」[219]論言行當依禮而行；有從好學而言，如「君子食無求飽，居無求安，敏於事而慎於言，就有道而正焉，可謂好學也已。」[220]言安貧樂道的道德修養；有從觀人而言，如「「可與言，而不與之言，失人；不可與言，而與之言，失言。知者不失人，亦不失言。」[221]「言未及之而言，謂之躁；言及之而不言，謂之隱；未見顏色而言，謂之瞽。」[222]強調要察言觀色而言。從反面，孔子亦批判言行不符之害，所謂「巧言令色，鮮矣仁。」[223]「群居終日，言不及義，好行小慧，難矣哉！」[224]即孔子多從個人修養面與社會面，論個人與他人言行當相符，反對華而不實、巧言令色之徒，較少從政治面切入，論人君之言行。

〈緇衣〉此論言行之義，則偏向人君之言行對臣民之影響，臣民所視於君者，正是人君本身之言行。所謂「下之事上也，身不正，言

---

217 《論語・憲問》，《十三經注疏》（臺北：藝文印書館，1976年），頁128。
218 《論語・里仁》，《十三經注疏》（臺北：藝文印書館，1976年），頁38。
219 《論語・顏淵》，《十三經注疏》（臺北：藝文印書館，1976年），頁106。
220 《論語・學而》，《十三經注疏》（臺北：藝文印書館，1976年），頁8。
221 《論語・衛靈公》，《十三經注疏》（臺北：藝文印書館，1976年），頁138。
222 《論語・季氏》，《十三經注疏》（臺北：藝文印書館，1976年），頁149。
223 《論語・學而》，《十三經注疏》（臺北：藝文印書館，1976年），頁5-6。
224 《論語・衛靈公》，《十三經注疏》（臺北：藝文印書館，1976年），頁139。

不信,則義不壹,行無類也。」[225]（第十八章）「好仁」、「好義」的君子之德風,所指正是人君整體行事人格的呈現,所謂整體行事人格,包括外表的莊重威儀、待人處事的所言所行及內在的道德仁心,以上種種面向的整體,正是人君整體道德人格的呈現,絕非徒以「巧言令色」即可博得人民之景仰,故貴為人君,若威儀不莊,言不符實,則民心必不趨於義理,行事必無方矣,故〈緇衣〉所言可謂將儒家論言行之道德修養更擴展至政治教化一面發揮。

（〈今本〉）子曰:「言有物而行有格也;是以生則不可奪志,死則不可奪名。故君子多聞,質而守之;多志,質而親之;精知,略而行之。〈君陳〉曰:『出入自爾師虞,庶言同。』《詩》云:『淑人君子,其儀一也。』」（第十九章）[226]

（〈簡本〉）子曰:「君子言有物,行有格,此以生不可奪志,死不可奪名。故君子多聞,齊而守之;多志,齊而新之;精知,略而行之。《詩》云:『淑人君子,其儀一也。』〈君陳〉曰:『出入自爾師虞,庶言同。』」（第十八章）[227]

此條〈今本〉、〈簡本〉所引《詩經》、《尚書》次序相反,餘則多同。孔穎達正義云:「質而守之,質而親之,略而行之,皆謂聞見雖多,執守簡要也。」呂與叔云:「多聞,所聞欲博也。多志,多見而識之者。質,正也,不敢信己,質眾人之所同,然後用之也。守之者,服膺而勿失者也。親之者,問學不厭者也。由多聞多知而得之,又當精

---

225 〔清〕孫希旦:《緇衣・禮記集解》（臺北:文史哲出版社,1990年8月）,下冊,頁1329。

226 〔清〕孫希旦:《緇衣・禮記集解》（臺北:文史哲出版社,1990年8月）,下冊,頁1330。

227 涂宗流・劉祖信:《緇衣通釋・郭店楚簡先秦儒家佚書校釋》（臺北:萬卷樓圖書公司,2001年2月）,頁365。

思以求其至約而行之。」此論人君要言行有要之法,人君要言之有物,則要多聞精思,要行之無逾越而有格,則當執守至約而勿失。

　　人君之好惡表現為言行,故人君之言行為人民之表,除謹言慎行,言行相符外,要多見多聞,要言之有物,要行之有守,孔子言為官之道,在「多聞闕疑,慎言其餘,則寡尤;多見闕殆,慎行其餘,則寡悔。」[228]又云:「多聞擇其善者而從之,多見而識之」[229],〈緇衣〉將孔子多見多聞,學之不厭的態度,落實在人君言行之法,人君要避免言行有失,乃當多聞多見,廣求眾言,乃得避免個人一意獨斷,出言乃得實義,行止乃不違仁,正如孔子所謂「君子博學於文,約之以禮,亦可以弗畔矣夫。」[230]此處〈緇衣〉雖不再強調「文」與「禮」,或有其時代背景,但人君要言之有物、行之有格的內涵,是「學」與「仁」,多聞多見,學之不厭之日新又新,輔以有所為、有所不為之仁的原則則要堅守,加上「學」與「思」的「精知」,此似可見孔子自我的道德修養「德之不修,學之不講,聞義不能徙,不善不能改,是吾憂也。」[231]在〈緇衣〉中正轉化成儒家對理想人君的道德、文章,言行、精思明辨的要求。

　　(〈今本〉)子曰:「君子道人以言,而禁人以行。故言必慮其所終,而行必稽其所敝;則民謹於言而慎於行。《詩》云:『慎爾出話,敬爾威儀。』〈大雅〉曰:『穆穆文王,於緝熙敬止。』」(第八章)[232]

　　(〈簡本〉)子曰:「君子道人以言,而互以行。故言則慮其所

228　《論語・為政》,《十三經注疏》(臺北:藝文印書館,1976年),頁18。
229　《論語・述而》,《十三經注疏》(臺北:藝文印書館,1976年),頁63。
230　《論語・雍也》,《十三經注疏》(臺北:藝文印書館,1976年),頁55。
231　《論語・述而》,《十三經注疏》(臺北:藝文印書館,1976年),頁63。
232　〔清〕孫希旦:《緇衣・禮記集解》(臺北:文史哲出版社,1990年8月),下冊,頁1324。

終，行則稽其所敝，則民謹於言而慎於行。《詩》云：『穆穆文王，於緝熙敬止。』」（第十六章）[233]

此條〈今本〉較〈簡本〉為詳盡，乃論人君思慮言行之深遠，人君以言導人向善，以行防民為惡，故言則於其始必慮其終，行則於其成而先思其敗，故人君於言無不謹，於行無不慎，則民仿而傚之，自然能化民成俗，謹言慎行。

（〈今本〉）〈緇衣〉云：「言從而行之，則言不可飾也；行從而言之，則行不可飾也。故君子寡言，而行以成其信，則民不得大其美而小其惡。」（第二十四章）[234]此言君子不尚多言，惟致力於行，故其言無不可踐，是以民不得張大其美，亦不得減小其惡，此亦孔子「言忠信，行篤敬」[235]、「敏於事而慎於言」[236]的發揮，言行是表現個人價值判斷與能力的發端，更是個人道德修養與待人接物的言行舉止，所謂「居處恭，執事敬，與人忠」[237]正是此意。

〈緇衣〉從人君角度立論，人君之言行影響臣民深遠，故人君始言，當思其言對人民可能產生的結果，當其有所行，亦當思其行為所可能產生的弊端，而更謹言慎行，此對人君言行當慎重之義，非圖個人道德修養而已，更有人君對人民的身教責任在其中。

故〈緇衣〉論人君當謹其言行，其要有四：

一、人君之德的養成，落實在日用之「言」與「行」中表現，人君之言行，其發端雖細微，但影響臣民深遠，故當將其言行對人民之

---

[233] 涂宗流・劉祖信：《緇衣通釋・郭店楚簡先秦儒家佚書校釋》（臺北：萬卷樓圖書公司，2001年2月），頁362。

[234] 〔清〕孫希旦：《緇衣・禮記集解》（臺北：文史哲出版社，1990年8月），下冊，頁1332。

[235] 《論語・衛靈公》，《十三經注疏》（臺北：藝文印書館，1976年），頁130。

[236] 《論語・學而》，《十三經注疏》（臺北：藝文印書館，1976年），頁8。

[237] 《論語・子路》，《十三經注疏》（臺北：藝文印書館，1976年），頁118。

影響慎重考慮之，然後始得發為言行，此言人君謹其「言」與「行」的重要性。

二、人君當言之有物，行之有威儀，不作虛浮之言，不為越矩之行，言行相符，使民不為浮誇之言、虛偽之行，以成平實之民風。

三、人君要言之有物，則當多聞博識，廣納眾言，精思判斷，執守原則以行，此乃結合先秦儒家之論「學」與「仕」的理論，人君在知識上要見多識廣，在處事上要廣納眾言，最後做的決定要精思明辨。

四、人君須慮其言行之深，言當思其始終，行當思其成敗，然後方出言成行，是以言行足以率民以善，足以禁民為惡，如此言行乃為世人之法則，此為〈緇衣〉論人君言行之旨，此處似乎見到〈緇衣〉乃將孔子的道德文章為本，重塑一個聖君的內涵與形象。

（四）〈緇衣〉論君、臣、民之關係

〈緇衣〉論君臣關係，乃分別白道德義、政治義、教化義三面陳述之。在道德義上，君臣之間是建立在「尊賢、求賢、好賢」的道德同質性上，君與臣皆好善好仁，故君對待臣是相互尊重，甚至禮賢而待之，此乃對孔子德治思想的繼承。在政治義上，〈緇衣〉提出臣有大臣、邇臣、遠臣之分，君當使臣各盡其職，而非互相結黨攻訐，此為〈緇衣〉對「君臣」對待的進一步思索。教化義方面，則君與臣皆為民之表率典範，故人君之舉賢與否，實為民心之標竿。

〈緇衣〉論君與民之關係，強調國君對百姓之影響力，所謂「民以君為心」，民風之善惡繫於人君之好惡，另一方面又指出「君以民為體」，強調人民為國君之根本，二者休戚一體，表現時代新意。

1 君當好賢如〈緇衣〉，惡惡如〈巷伯〉

〈緇衣〉論君臣關係為「好賢惡惡」，即君臣之間有道德義上的同質性，君對臣不僅是政治上的尊卑，更是在道德價值上的互相尊

重,所謂「君君、臣臣、父父、子子。」[238]〈緇衣〉更進一步分析大臣之別,有大臣、邇臣、遠臣之分,須各在其位,各盡其職。

(〈今本〉)子曰:「好賢如〈緇衣〉,惡惡如〈巷伯〉,則爵不瀆而民作愿,刑不試而民咸服。〈大雅〉曰:『儀刑文王,萬國作孚。』」(第二章)[239]

(〈簡本〉)夫子曰:「好美如好緇衣,惡惡如惡巷伯,則民臧扝而刑不屯。《詩》云:『儀刑文王,萬邦作孚。』」(第一章)[240]

此條〈簡本〉內容較切,據考證〈今本・緇衣〉「刑不試」傳抄有誤,簡本〈緇衣〉「刑不屯」即「刑書不陳」之義。……「民臧扝而刑不屯」其意為:(君王好惡分明)則民知其節度而扝擇之,無須陳刑書於民」[241]。

〈緇衣〉、〈巷伯〉皆《詩經》篇名,〈緇衣〉首章曰:「緇衣之宜兮,敝,予又改為兮。適子之館兮,還,予授子之粲兮。」[242]〈巷伯〉曰:「彼譖人者,誰適與謀?取彼譖人,投畀豺虎;豺虎不食,投畀有北;有北不受,投畀有昊。」[243]孔穎達正義云:「緇衣,諸侯視朝之服,緇衣素裳。鄭武公、桓公父子並為周司徒,善於其職,鄭人善之。詩人以〈緇衣〉為〈鄭風〉之首,故云:『好賢如〈緇衣〉。

---

238 《論語・顏淵》,《十三經注疏》(臺北:藝文印書館,1976年),頁108。

239 〔清〕孫希旦:《緇衣・禮記集解》(臺北:文史哲出版社,1990年8月),下冊,頁1322。

240 涂宗流・劉祖信:《緇衣通釋・郭店楚簡先秦儒家佚書校釋》(臺北:萬卷樓圖書公司,2001年2月),頁336。

241 考證引涂宗流・劉祖信:《緇衣通釋・郭店楚簡先秦儒家佚書校釋》(臺北:萬卷樓圖書公司,2001年2月),頁337。

242 《詩經・國風・緇衣》,《十三經注疏》(臺北:藝文印書館,1976年),頁160-161。

243 《詩經・小雅・巷伯》,《十三經注疏》(臺北:藝文印書館,1976年),頁429。

〈巷伯〉亦《詩》篇名，巷伯是奄人，為王后宮巷官之長。幽王信讒，詩人傷讒而懼，作詩以疾讒，故云『惡惡如〈巷伯〉』，君若好賢如〈緇衣〉則爵不濫，而民皆謹慤也。言君惡惡如〈巷伯〉，則刑措而不用，民皆服從。」〈緇衣〉讚美武公、桓公父子戮力為公，其衣敝則為之改制新衣，是其好賢，欲其貴之甚也；〈巷伯〉則是寺人傷讒憂疾，憤言投之豺虎，投之有北，投之有昊，言其惡惡之甚也。

好善惡惡，謹於言行，乃人君個人之修養，落實在為政上，便是「好賢惡惡」，故云「好賢如〈緇衣〉，惡惡如〈巷伯〉」，好賢則欲其貴之甚也，惡惡則欲其罷黜之甚也。先秦儒家政治思想在人君上主張「君德」，在人臣上則為「賢才」，《論語》有：「仲弓為季氏宰，問政。子曰：『先有司，赦小過，舉賢才。』曰：『焉知賢才而舉之？』曰：『舉爾所知。爾所不知，人其舍諸？』」[244]是孔子論為政便以「舉賢才」為先，〈中庸〉亦云：「凡為天下國家有九經，曰：修身也，尊賢也，親親也，敬大臣也，體群臣也，子庶民也，來百工也，柔遠人也，懷諸侯也。」[245]故為人君者首重「修身」，「修身」即是使自己成為「賢君」，「修身」是修養君德，謹好惡，慎言行。其次便是「尊賢」，「尊賢」乃由人君好仁、惡不仁開始，推己而及人便是尊舉賢才，賢才與人君是建立在道德的同質性上，人君不能以一人之力，總理天下國家之事；人君亦不能以一己之力，便能興一國之德風，故必須有賢才為之分層管理，有賢才為之高舉仁義，故「尊賢」是人君之德的具體表現，此「尊賢」不僅有道德義，更有其政治義。

（〈今本〉）子曰：「大人不親其所賢，而信其所賤；民是以親失，而教是以煩。《詩》云：『彼求我則，如不我得；執我仇

---

244 《論語·子路》，《十三經注疏》（臺北：藝文印書館，1976年），頁115。
245 《禮記·中庸》，《十三經注疏》（臺北：藝文印書館，1976年），頁888。

仇,亦不我力。』〈君陳〉曰:『未見聖,若己弗克見;既見聖,亦不克由聖。』」(第十五章)[246]

(《簡本》)子曰:「大人不親其所賢,而信其所賤;教此以失,民此以變。《詩》云:『彼求我則,如不我得;執我仇仇,亦不我力。』〈君陳〉曰:『未見聖,如其弗克見;我既見,我弗迪聖。』」(第十章)[247]

此條〈今本〉、〈簡本〉幾同。此反面而言,在上位者不親任其所賢,而信其賤無德者,是以人民日失其親愛,政教所以煩亂矣。君之所好為仁,自能發而親仁;君之所好為利,則所親自為巧佞之臣。君臣皆為民之表率,君臣之無德,人民自然離心離德。

〈中庸〉云:「去讒遠色,賤貨而貴德,所以勸賢也」[248]此言人君當明辨賢與不肖,莫信巧言令色之佞臣,當以人臣之德為考量,只有整體人格的道德操守,方為賢者。〈今本・緇衣〉云:「輕絕貧賤,而重絕富貴,則好賢不堅,而惡惡不著也。」(第二十一章)[249]此言人君莫以貴賤富貴為侷限,不可輕貧賤而決絕之,亦不可因重富貴而決絕之,即人君不可因於勢利,舉賢當以仁義,不論其是否貧賤富貴也,此乃由反面陳述人君舉賢之重要。

故〈緇衣〉所論君臣關係是建立在「好賢惡惡」之上,即君臣有其道德上好仁惡惡的同質性,並非絕對的上下尊卑,故主張君主當「尊賢」,此乃以道德義的「賢」,更凌駕於政治義的尊卑上下,此與

---

246 〔清〕孫希旦:《緇衣・禮記集解》(臺北:文史哲出版社,1990年8月),下冊,頁1327。
247 涂宗流・劉祖信:《緇衣通釋・郭店楚簡先秦儒家佚書校釋》(臺北:萬卷樓圖書公司,2001年2月),頁351。
248 《禮記・中庸》,《十三經注疏》(臺北:藝文印書館,1976年),頁889。
249 〔清〕孫希旦:《緇衣・禮記集解》(臺北:文史哲出版社,1990年8月),下冊,頁1331。

法家論君臣關係為絕對的尊卑有很大的不同,亦呼應孔子所謂「君君、臣臣、父父、子子。」[250]的相互尊重關係。

  (〈今本〉)子曰:「大臣不親,百姓不寧,則忠敬不足,而富貴已過也;大臣不治而邇臣比矣。故大臣不可不敬也,是民之表也;邇臣不可不慎也,是民之道也。君毋以小謀大,毋以遠言近,毋以內圖外,則大臣不怨,邇臣不疾,而遠臣不蔽矣。葉公之顧命曰:『毋以小謀敗大作,毋以嬖御人疾莊后,毋以嬖御士疾莊士、大夫、卿士。』」(第十四章)[251]
  (〈簡本〉)子曰:「大臣之不親也,則忠敬不足,而富貴已過也,邦家之不寧也,則大臣不治,而褻臣託也。此以大臣不可不敬,民之蕝也。故君不以小侮大,則大臣不怨。彗公之顧命云:『毋以小侮敗大都,毋以嬖御息莊后,毋以嬖士息大夫、卿士。』」(第十一章)[252]

〈今本〉、〈簡本〉文字稍異,〈今本〉條理較明。鄭玄注:「忠敬不足,謂臣不忠於君,君不敬其臣。邇,近也。言近以見遠,言大以見小,互言之。比,私相親也。」「圖,亦謀也。言凡謀之,當各於其黨,於其黨,知其過審也。大臣柄權於外,小臣執命於內,或時交爭,轉相陷害。」此言人臣不忠於君,君不敬於臣之害。

  〈緇衣〉論臣之別,有大臣、邇臣、遠臣之分。呂與叔云:「大臣尊嚴,國之政令存焉,民所望以為表,不敬則國命輕矣。邇臣,君

---

250 《論語・顏淵》,《十三經注疏》(臺北:藝文印書館,1976年),頁108。
251 〔清〕孫希旦:《緇衣・禮記集解》(臺北:文史哲出版社,1990年8月),下冊,頁1327。
252 涂宗流・劉祖信:《緇衣通釋・郭店楚簡先秦儒家佚書校釋》(臺北:萬卷樓圖書公司,2001年2月),頁352

之好惡繫焉,民之所從以為道,不慎則風俗壞矣。」[253]此言大臣若離貳,不與上親,則不為君理治政事,政教煩亂,百姓不安,邇臣則相互比周為姦矣。故大臣為一國政教之所繫,民心之所望,當得人君之禮敬,則大臣報之以忠心職事;小臣執命於內,常在王左右,王之好惡繫焉,民之所從往,不可不慎也。

臣以其類別而分,有大臣、邇臣、遠臣之別,各有其職事所在,人君當避免「毋以小謀大,毋以遠言近,毋以內圖外,則大臣不怨,邇臣不疾,而遠臣不蔽矣。」人君當與大臣謀國事之大者,當與邇臣言內之事者,當與遠臣言外事者,人臣各司其職,人君當各審其職而謀國之善政,豈可使互為朋黨,相互交爭陷害?故人君當禮敬大臣,當慎選邇臣,更當使各正其所職,如此則大臣不怨而離貳,邇臣不疾而比周,遠臣不蔽於君矣。

《論語‧顏淵》記錄:「齊景公問政於孔子,孔子對曰:『君君、臣臣、父父、子子。』公曰:『善哉!信如君不君,臣不臣、父不父、子不子,雖有粟,吾得而食諸?』」[254]〈八佾〉篇又云:「定公問:『君使臣,臣事君,如之何?』孔子對曰:『君使臣以禮,臣事君以忠。』」[255]此很清楚顯現出〈緇衣〉對君臣關係的論述正淵源於孔子的君臣思想,孔子認為君臣關係是一種相互的對待關係,而非絕對的君臣上下尊卑關係,所謂「君君、臣臣、父父、子子」,此乃身分名位與行事作為的總稱,君當為君之行,臣當為臣之行,父當為父之行,子當為子之行,人人各在其位,各盡其分,此亦為禮樂制度的思想依據。

在〈八佾〉篇中,孔子更清楚地說明君臣之間的關係,「君使臣以禮,臣事君以忠」即君以禮敬之態度對臣,臣則以忠於職事的態度

---

[253] 〔清〕朱彬:《禮記訓纂‧緇衣》(下)(北京:中華書局,1996年),頁809。
[254] 《論語‧顏淵》,《十三經注疏》(臺北:藝文印書館,1976年),頁108。
[255] 《論語‧八佾》,《十三經注疏》(臺北:藝文印書館,1976年),頁30。

對君,這是一種相互尊重與相互負責的人倫關係,若「君不君,臣不臣、父不父、子不子」,則便失去了人與人間的相互尊重與負責的和諧關係,自然便生臣弒其君,子弒其父之亂事。

〈緇衣〉承襲孔子的君臣思想,君臣之間也是一種相對的尊重關係,但它把君臣尊重的內在同質性說得更清楚,即君臣是建立在好賢惡惡的道德方向上,君有德而好賢,乃舉賢以為臣,故人君當禮敬大臣;臣感君之德,得舉而為臣,乃當忠於職事以報君,故人君好賢、尊賢、用賢,人臣亦同樣好德、尊德、同德,是君臣關係有共同的本質性,即是好仁義的道德心。如此,則君臣不以利、不以富貴,乃因同德而相親,是以人君禮敬人臣,乃好其德的敬意;人臣忠於人君,乃忠於其德的回報,這是〈緇衣〉對孔子君臣之道的進一步發揮。

2 民以君為心,君以民為體

〈緇衣〉主張的君臣關係有二義:一是承繼孔子「君子之德風」[256]之說,所謂「民以君為心」,君主為人民之表率,當肩負教化人民社會責任。二是主張君與民乃「休戚一體」的關係,所謂「君以民為體」,人民為人君之根本,此處已透露時代轉變的不同,即民之地位提升,至於孟子「民為貴,社稷次之,君為輕。」[257]可謂達至民本思想的顛峰,故〈緇衣〉所論君民關係有其重要意義。

> (〈今本〉)子曰:「民以君為心,君以民為體;心莊則體舒,心肅則容敬。心好之,身必安之;君好之,民必欲之。心以體全,亦以體傷;君以民存,亦以民亡。《詩》云:『昔吾有先正,其言明且清,國家以寧,都邑以成,庶民以生;誰能秉國

---

[256] 《論語‧顏淵》:「君子之德,風;小人之德,草;草上之風,必偃。」《十三經注疏》(臺北:藝文印書館,1976年),頁109。

[257] 《孟子‧盡心下》,《十三經注疏》(臺北:藝文印書館,1976年),頁251。

成,不自為正,卒勞百姓。〈君雅〉曰:『夏日暑雨,小民惟曰怨;資冬祁寒,小民亦惟曰怨。』」(第十七章)[258]

(〈簡本〉)子曰:「民以君為心,君以民為體;心好則體安之,君好則民欲之。故心以體廢,君以民亡。《詩》云:『誰秉國成,不自為正,卒勞百姓。〈君牙〉云:『日溶雨,小民惟曰怨;晉冬耆滄,小民亦惟怨。』」(第五章)[259]

〈今本〉較〈簡本〉為詳。《禮記集說》引方氏云:「民以君為心者,言好惡從於君也。君以民為體者,言休戚同於民也。體雖致用於外,然由於心之所使,故曰心好之,身必安之。心雖為主於內,然資乎體之所保,故曰心以體全,亦以體安。」[260]孫希旦云:「民之欲惡由於君,而君之存亡繫於民。然則君之所好,其公私得失之間,乃存亡之所由分也,可不謹與?」[261]

此言君與民之關係,民風之好惡由於君,故言「民以君為心」,當君好仁則民心向善,當君好勇則民心多暴,故君之言行好惡影響民心深遠,此則孔子所云:「上好禮,則民莫敢不敬;上好義,則民莫敢不服;上好信,則民莫敢不用情。」[262]對於孔子而言,君不僅扮演政治的領袖,同時也是道德領袖,肩負社會教化的重任,此觀念亦深刻影響〈緇衣〉的人君形象,人君當謹好惡、慎言行、好賢惡惡,無非皆是要扮演為民表率的指標,此亦為「德治」思想特色。

---

258 〔清〕孫希旦:《緇衣·禮記集解》(臺北:文史哲出版社,1990年8月),下冊,頁1329。
259 涂宗流·劉祖信:《緇衣通釋·郭店楚簡先秦儒家佚書校釋》(臺北:萬卷樓圖書公司,2001年2月),頁343。
260 (元)陳澔:《緇衣·禮記集說》(臺北:世界書局,2009年6月),頁303。
261 〔清〕孫希旦:《緇衣·禮記集解》(臺北:文史哲出版社,1990年8月),下冊,頁1329。
262 《論語·子路》,《十三經注疏》(臺北:藝文印書館,1976年),頁116。

〈緇衣〉論君民關係乃在「上行下效」之外，又強調君與民乃「休戚一體」的關係，此「君之存亡繫於民」的觀念，在孔子論述中不多見，孔子多針對人君如何教化人民立論，所謂「道千乘之國，敬事而信，節用而愛人，使民以時。」[263]「上好禮，則民易使也。」[264]「民可使由之，不可使知之。」[265]即孔子多強調人君當以時使民，上好禮則民易使，民使由之不必使知之，因此偏重人君之體恤人民而已，此或有其時代背景，或孔子之時人君與民的衝突尚不激烈之故。〈緇衣〉則已論及「人君之存亡繫於民」，強調人民的好惡與人君的權位乃休戚一體的關係，較孔子時的君臣關係稍有緊張，並主張人君更當以人民為念，不可輕慢人民，即人民的重要性被提升。

> （〈今本〉）子曰：「小人溺於水，君子溺於口，大人溺於民，皆在其所褻也。夫水近於人而溺人，德易狎而難親也，易以溺人；口費而煩，易出難悔，易以溺人；夫民閉於人，而有鄙心，可敬不可慢，易以溺人。故君子不可以不慎也。（第十六章）[266]
> （〈簡本〉）無

此條〈簡本〉無，林素英以為第十六章為子思子引文，非〈緇衣〉原有，但與第十七章至第二十四章之內容有關，故為補充說明之用[267]。今觀其內容，乃論君不可褻民，不然則溺於民，與君、民「休戚一

---

263 《論語・學而》，《十三經注疏》（臺北：藝文印書館，1976年），頁6。
264 《論語・憲問》，《十三經注疏》（臺北：藝文印書館，1976年），頁131。
265 《論語・泰伯》，《十三經注疏》（臺北：藝文印書館，1976年），頁71。
266 〔清〕孫希旦：《緇衣・禮記集解》（臺北：文史哲出版社，1990年8月），下冊，頁1328。
267 參見林素英：〈從施政策略論〈緇衣〉對孔子理想君道思想之繼承──兼論簡本與今本〈緇衣〉差異現象之意義〉，收入《哲學與文化》第34卷第3期（2007年3月），頁21。

體」之議題，正有呼應。

鄭玄注：「言人不溺於所敬者。溺，謂覆沒不能自理出也。」又注：「有德者亦如水矣，初時學其近者小者，以從人事，自以為可，則侮狎之；至於先王大道，性與天命，則遂扞格不入，迷惑無聞，如溺於大水矣。」另云：「言民不通於人道而心鄙詐，難卒告諭，人君當慎以臨之，則可；若陵虐而慢之，分崩怨畔，君無所尊，亦如溺矣。」此乃反面論君民關係，可謂孔子「民可使由之，不可使知之。」[268]的進一步說明，前云「君以民存，亦以民亡。」（第十七章）[269]強調君民為一體，此論「君子不可以不慎（民）」，以人君為上位之有德者，面對人民之眾者，人民雖不知人倫之道，但人君亦不可褻慢侮狎之，如此則君與民不親，上下分崩怨畔，君亦無所尊而覆沒矣。此〈緇衣〉論君與民之關係，其角度與孔子「民可使由之，不可使知之」[270]的角度是相同的，君與民是施教與受教的關係，是發令與受令，是上位與下位的關係，只是多強調一些人君對人民的慎重，可看出二者間的淵源。但是〈緇衣〉「君以民存，亦以民亡」的觀念，則近似於荀子所云「君者，舟也；庶人者，水也。水則載舟，水則覆舟。」[271]之說，是以再深入剖析〈緇衣〉篇中的君民關係，實在要比孔子時的君民關係，要較為激烈些，君與民之間，不再只是人君道德教化上的施教與受教的關係，或政治上的使民與受令的關係，〈緇衣〉已碰觸到君的地位權勢不全然是來自於天子的封建授予，君的地位鞏固與否？端賴其君民關係之和諧或對立，若人君得不到人民的擁護或信任，亦可能因民而亡，但其君臣關係尚未到孟子所謂「民為

---

268 《論語‧泰伯》，《十三經注疏》（臺北：藝文印書館，1976年），頁71。
269 〔清〕孫希旦：《緇衣‧禮記集解》（臺北：文史哲出版社，1990年8月），下冊，頁1329。
270 《論語‧泰伯》，《十三經注疏》（臺北：藝文印書館，1976年），頁71。
271 〔清〕王先謙：《荀子集解‧王制》（上）（北京：中華書局，1981年），頁152-153。

貴，社稷次之，君為輕。」²⁷²的地步，即孟子之時，已是在對戰國時代的暴君、亂臣，虐民、殘民的嚴厲控訴，故極力推崇人民的主體價值，乃有此「民貴君輕」之論，但〈緇衣〉篇中所反映的君臣關係則更近於孔子之說，其仍以人君之教化為主，君民之休戚一體為輔，尚不到壓抑人君、凸顯人民的地步，這是很明顯的。

四　合〈簡本〉與〈今本〉論《禮記・緇衣》的思想意義

（一）〈簡本・緇衣〉可補證〈今本・緇衣〉之不足

筆者比較〈簡本・緇衣〉與〈今本・緇衣〉之異同，從條文次序的安排而言，〈簡本・緇衣〉由「上行下效」之理論，再言人君當修德慎言的修養，可謂較具條理。內容方面，比較二者之條文：有〈今本〉文句較精者²⁷³，有〈簡本〉文句為精者²⁷⁴，有〈簡本〉可證〈今本〉之誤者²⁷⁵，有〈簡本〉可知〈今本〉之增補者²⁷⁶，故筆者以為

---

272 《孟子・盡心下》，《十三經注疏》（臺北：藝文印書館，1976年），頁251。
273 如〈今本・第四章〉，子曰：「下之事上也，不從其所令，從其所行。上好是物，下必有甚者矣。故上之所好惡，不可不慎也，是民之表也。」較〈簡本・第八章〉為精。〔清〕孫希旦：《緇衣・禮記集解》（臺北：文史哲出版社，1990年8月），下冊，頁1323。
274 如〈簡本・第六章〉，子曰：「上好仁，則下之為仁也爭先。故長民者，章志以昭百姓，民致行己以悅上。《詩》云：『有覺德行，四方順之。』」較〈今本・第六章〉為精。涂宗流、劉祖信：《緇衣通釋・郭店楚簡先秦儒家佚書校釋》（臺北：萬卷樓圖書公司，2001年2月），頁345。
275 如〈簡本・第一章〉，夫子曰：「好美如好緇衣，惡惡如惡巷伯，則民藏扚而刑不屯。《詩》云：『儀刑文王，萬邦作孚。』」此條〈簡本〉內容較切，據考證「〈今本・緇衣〉「刑不試」傳抄有誤，〈簡本・緇衣〉「刑不屯」即「刑書不陳」之義。據涂宗流、劉祖信：《緇衣通釋・郭店楚簡先秦儒家佚書校釋》（臺北：萬卷樓圖書公司，2001年2月），頁337。
276 〈今本・第十六章〉子曰：「小人溺於水，君子溺於口，大人溺於民，皆在其所褻也。夫水近於人而溺人，德易狎而難親也，易以溺人；口費而煩，易出難悔，易

〈簡本〉與〈今本〉實互有優劣，缺一不可，可互相印證其內容，使〈緇衣〉的文意更清楚，故由文獻而言，〈簡本〉的出土，對〈緇衣〉的思想有其貢獻。

(二) 對先秦儒家「德治」思想的發展

綜合上述，可知〈緇衣〉篇所論乃屬先秦儒家德治思想的一環，乃承孔子「為政以德」思想的進一步推展，〈緇衣〉所論德治思想有五：一、包括政治的方向，二、人性面的「上行下效」，三、人君之德的培養，四、人臣的內涵，五、君與民的關係。以下分述之：

1 論政上由「道之以德」、「齊之以禮」轉向「德、禮、賞、罰並重」

「道之以德」、「齊之以禮」乃孔子論政的重要主張，〈緇衣〉承繼孔子之說，主張「道之以德，齊之以禮」，以「德治禮樂」作為為政之目標，堅守儒家的核心價值；但也強調不可「褻刑以輕爵」，〈緇衣〉篇中已有將「爵祿刑罰」的地位抬高的趨勢，強調利用爵祿、刑罰的賞善罰惡，以加強人君德治教化的效果，可謂「德治」理想的進一步落實。是為「德、禮、賞、罰」並重的政治主張。

2 人性面的上行下效，為「君子之德，風」，提出人性論的依據

〈緇衣〉提出「上行下效」乃人性的自然趨向，由下位者對上位者有投其所好的人性趨向，為人性之所必然，乃有其普遍性，於是孔

以溺人；夫民閒於人，而有鄙心，可敬不可慢，易以溺人。故君子不可以不慎也。」此條〈簡本〉無。林素英以為〈第十六章〉為子思子引文，非〈緇衣〉原有，但與第十七章至第二十四章之內容有關，故為補充說明之用。參見林素英：〈從施政策略論〈緇衣〉對孔子理想君道思想之繼承——兼論簡本與今本〈緇衣〉差異現象之意義〉，收入《哲學與文化》第34卷第3期（2007年3月），頁21。

子「君子之德，風」以教化風俗，不再只是無形的道德感通，而具備人性論的依據，可謂強化了孔子德治思想的理論依據。故人君當謹其好惡，人君之好惡當於「好仁」，〈緇衣〉由人君之好惡言「仁」，此「仁」除個人道德意義之外，更肩負使百姓好善惡惡的社會責任。

3 人君之德的培養，透過「學」與「思」，乃能言之有物，行之有法

人君之德就在日用之「言」與「行」中表現，人君當言之有物，行之有威儀，不為虛浮之言，不為越矩之行，乃得使民不起浮誇之風，虛偽之俗。人君要言之有物，則要透過「學」與「思」，「學」能多聞博識，廣納眾言，「思」能慎謀精思，明辨是非，乃得做出正確的決策。在此可見先秦儒家的知識論被吸收以充實其政治論思想的特色。故人君「學」以慮其言行之深，「思」以成其謀事之遠，然後言行足以率民以善，足以禁民為惡，成其長治久安之策。

4 對「人臣之義」內涵的深化

孔子認為君臣關係是一種相互對待關係，而非絕對的君臣上下尊卑關係，所謂「君君、臣臣、父父、子子。」[277]此乃君臣父子各盡其職分之主張，在〈八佾〉篇，孔子更清楚地說明君臣相互對待的內涵是「君使臣以禮，臣事君以忠」[278]君臣乃建立在相互尊重與相互負責的人倫關係上。

〈緇衣〉論君臣關係，乃自道德義、政治義、教化義三方面深入論述其說。在道德義上，君臣之間是建立在「尊賢、求賢、好賢」的道德同質性上，君與臣皆好善好仁而具道德之同質性，君對待臣是相

---

277 《論語‧顏淵》，《十三經注疏》（臺北：藝文印書館，1976年），頁108。
278 《論語‧八佾》，《十三經注疏》（臺北：藝文印書館，1976年），頁30。

互尊重，甚至禮賢而待之，此乃對孔子德治思想的繼承。在政治義上，〈緇衣〉提出臣有大臣、邇臣、遠臣之分，君當使臣各盡其職分，君與臣皆為民之表率，故人君舉賢尊賢，更有其民心向背之教化義。

5 「君與民關係」的轉變

孔子「民可使由之，不可使知之」[279]君與民是施教與受教的關係，強調人君是政治上的領袖，更肩負文化提升的社會教育責任。〈緇衣〉篇中的君民關係，所謂「民以君為心，君以民為體」[280]（第十七章）一方面承繼孔子「君子之德，風」[281]之說，仍然主張君主當為人民之表率，當肩負教化人民社會責任。另一方面則以為君與民也是「休戚一體」的關係，所謂「君以民為體」，人民為人君之根本，此處已透露時代轉變的不同，即民之重要性被提升，君王不再只是由上而下的施教關係，同時更是君王政權的根本，若人君得不到人民的擁護或信任，亦可能因民而亡，〈緇衣〉「君以民存，亦以民亡」的觀念，近似於荀子所云「君者，舟也；庶人者，水也。水則載舟，水則覆舟。」[282]之說，此處更可見到孟子「民為貴，社稷次之，君為輕。」[283]的民本思想發展的軌跡。

---

279 《論語・泰伯》，《十三經注疏》（臺北：藝文印書館，1976年），頁71。
280 〔清〕孫希旦：《緇衣・禮記集解》（臺北：文史哲出版社，1990年8月），下冊，頁1329。
281 《論語・顏淵》：「君子之德，風；小人之德，草；草上之風，必偃。」《十三經注疏》（臺北：藝文印書館，1976年），頁109。
282 〔清〕王先謙：《荀子集解・王制》（北京：中華書局，1981年），上冊，頁152-153。
283 《孟子・盡心下》，《十三經注疏》（臺北：藝文印書館，1976年），頁251。

第五節　孟子禮學思想
——由「尊德性」至「民為貴」

一　前言

　　孔子對周文的讚美，表現孔子對文王之德、周公制禮深意的了解，孔子可謂將文王之德落實為君子之德，以君子之德試圖扭轉周文禮崩樂壞的價值失落。孔子提出「博學於文、約之以禮」，「興於詩、立於禮、成於樂」等，作為君子的內涵，孔子本人也將此表現在日用之間，成就君子之德行，成為後人崇敬之典型。孔子「克己復禮曰仁」將文王之德落實為君子之德，試圖透過人的學養德行，重新貫注周文以新活力，從政治現實來看，他雖無再造周文之復興，但孔子無意間開創以道德君子為人之價值大方向，為中華文化日後發展開啟一道大門。

　　孟子（西元前372-289年），當齊宣王、梁惠王時。《史記・孟子荀卿列傳》曰：「孟軻，鄒人也。受業子思之門人。道既通，游事齊宣王，宣王不能用。適梁，梁惠王不果所言，則見以為迂遠而闊於事情。當是之時，秦用商君，富國彊兵；楚、魏用吳起，戰勝弱敵；齊威王、宣王用孫子、田忌之徒，而諸侯東面朝齊。天下方務於合從連衡，以攻伐為賢，而孟軻乃述唐、虞、三代之德，是以所如者不合。退而與萬章之徒序詩書，述仲尼之意，作《孟子》七篇。」[284]太史公以為「孟子受業子思之門人」[285]，身處戰國亂世而不得用，遂退而與弟子序詩書、述仲尼之意。本文試圖由禮學角度論孟子所述「仲尼之意」的內涵。

---

[284]〔漢〕司馬遷：《史記・孟子荀卿列傳》（臺北：藝文印書館，1962年，據武英殿影印本），頁939。

[285] 此條學界或有不同之看法，不在此篇討論範圍，故不論。個人以為孟子禮學思想乃承孔門禮學主張進一步的發展則無疑。

二 「尊德性」——禮義之辨

(一)「禮」源於性善

　　孔子論「禮」溯及三代,《論語・為政》曰:「殷因於夏禮,所損益可知也;周因於殷禮,所損益可知也;其或繼周者,雖百世可知也。」[286]孔子由三代之禮因革損益的省察,表現孔子對「禮」的永恆性與變動性有深刻體認,觀孔子由「心之安與不安」闡釋宰我「三年之喪」的質疑[287],乃由「心之安」闡釋「禮」之永恆性內涵,進而曰「宰我不仁」,乃由「禮之永恆性」進一步提出「仁」之所在,故禮的永恆性內涵在「人心之安」,人心之安正是「仁」本體之所在,此乃孔子由「心之安否」論「禮之源」,合「心」與「禮」論「仁與不仁」的理路脈絡。

　　孟子論葬禮之起源,曰:「蓋上世嘗有不葬其親者。其親死,則舉而委之於壑。他日過之,狐狸食之,蠅蚋姑嘬之。其顙有泚,睨而不視。夫泚也,非為人泚,中心達於面目。蓋歸反虆梩而掩之。掩之誠是也,則孝子仁人之掩其親,亦必有道矣。」趙岐注:「聖人緣人心而制禮也。」[288]孟子論葬禮之由來,正承孔子「心之安否?」而來,孟子曰「孝子仁人之掩其親,亦必有道矣」,此「道」便是不忍至親曝屍於外之心,即所謂「不忍之心」。《孟子・公孫丑上》曰:

286　《論語・為政》,《十三經注疏》(臺北:藝文印書館,1976年),頁19。
287　宰我問:「三年之喪,期已久矣。君子三年不為禮,禮必壞;三年不為樂,樂必崩。舊穀既沒,新穀既升,鑽燧改火,期可已矣。」子曰:「食夫稻,衣夫錦,於女安乎?」曰:「安。」「女安則為之!夫君子之居喪,食旨不甘,聞樂不樂,居處不安,故不為也。今女安,則為之!」宰我出。子曰:「予之不仁也!子生三年,然後免於父母之懷。夫三年之喪,天下之通喪也。予也有三年之愛於其父母乎?」《論語・陽貨》,《十三經注疏》(臺北:藝文印書館,1976年),頁157-158。
288　〔清〕焦循:《孟子正義・滕文公上》(臺北:文津出版社,1988年7月),上冊,頁404-405。

「人皆有不忍人之心。先王有不忍人之心，斯有不忍人之政矣。以不忍人之心，行不忍人之政，治天下可運之掌上。所以謂人皆有不忍人之心者，今人乍見孺子將入於井，皆有怵惕惻隱之心；非所以內交於孺子之父母也，非所以要譽於鄉黨朋友也，非惡其聲而然也。由是觀之，無惻隱之心非人也，無羞惡之心非人也，無辭讓之心非人也，無是非之心非人也。惻隱之心，仁之端也；羞惡之心，義之端也；辭讓之心，禮之端也；是非之心，智之端也。人之有是四端也，猶其有四體也。有是四端而自謂不能者，自賊者也；謂其君不能者，賊其君者也。凡有四端於我者，知皆擴而充之矣，若火之始然、泉之始達。苟能充之，足以保四海；苟不充之，不足以事父母。」[289]不忍之心有四：惻隱、羞惡、辭讓、是非四端之心，來自於仁、義、禮、智之性，此乃孟子「性善說」之理據。

此說是孔子「禮本於仁」後，儒家心性論重要發展，值得注意者，「禮」之端來自於人性，發而為辭讓之情，故「禮」源於人性之四端，這是孟子比孔子論「禮」之新意。

> 君子所以異於人者，以其存心也。君子以仁存心，以禮存心。[290]
> 君子所性，仁義禮智根於心。[291]

君子以仁、以禮存心，進而言仁、義、禮、智之善性根於心之內，君子以「仁義禮智」為性，不以耳目感官為性，孟子以葬禮源於人心之不忍，辭讓之心源於人性之禮端，「禮」本於性善。這樣的說法已超越《說文》：「禮，履也，所以事神致福也。」[292]的宗教色彩，也脫離

---

[289] 《孟子・公孫丑上》，《十三經注疏》（臺北：藝文印書館，1976年），頁65。
[290] 《孟子・離婁下》，《十三經注疏》（臺北：藝文印書館，1976年），頁153。
[291] 《孟子・盡心上》，《十三經注疏》（臺北：藝文印書館，1976年），頁233。
[292] 〔漢〕許慎撰；〔清〕段玉裁：《說文解字注》（臺北：黎明文化事業公司，1991年），頁2。

了孔子論三代之禮因革損益的文化傳承義。當孟子提出「禮」源於人性之善，乃將先秦儒家「禮」內化於人性，孟子對「禮」源於人性四端這樣的說法有其新意，因「禮」在先秦多指祭祀、治國之道或修身處事之則，屬外在行為規範，孟子將「禮」立基於人性之善，以禮本於人性之善，實有深化「禮」的價值義，可謂先秦儒家禮學思想重要發展。

> 公都子曰：「告子曰：『性無善無不善也。』或曰：『性可以為善，可以為不善；是故文武興，則民好善；幽厲興，則民好暴。』或曰：『有性善，有性不善；是故以堯為君而有象，以瞽瞍為父而有舜；以紂為兄之子且以為君，而有微子啟、王子比干。』今曰『性善』，然則彼皆非與？」孟子曰：「乃若其情，則可以為善矣，乃所謂善也。若夫為不善，非才之罪也。惻隱之心，人皆有之；羞惡之心，人皆有之；恭敬之心，人皆有之；是非之心，人皆有之。惻隱之心，仁也；羞惡之心，義也；恭敬之心，禮也；是非之心，智也。仁義禮智，非由外鑠我也，我固有之也，弗思耳矣。故曰：『求則得之，舍則失之。』或相倍蓰而無算者，不能盡其才者也。《詩》曰：『天生蒸民，有物有則。民之秉夷，好是懿德。』孔子曰：『為此詩者，其知道乎！故有物必有則，民之秉夷也，故好是懿德。』」[293]

此段論諸子人性諸說，「性無善無不善」乃生之謂性，人性只是食色之性，無所謂道德性，告子、荀子近之。「性可以為善，可以為不善」乃指人性之善惡，乃受環境所塑造，本身無主體性。「有性善，有性不善」乃指人性有先天善惡之別，乃先天命定論。孟子主張「性

---

[293]《孟子·告子上》，《十三經注疏》（臺北：藝文印書館，1976年），頁194-195。

善」近於先天善性論，人性有仁義禮智之道德性乃先天賦與，「禮」本人性之善端，孟子由人性之本質處論「禮」，故「禮」乃源於人性之善，非由外鑠，非始於三代，非始於周文，孟子在孔子由心之不安論葬禮之本之後，更進一步推進由人性之禮端論禮之本，乃由「心」而至於「性」。

孟子禮學思想是立基其「性善說」理論基礎而發，由心之辭讓論禮之本，由心之辭讓論人性之禮端，仁義禮智四端乃人性之善的內涵，而人性之善乃人之所以為人之尊嚴之所在，故「禮」之所據在先天本具之善性，「禮」之表現在彰顯人性之善，人之道德尊嚴由此樹立，此乃孟子禮學思想之大本所在。

（二）禮義之辨

孟子對「禮」行為判斷不僅止於外在行為，更深入探討人心之動機來判斷「禮」與「非禮」，「禮」與「非禮」的判準乃本於「義」的判斷而非復古與否。如陳臻問孟子曰：「前日於齊，王餽兼金一百而不受；於宋，餽七十鎰而受；於薛，餽五十鎰而受。前日之不受是，則今日之受非也；今日之受是，則前日之不受非也。夫子必居一於此矣。」孟子曰：「皆是也。當在宋也，予將有遠行。行者必以贐，辭曰：『餽贐。』予何為不受？當在薛也，予有戒心。辭曰：『聞戒。』故為兵餽之，予何為不受？若於齊，則未有處也。無處而餽之，是貨之也。焉有君子而可以貨取乎？」[294]「君王餽贈之禮」當收或不收其標準何在？在宋，孟子有遠行，宋君贈金相助，心感宋君之善意，且遠行確有所需，故受之；在薛地其處境有危，薛君贈金為兵以衛，心感薛君之善意，當時處境也確實有需，故感而受之；在齊則不同、既無危境，又無遠行之需，齊君之意乃在收買孟子，孟子無所求於齊

---

294 《孟子‧公孫丑下》，《十三經注疏》（臺北：藝文印書館，1976年），頁75。

君、且有其獨立之人格,故不受。

孟子收受餽贈與否的「義」乃衡量時、空、人、物之外在條件及收受之內在動機是否合宜而定。宋君、薛君餽贈之禮背後的動機皆出於善意,故孟子受之。齊君餽贈之動機非出於善意乃別有所圖,故孟子不受。

孟子看待「餽贈之禮」非只是外在行為之相同,還包括內在心性判斷之動機,儒家強調的道德價值乃內在道德判斷與外在合宜表現的結合,即孟子主張「禮」與「義」的結合,「義」正是道德價值的判斷,「禮」即是道德價值的合宜表現,合「義」與「禮」乃為「仁」。故孟子曰:「夫義,路也;禮,門也。」[295]「禮」的外在行為必有「義」的內在合宜判斷乃為「禮」之真義,而「義」之判準又必依於性之善端而發。

> 任人有問屋廬子曰:「禮與食孰重?」曰:「禮重。」「色與禮孰重?」曰:「禮重。」曰:「以禮食則飢而死,不以禮食則得食,必以禮乎?親迎則不得妻,不親迎則得妻,必親迎乎?」屋廬子不能對。明日之鄒,以告孟子。孟子曰:「於答是也,何有?不揣其本而齊其末,方寸之木可使高於岑樓。金重於羽者,豈謂一鉤金與一輿羽之謂哉?取食之重者與禮之輕者而比之,奚翅食重?取色之重者與禮之輕者而比之,奚翅色重?往應之曰,『紾兄之臂而奪之食則得食,不紾則不得食,則將紾之乎?踰東家牆而摟其處子則得妻,不摟則不得妻,則將摟之乎?』」[296]

---

[295] 萬章曰:「欲見賢人而不以其道,猶欲其入而閉之門也。夫義,路也;禮,門也。惟君子能由是路,出入是門也。」《孟子·萬章下》,《十三經注疏》(臺北:藝文印書館,1976年),頁187。

[296] 《孟子·告子下》,《十三經注疏》(臺北:藝文印書館,1976年),頁209。

「禮與食孰重？」、「色與禮孰重？」，孟子從不反對「食」與「色」，沒有「食」與「色」人類如何生存繁衍？但屋廬子面對「不以禮食則飢而死、不親迎則不得妻」的兩難衝突，卻無言以對，此乃「禮」與「食」與「色」之性，二者衝突時何以自處的問題。孟子曰「不揣其本而齊其末」，即此問題要回到禮之本質來回答，蓋「食」與「色」乃生之謂性，孟子非不知也，人自然要「食」與「色」才能生存繁衍，但孟子以人之善性為貴，以人之善性為價值，「禮」即是此道德價值下的表現，人之「食」與「色」要表現出道德價值始為君子，不然即是只有「食」與「色」的禽獸而已。

故孟子曰：「紾兄之臂而奪之食則得食，不紾則不得食，則將紾之乎？踰東家牆而摟其處子則得妻，不摟則不得妻，則將摟之乎？」紾兄之臂方得活，踰牆而摟其處子方得妻，在此情境下可食乎？可娶乎？人要「食」與「色」，何以不能紾兄之臂而求活？何以不能踰牆而得妻？蓋不忍也、不安也，故不為也。

孟子藉此衝突凸顯「食」與「色」非人之尊貴價值，「食」與「色」固然重要，但也當遵循「禮」而為，有「禮」之「食」與「色」方有價值，否則寧願捨生取義，此人禽之辨、君子小人之大別處。

> 淳于髡曰：「男女授受不親，禮與？」孟子曰：「禮也。」曰：「嫂溺則援之以手乎？」曰：「嫂溺不援，是豺狼也。男女授受不親，禮也。嫂溺援之以手者，權也。」[297]

「男女授受不親」乃男女有別之禮，乃對男女之情有所節制之通義，也是禮之常道。「嫂溺則援之以手」為特殊之情況、為權變，此時解救大嫂生命更甚於拘守男女有別之常禮，故對孟子而言，「禮」並非

---

297 《孟子・離婁上》，《十三經注疏》（臺北：藝文印書館，1976年），頁134。

拘泥在禮的外在之儀節,而是強調禮所面臨的外在時空狀態與內在性善之發,所作的合理判斷,「義」乃由心之主體,判斷時空條件下之輕重取捨而為,最後的取捨主體乃為人性之善端,故孟子強調「義內」,做判斷的是自我道德主體的性善,不僅止於外在的規範而已,故反對告子「義外」之說。

> 告子曰:「食色,性也。仁,內也,非外也;義,外也,非內也。」孟子曰:「何以謂仁內義外也?」曰:「彼長而我長之,非有長於我也;猶彼白而我白之,從其白於外也,故謂之外也。」曰:「異於白馬之白也,無以異於白人之白也;不識長馬之長也,無以異於長人之長與?且謂長者義乎?長之者義乎?」曰:「吾弟則愛之,秦人之弟則不愛也,是以我為悅者也,故謂之內。長楚人之長,亦長吾之長,是以長為悅者也,故謂之外也。」曰:「耆秦人之炙,無以異於耆吾炙。夫物則亦有然者也,然則耆炙亦有外與?」[298]

告子之說很清楚,以食色感官為性,乃生之謂性的傳統,仁為個人之私心好惡,故言吾弟則愛,秦人之弟則不愛,故曰「仁內」,義為外在社會規範,故言「彼長而我長之,非有長於我也」,因對象是長輩故我尊敬之,故吾人之長、楚人之長,吾皆長之,乃因外在對象而生,故曰「義外」,此乃告子「仁內義外」之說。

孟子則以面對馬之長與面對人之長,何以人應對之義不同而質疑之?進而言「義」之判斷並非全然依據外在對象而生,實則判斷的主體仍是內在主體心之判斷,故孟子主張「義內」,對孟子而言,當路上遇見尊長,眼有所視,人性辭讓之善性必有所觸動,心感而判斷如

---

[298] 《孟子・告子上》,《十三經注疏》(臺北:藝文印書館,1976年),頁193。

何合宜的應對為「義」，進而表現揖讓恭敬之禮，故仁義為內，禮乃內在仁義有感判斷，發而出表現為外在合宜之行為，故曰「仁內義內」。

孟子論「餽贈之禮」有所受有所不受，孟子說明並非依據金錢數量、國勢、好惡或國君本身，乃是依據時空條件及內在善性之感受與發用來作為取捨的判準，故在宋有遠行則受賻、在薛有危則受餽，在齊則無受金之合理性，故不受。故同是「餽贈之禮」，孟子更強調雖屬同類型的禮儀，但其背後發自內在仁義之判斷之合理性作為應對之依據。

孟子論「禮與食孰重？」、「男女授受不親」與「嫂溺則援之以手」則較複雜，這是禮的輕重緩急的判斷問題，「以禮食則死」、「不親迎則無妻」、「嫂溺則援之以手」，這些都是特殊情況，禮與食、色本身並無絕對衝突性，循禮而食、依禮而娶、男女有別乃人生之常道，若無特殊情況自當依此原則判斷遵行，但面對嫂溺之危急，自當以救人為先，授受不親的原則自當暫不顧及，故對孟子而言，「禮」的表現與取捨，不再強調外在禮儀的形式，也不再主張要回復周禮之舊，孟子更強調「禮」本於人性之善的感發，本於「義」的合理合宜的判斷，而孟子這一切主張乃源於其性善論，人性之尊嚴在性善，人性內在道德主體的彰顯與發用，是孟子學說的重中之重。

因此「尊德性」乃為孟子禮學思想的判準所在，以人性之道德性為主體、以彰顯道德性為判準依據、以彰顯人之道德性為目標，可謂孟子禮學思想的重要特點。

(三) 君子以仁存心、以禮存心

孔子以「仁」作為君子的內涵，故曰「君子去仁，惡乎成名？君子無終食之間違仁，造次必於是，顛沛必於是。」[299]又曰：「君子博

---

[299] 《論語・里仁》，《十三經注疏》（臺北：藝文印書館，1976年），頁36。

學於文,約之以禮。」[300]同時君子也是文化的繼承者,禮義的實踐者。孟子承襲此傳統,故言「君子以仁存心、以禮存心」。

> 君子所以異於人者,以其存心也。君子以仁存心,以禮存心。仁者愛人,有禮者敬人。愛人者人恆愛之,敬人者人恆敬之。有人於此,其待我以橫逆,則君子必自反也:我必不仁也,必無禮也,此物奚宜至哉?其自反而仁矣,自反而有禮矣,其橫逆由是也,君子必自反也:我必不忠。自反而忠矣,其橫逆由是也,君子曰:『此亦妄人也已矣。如此則與禽獸奚擇哉?於禽獸又何難焉?』是故君子有終身之憂,無一朝之患也。乃若所憂則有之:舜人也,我亦人也。舜為法於天下,可傳於後世,我由未免為鄉人也,是則可憂也。憂之如何?如舜而已矣。若夫君子所患則亡矣。非仁無為也,非禮無行也。如有一朝之患,則君子不患矣。[301]

孔子以「仁」之內涵賦予君子以新意,強調君子「博學於文、約之以禮」,乃由君子修身成德而論,成德的內涵包括對周文的學習、仁心的自覺、禮義的發用等,可謂正面的建構。孟子論君子「以仁存心、以禮存心」,可謂承孔子論君子新意之基礎而發,但孟子更強調的是君子面對橫逆、面對不仁、面對無禮的因應,先自省自反,有所修正而後以禮復之,若再三遭受無禮之對待,則問題不在自身而在對方,對方不知禮乃禽獸也,既是禽獸則不須與之計較矣,則是反面的因應,何以孔孟對君子的內涵有正面與反面不同的論述,恐是與孔孟二賢遭遇的時代背景不同有關吧!

---

300 《論語・雍也》,《十三經注疏》(臺北:藝文印書館,1976年),頁55。
301 《孟子・離婁下》,《十三經注疏》(臺北:藝文印書館,1976年),頁153。

孟子更強調君子「以仁存心、以禮存心」在現實生活的闡發，現實生活中「仁與禮」如何面對橫逆？先自省無愧，再以禮相待，若仍然無禮回應，則不必介懷，以對方不知禮也。

> 口之於味也，目之於色也，耳之於聲也，鼻之於臭也，四肢之於安佚也，性也，有命焉，君子不謂性也。仁之於父子也，義之於君臣也，禮之於賓主也，智之於賢者也，聖人之於天道也，命也，有性焉，君子不謂命也。[302]

此論口目耳鼻四肢感官之性，但感官之性的滿足有其命定之限制，故孟子不以此為人性之貴，仁義禮智之於父子、君臣、賓主、賢者；聖者，雖有其人生際遇之受限，但孟子以為此方為人性之可貴者，並不以此命定之限制而廢。站在禮學思想而言，孟子強調君子不以感官生之謂性為性，乃以仁義禮智為義命之性，「禮」為君子之所以為君子重要的實踐道德的表現，為人生價值的主體之一。故孟子又曰：「堯舜，性者也；湯武，反之也。動容周旋中禮者，盛德之至也；哭死而哀，非為生者也；經德不回，非以干祿也；言語必信，非以正行也。君子行法，以俟命而已矣。」[303] 堯舜本義命之性而發，湯武則反身自覺而發，或本性清明，或反身內省，其最後皆表現為動容周旋中禮之君子，皆表現君子盛德之實踐，在此可見孔孟論君子一脈之傳統。

（四）小結

孔子「克己復禮為仁」，「克己」乃內在之自省，「復禮」為外在之表現，合內外使視聽言動表現為合宜之行為曰「仁」，孔子之「仁」乃全德之名，「仁」的內涵包括了道德主體，事理之判斷，合

---

302 《孟子・盡心下》，《十三經注疏》（臺北：藝文印書館，1976年），頁253。
303 《孟子・盡心下》，《十三經注疏》（臺北：藝文印書館，1976年），頁261。

宜行為之表現，可謂集仁義禮智諸德於「仁」之內。

孟子說仁義禮智根於心，本於先天之性善，孟子將仁義禮智的道德根據立基於先天的人性層面，超越孔子重建周文的文化義層次，故孟子對當世之禮的批判，往往不是站在對周文禮制的僭越與否，畢竟對戰國時期的孟子來說，周文確實已不可為，再提周文之禮樂，面對追求富國強兵的戰國時期而言，恐不識時務。

孟子越過周文傳統，直指先天、內在的性善層面論「禮」，使禮成為人之性善內在道德主體之一，這點深化了孔子論「禮」的外在表現層面，禮不再只是外在的周文形式，「禮」是性善的道德主體內涵之一，於是「禮」具備了先天的道德必然性，成為人之所以為人的必要內涵之一。其次，孟子論「禮」本於人性之善端，表現在「心」則為辭讓之心，再以心之「義」審視時空條件，表現為外在合宜之「禮」，這是孟子論「禮」的外在表現義，此承襲孔子「約之以禮」的行為義傳統，但孟子的外在表現義的「禮」，它內在來自於合宜合理的「義」的判斷，「義」的判斷不僅止於周文或三代之禮的傳統，孟子更強調的的是合情合理合宜的理性判斷，就此點而言，孟子論外在表現之「禮」又較孔子「約之以禮」更增添一份理性、德性的內涵，而能更適應於時空人物之變化，卻又不失人心之「仁」。

孟子論「禮」是站在「尊德性」的道德高度論之，「禮」有兩層意義：一是人之性善的內涵，具內在道德主體性，二是人之性善之禮，透過義的判斷，表現為合宜之禮行，具外在道德實踐義。此為孟子論「禮」在個人身上的重要義涵。孟子由「尊德性」出發，必以人為貴、以民為貴、以士為貴，推崇人之性善的尊嚴與價值，論述其政治主張，必反對君尊臣卑、輕賢虐民之種種亂象，其背後主張是對人之善性尊嚴的推崇。

三　民為貴、君為輕──論為政之禮

（一）人君本質──禪讓、世襲、革命與以民為貴

> 萬章曰：「堯以天下與舜，有諸？」孟子曰：「否。天子不能以天下與人。」「然則舜有天下也，孰與之？」曰：「天與之。」「天與之者，諄諄然命之乎？」曰：「否。天不言，以行與事示之而已矣。」曰：「以行與事示之者如之何？」曰：「天子能薦人於天，不能使天與之天下；諸侯能薦人於天子，不能使天子與之諸侯；大夫能薦人於諸侯，不能使諸侯與之大夫。昔者堯薦舜於天而天受之，暴之於民而民受之，故曰：天不言，以行與事示之而已矣。」曰：「敢問薦之於天而天受之，暴之於民而民受之，如何？」曰：「使之主祭而百神享之，是天受之；使之主事而事治，百姓安之，是民受之也。天與之，人與之，故曰：天子不能以天下與人。舜相堯二十有八載，非人之所能為也，天也。堯崩，三年之喪畢，舜避堯之子於南河之南。天下諸侯朝覲者，不之堯之子而之舜；訟獄者，不之堯之子而之舜；謳歌者，不謳歌堯之子而謳歌舜，故曰天也。夫然後之中國，踐天子位焉。而居堯之宮，逼堯之子，是篡也，非天與也。《太誓》曰：『天視自我民視，天聽自我民聽』，此之謂也。」[304]

夏商周三代多以「天命」論統治權之合理性，《虞書‧皋陶謨》皋陶戒禹曰：「天命有德」[305]，首揭君主統治權乃天之所命且天命有德之君，人君受天命然後治民。〈湯誥〉湯伐桀曰：「天道福善禍淫，降災

---

304 《孟子‧萬章上》，《十三經注疏》（臺北：藝文印書館，1976年），頁168。
305 《尚書‧虞書‧皋陶謨》，《十三經注疏》（臺北：藝文印書館，1976年），第1冊，頁62。

于夏，以彰厥罪。肆台小子，將天命明威，不敢赦。」[306]〈泰誓〉武王伐紂曰：「商罪貫盈，天命誅之。」[307]湯、武革命皆藉「天命」以討桀、紂，因桀、紂虐於百姓乃失天命，強調革命乃順應天命之正當性。《商書‧盤庚上》曰：「先王有服，恪謹天命，茲猶不常寧」[308]，〈召誥〉曰：「我不可不監于有夏，亦不可不監于有殷。我不敢知曰有夏服天命，惟有歷年；我不敢知，曰不其延，惟不敬厥德，乃早墜厥命。」[309]商、周二代皆感先君雖有天命，其後嗣君失德，遂失天命而亡，故「天命」非一家一代獨有，此為「天命靡常」[310]觀念，《詩經‧清廟‧維天之命》「維天之命、於穆不已。於乎不顯、文王之德之純。」[311]如何使君王能永承天命而不墜？乃生「天命在德」之說，人君當恭敬其德，乃得永保天命而不失，此見周初人文精神的萌芽。

　　孟子論「天命」雖仍保有傳統天命以德觀念，強調人君之德的重要，故曰「使之主祭而百神享之，是天受之」，但顯然更重視在「使之主事而事治，百姓安之，是民受之」的民本思想，人民的支持擁戴是最重要的關鍵，民不支持堯之子而支持舜，故堯舜禪讓之禮之所以得到孟子的認同，乃因其能得到民之擁戴，使百姓安居之，故堯舜禪讓得到孟子之認同。這樣的觀點，也反映在孟子回答學生萬章論傳賢或傳子的問題上。

　　萬章問曰：「人有言：『至於禹而德衰，不傳於賢而傳於子。』

306　《尚書‧湯誥》，《十三經注疏》（臺北：藝文印書館，1976年），第1冊，頁112。
307　《尚書‧泰誓》，《十三經注疏》（臺北：藝文印書館，1976年），第1冊，頁153。
308　《尚書‧商書‧盤庚上》，《十三經注疏》（臺北：藝文印書館，1976年），第1冊，頁127。
309　《尚書‧召誥》，《十三經注疏》（臺北：藝文印書館，1976年），第1冊，頁222。
310　《詩經‧大雅‧文王》：「侯服于周、天命靡常。」《十三經注疏》（臺北：藝文印書館，1976年），第2冊，頁536。
311　《詩經‧周頌‧維天之命》，《十三經注疏》（臺北：藝文印書館，1976年），第2冊，頁708。

有諸?」

孟子曰:「否,不然也。天與賢,則與賢;天與子,則與子。昔者舜薦禹於天,十有七年,舜崩。三年之喪畢,禹避舜之子於陽城。天下之民從之,若堯崩之後,不從堯之子而從舜也。禹薦益於天,七年,禹崩。三年之喪畢,益避禹之子於箕山之陰。朝覲訟獄者不之益而之啟,曰:『吾君之子也。』謳歌者不謳歌益而謳歌啟,曰:『吾君之子也。』丹朱之不肖,舜之子亦不肖。舜之相堯,禹之相舜也,歷年多,施澤於民久。啟賢,能敬承繼禹之道。益之相禹也,歷年少,施澤於民未久。舜、禹、益相去久遠,其子之賢不肖,皆天也,非人之所能為也。莫之為而為者,天也;莫之致而至者,命也。匹夫而有天下者,德必若舜禹,而又有天子薦之者,故仲尼不有天下。繼世以有天下,天之所廢,必若桀紂者也,故益、伊尹、周公不有天下。伊尹相湯以王於天下。湯崩,太丁未立,外丙二年,仲壬四年。太甲顛覆湯之典刑,伊尹放之於桐。三年,太甲悔過,自怨自艾,於桐處仁遷義;三年,以聽伊尹之訓己也,復歸於亳。周公之不有天下,猶益之於夏,伊尹之於殷也。孔子曰:『唐虞禪,夏后、殷、周繼,其義一也。』」[312]

孟子論上古三代堯舜禪讓傳賢、禹卻世襲傳子的問題,孟子說明不在大禹之德較堯舜為差、也不在政權轉移形式,禪讓或傳子方式對與錯的判準,孟子強調的是人民的謳歌,即是民心的認同問題。民心認同舜,故堯禪讓舜,舜得天下而治固然是好;民心認同啟,禹傳其子啟,啟得天下而治亦佳,即禪讓與世襲的形式不是重點,重點在君王是否得天命民心之支持認同,民謳歌舜也謳歌啟,這是孟子所強調

---

[312]《孟子・萬章上》,《十三經注疏》(臺北:藝文印書館,1976年),頁169。

的。此外，孟子以為匹夫而有天下，必有天命、有人德、又有天子薦之，如舜。但繼世之君也不輕廢，必如桀、紂之暴君者，天乃廢之、民始棄之，如桀、紂。孟子以此解釋何以伊尹、周公、孔子三人均有德，卻因世襲之君不輕廢之故，不能為君。故孟子強調天子之得位、傳承乃以民之安居為政權轉移之依據，此與孟子「尊德性」的性善論思想，主張「以民為貴」是一致的。

> 齊宣王問曰：「湯放桀，武王伐紂，有諸？」孟子對曰：「於傳有之。」曰：「臣弒其君可乎？」曰：「賊仁者謂之賊，賊義者謂之殘，殘賊之人謂之一夫。聞誅一夫紂矣，未聞弒君也。」[313]

《左傳·哀公十四年》曰：「齊陳恆弒其君壬于舒州，孔丘三日齊，而請伐齊。」[314]孔子面對齊大夫陳恆弒簡公以獨攬國政之事不能認同，乃請魯哀公伐齊討其罪，孔子乃站在周文「親親尊賢」的立場，子曰：「君君、臣臣、父父、子子。」[315]孔子主張君臣當回歸周文尊卑有序的君臣關係，故周天子不討伐陳恆之罪，魯君就當挺身而出討伐其罪，這是孔子站在周文大一統高度上的主張，並未考慮齊魯雙方軍事實力的差距，而魯君只能推給三家大夫處理，此見當時不僅周天子無力討伐，就連諸侯都無力討伐，凸顯春秋晚期大權旁落於權臣的困境。

孟子面對「湯放桀，武王伐紂」的立場已不站在維護周文君臣秩序的立場，乃是站在「尊德性」的道德價值維護與破壞立論，所謂

---

[313] 《孟子·梁惠王下》，《十三經注疏》（臺北：藝文印書館，1976年），頁42。
[314] 「齊陳恆弒其君壬于舒州，孔丘三日齊而請伐齊，三，公曰：『魯為齊弱久矣，子之伐之，將若之何？』對曰：『陳恆弒其君，民之不與者半，以魯之眾，加齊之半，可克也。』公曰：『子告季孫。』孔子辭，退而告人曰：『吾以從大夫之後也，故不敢不言。』」《左傳》，《十三經注疏》（臺北：藝文印書館，1976年），頁1034。亦見《論語·憲問》，《十三經注疏》（臺北：藝文印書館，1976年），頁128。
[315] 《論語·顏淵》，《十三經注疏》（臺北：藝文印書館，1976年），頁108。

「賊仁者謂之賊，賊義者謂之殘」乃就國君無自覺仁義之心、行仁義之行，君以殘賊仁義、殘害百姓為是，則不再尊之為君，乃為「獨夫」。「湯、武伐桀、紂」與「陳成子弒簡公」不同，陳成子懷私意犯上，是為弒君，故當討之；湯、武伐桀、紂則本於不忍民之受苦之仁心，故非弒君，乃弔民伐罪之革命，此乃義舉。孟子此辨在回歸人君之本質而論，人君發不忍人之心而生不忍人之政，有不忍人之心以保民、養民、教民乃得為君，此乃人君之本職，由人之不忍心而發，建立於此道德心性基礎上乃得為君，非由不忍人之心而發，非以保民養民教民為志，乃以私意害民者謂之「獨夫」。

孟子論人君之位合理與否，端視二個條件：一是為君之動機是否來自於不忍人之心、來自於性善，以保民、養民、教民為念，二是是否得民心認同，得民心者得天下，故孟子論人君之位，不在得位之形式，而在人君內在之動機與外在民心之支持與否，此與孟子禮義主張內涵為一致，即人君得位之禮的合理性在於內在義的判斷，人君得位之義在其性善之發端與民心之向背決定。

> 民為貴，社稷次之，君為輕。是故得乎丘民而為天子，得乎天子為諸侯，得乎諸侯為大夫。諸侯危社稷，則變置。犧牲既成，粢盛既潔，祭祀以時，然而旱乾水溢，則變置社稷。[316]

孟子「尊德性」思想強調人之所以為人的價值在彰顯人之性善，以德性之自覺與彰顯為尊，並以啟發人之德性自覺為教，因此推己而及人，擴及到政治主張上，必強調以人為貴、以民為本，社稷乃所以佑民，諸侯若不遵社稷之祀，則變置諸侯；若社稷不足以佑民，則變置社稷；此處沒有論的是天子，天子以養民護民為本，若天子無盡其養

---

316 《孟子・盡心下》，《十三經注疏》（臺北：藝文印書館，1976年），頁251。

民護民之職分，則當變置天子。從孟子「尊德性」思想出發，這樣的結論是很合理的，身處戰國君權高漲時代的孟子，思想上能有變置天子的想法，實深具道德勇氣與時代意義。

　　人君得位之義在其性善之發端與民心之向背，人君性善之發端則有來賴於道德自覺，至於人君如何得民心之認同？則當以民為貴。孟子論其具體作為有「不違農時，穀不可勝食也；數罟不入洿池，魚鱉不可勝食也；斧斤以時入山林，材木不可勝用也。穀與魚鱉不可勝食，材木不可勝用，是使民養生喪死無憾也。養生喪死無憾，王道之始也。五畝之宅，樹之以桑，五十者可以衣帛矣；雞豚狗彘之畜，無失其時，七十者可以食肉矣；百畝之田，勿奪其時，數口之家可以無飢矣；謹庠序之教，申之以孝悌之義，頒白者不負戴於道路矣。七十者衣帛食肉，黎民不飢不寒，然而不王者，未之有也。」[317]孟子很具體的論述人君當先滿足人民基本之衣食無虞，不違農時、以時入山林、家禽家畜之養，使民衣食足是最基本的養民作為，衣食足而後知禮義，謹庠序之教、申孝悌之義，使民知孝親敬老之義，此為仁政，行此仁政則為仁君。

　　　　尊賢使能，俊傑在位，則天下之士皆悅而願立於其朝矣。市廛而不征，法而不廛，則天下之商皆悅而願藏於其市矣。關譏而不征，則天下之旅皆悅而願出於其路矣。耕者助而不稅，則天下之農皆悅而願耕於其野矣。廛無夫里之布，則天下之民皆悅而願為之氓矣。信能行此五者，則鄰國之民仰之若父母矣。率其子弟，攻其父母，自生民以來，未有能濟者也。如此，則無敵於天下。無敵於天下者，天吏也。然而不王者，未之有也。[318]

317　《孟子‧梁惠王上》，《十三經注疏》（臺北：藝文印書館，1976年），頁12。
318　《孟子‧公孫丑上》，《十三經注疏》（臺北：藝文印書館，1976年），頁64。

由孟子禮學思想角度而言，天子禮諸侯不如社稷祭祀之禮，社稷祭祀之禮又不如養民保民之禮，君主保民養民之禮的內涵就在仁政的推行，使仁君在上，賢臣在位，士農工商之民皆得安居樂業，則天子將無敵於天下。故孟子禮學思想在人君之位的傳承之禮上，孟子由「尊德性」角度言之，「民為貴」是人君存在口之於味也的本質意義，禪讓、父子相承、革命只是傳承權位的不同方式，並無哪種形式才是正統的問題，而是不論禪讓、父子傳承、革命都不能違背「民為貴」的大方向，以保民養民教民為念即為仁君，此為天命下的仁君之德，以此乃得民心之所向，若人君不保民養民教民即為獨夫，人人得而誅之，革命亦有其正當性，此孟子論人君傳承之禮的重要主張。

（二）論君禮臣賢士之禮

> 孟子告齊宣王曰：「君之視臣如手足，則臣視君如腹心；君之視臣如犬馬，則臣視君如國人；君之視臣如土芥，則臣視君如寇讎。」[319]

孔子曰：「君使臣以禮，臣事君以忠。」[320]已開先秦儒家君臣關係主張乃相互尊重的相對關係。孟子在此基礎上，論君臣關係更分三種層次：最上者：君視臣如手足，臣視君如腹心，君臣如一體；次者，君視臣如犬馬，臣視君如國人，君臣如國人；最下者，君視臣如土芥，臣視君如寇讎，君臣如仇讎。孟子論君臣關係並非主張回復周文封建有序之社會結構，重建天子、諸侯、卿、大夫、士之貴族與平民階層秩序井然之規範，乃直接就君臣二者內在發心處論，「君之視臣如手足，則臣視君如腹心」即君待臣以禮，臣事君以忠的善意對應，君以不忍人之心發不忍人之政而為君，臣發不忍人之心而執行不忍人之政

---

319 《孟子・離婁下》，《十三經注疏》（臺北：藝文印書館，1976年），頁142。
320 《論語・八佾》，《十三經注疏》（臺北：藝文印書館，1976年），頁30。

而為臣，君臣同發不忍人之心，發不忍人之政以期養民護民教民，君與臣在「尊德性」的道德價值上是平等的，只是一為君、一為臣的身分不同，本該彼此尊重、善待，彼此扶持，共同為養民護民教民而齊心努力，這是延續孔子「君使臣以禮，臣事君以忠」的儒家君臣相互尊重的一貫傳統主張。

君視臣如犬馬、如土芥，則臣視君如國人、如寇讎，此論君臣如寇讎，孟子顯然是有感而發。《史記》載：「當是之時，秦用商君，富國彊兵；楚、魏用吳起，戰勝弱敵；齊威王、宣王用孫子、田忌之徒，而諸侯東面朝齊。天下方務於合從連衡，以攻伐為賢，而孟軻乃述唐、虞、三代之德，是以所如者不合。」[321]戰國時期君臣非由不忍人之心而發不忍人之政，乃以富國強兵為志，以攻伐滅國奪地為賢，這樣的君臣觀念自然視人民如犬馬般役使、如土芥般不足惜，這樣的君臣關係不是建立「尊德性」思想下以民為本的政治理想，只是為滿足個人野心欲望的統治團體，故孟子嚴詞抨擊之，若君臣以犬馬、以土芥對待人民，人民自會以國人、以寇讎回應暴君惡臣，君民關係不再是朝向尊德性的天下一體的理想，而是成為上位對下民的壓迫役使，則人民自會挺身對抗，視之為盜賊寇讎。

君以辭讓之心待臣，則臣以辭讓之心回應君；君以非禮之心待臣，臣必以非禮之心應君。此非由血緣而定，亦非由身分而定的君臣關係，孟子對君臣之禮的看法與他所提「禮」本於四端之心的性善說一致，視君臣其彼此發心之善與不善以對應之。

1 貴戚之卿與異姓之卿

齊宣王問卿。孟子曰：「王何卿之問也？」王曰：「卿不同

---

[321] 〔漢〕司馬遷：《史記・孟子荀卿列傳》（臺北：藝文印書館，1962年，據武英殿影印本），頁939。

乎？」曰：「不同。有貴戚之卿，有異姓之卿。」王曰：「請問貴戚之卿。」曰：「君有大過則諫，反覆之而不聽，則易位。」王勃然變乎色。曰：「王勿異也。王問臣，臣不敢不以正對。」王色定，然後請問異姓之卿。曰：「君有過則諫，反覆之而不聽，則去。」[322]

孟子論貴戚之卿與異姓之卿之別，貴戚之卿以國為重，君有過則諫，反覆諫而不聽從改過則易位，聽來似乎大逆不道，實則就孟子「尊德性」思想而論，貴戚之卿與君為同宗，以國為重，以宗室之傳國為重，若君主危害國家、危害宗室，自然要易位，以維護宗室之傳承。異姓之卿與君主無宗室關係，當以義理為重，君有過當以義理勸諫，反覆之不聽則當離去，不可枉屈義理而媚君。孟子顯然是以異姓之卿自許，貴戚之卿以國以宗室為重，恐亦不是孟子對人臣的最高認同，孟子認為臣子當以義理為重，更甚於貴戚之卿以國以宗室為重，至於孟子所謂人臣之「義理」為何？

景春曰：「公孫衍、張儀豈不誠大丈夫哉？一怒而諸侯懼，安居而天下熄。」孟子曰：「是焉得為大丈夫乎？子未學禮乎？丈夫之冠也，父命之；女子之嫁也，母命之，往送之門，戒之曰：『往之女家，必敬必戒，無違夫子！』以順為正者，妾婦之道也。居天下之廣居，立天下之正位，行天下之大道。得志與民由之，不得志獨行其道。富貴不能淫，貧賤不能移，威武不能屈。此之謂大丈夫。」[323]

公孫衍、張儀皆戰國權傾一時之權臣，但孟子卻以為他們只是「妾婦

---

[322] 《孟子・萬章下》，《十三經注疏》（臺北：藝文印書館，1976年），頁188-189。
[323] 《孟子・滕文公下》，《十三經注疏》（臺北：藝文印書館，1976年），頁108。

之道」，只是「以順為正」，只知一味討好人君以求富貴，根本沒資格稱作「大丈夫」，「大丈夫」的生命主體不在討好時君，而在居於「仁」、立於「禮」、行於「義」，仁、義、禮皆為道德價值義，道德價值的主體在「仁」，事理的道德判斷是「義」，表現出合宜恰當的行為是「禮」，仁、義、禮實為道德價值不同層次的表現，故生命主體立基於仁、義、禮乃為大丈夫道德生命之主體價值。其次，面對外在富貴、貧賤、威武的考驗，得志則立己而立人、造福於天下之民，不得志則立己以德、獨行其道，面對外在之考驗，毫不動搖其生命的道德主體性，孟子以此為「大丈夫」，以此為人臣當堅持之義理之所在。

2　大有為之君，必有所不召之臣

萬章曰：「敢問不見諸侯，何義也？」孟子曰：「在國曰市井之臣，在野曰草莽之臣，皆謂庶人。庶人不傳質為臣，不敢見於諸侯，禮也。」萬章曰：「庶人，召之役，則往役；君欲見之，召之，則不往見之，何也？」曰：「往役，義也；往見，不義也。且君之欲見之也，何為也哉？」曰：「為其多聞也，為其賢也。」曰：「為其多聞也，則天子不召師，而況諸侯乎？為其賢也，則吾未聞欲見賢而召之也。繆公亟見於子思，曰：『古千乘之國以友士，何如？』子思不悅，曰：『古之人有言：曰事之云乎，豈曰友之云乎？』子思之不悅也，豈不曰：『以位，則子，君也；我，臣也。何敢與君友也？以德，則子事我者也。奚可以與我友？』千乘之君求與之友，而不可得也，而況可召與？齊景公田，招虞人以旌，不至，將殺之。志士不忘在溝壑，勇士不忘喪其元。孔子奚取焉？取非其招不往也。」曰：「敢問招虞人何以？」曰：「以皮冠。庶人以旃，士以旂，大夫以旌。以大夫之招招虞人，虞人死不敢往。以士之

招招庶人，庶人豈敢往哉。況乎以不賢人之招招賢人乎？欲見賢人而不以其道，猶欲其入而閉之門也。夫義，路也；禮，門也。惟君子能由是路，出入是門也。《詩》云：『周道如砥，其直如矢；君子所履，小人所視。』」萬章曰：「孔子，君命召，不俟駕而行。然則孔子非與？」曰：「孔子當仕有官職，而以其官召之也。」[324]

孟子此論君召臣當以禮義，面對學生萬章問？君召見孟子，孟子卻不往見的質疑，孟子理由主要有二：一、若為在朝之臣民，君召臣民、臣民自然當求見，此乃應盡之義務，故曰義也。雖然，但君亦當合其招乃見，孟子舉齊景公召虞人之例，說明「虞人以皮冠。庶人以旃，士以旂，大夫以旌。」，若以「大夫之招招虞人，虞人死不敢往」，即君面對臣民亦當予以尊重，此乃在朝君臣之禮。二、孟子乃在野之臣，君召本不必然求見，孟子本無求見之義務，此外，並非孟子有所求於君，反而是國君為其多聞、為其賢，想向孟子請教學問、請教人生道理，因此孟子論國君問學、問賢不可召師、召賢，此非君禮賢之禮，並舉魯繆公與子思為例，繆公想與子思為友，子思不悅，因為從名位言，二人是君臣；由道德學問言，二人當是師生，皆不可能是朋友平輩相稱。

孟子論君面對在朝之臣或在野之臣皆當有所尊重，在朝之臣當以其招而召之，尊重他們的職分，面對在野之臣更當尊重禮遇，尤其是問師見賢更不可用召，當親自求見，此處孟子自然是要凸顯人師、賢才的人格尊嚴。

景子曰：「內則父子，外則君臣，人之大倫也。父子主恩，君

---

324 《孟子‧萬章下》，《十三經注疏》（臺北：藝文印書館，1976年），頁186-187。

臣主敬。丑見王之敬子也,未見所以敬王也。」曰:「惡!是何言也!齊人無以仁義與王言者,豈以仁義為不美也?其心曰『是何足與言仁義也』云爾,則不敬莫大乎是。我非堯舜之道,不敢以陳於王前,故齊人莫如我敬王也。」景子曰:「否,非此之謂也。禮曰:『父召,無諾;君命召,不俟駕。』固將朝也,聞王命而遂不果,宜與夫禮若不相似然。」曰:「豈謂是與?曾子曰:『晉楚之富,不可及也。彼以其富,我以吾仁;彼以其爵,我以吾義,吾何慊乎哉?』夫豈不義而曾子言之?是或一道也。天下有達尊三:爵一,齒一,德一。朝廷莫如爵,鄉黨莫如齒,輔世長民莫如德。惡得有其一,以慢其二哉?故將大有為之君,必有所不召之臣。欲有謀焉,則就之。其尊德樂道,不如是不足與有為也。故湯之於伊尹,學焉而後臣之,故不勞而王;桓公之於管仲,學焉而後臣之,故不勞而霸。今天下地醜德齊,莫能相尚。無他,好臣其所教,而不好臣其所受教。湯之於伊尹,桓公之於管仲,則不敢召。管仲且猶不可召,而況不為管仲者乎?」[325]

景子所言:「內則父子,外則君臣,人之大倫也。父子主恩,君臣主敬。」禮曰:「父召,無諾;君命召,不俟駕。」乃傳統君父為尊思想。孟子由「尊德性」思想出發,乃言「天下有達尊三:爵一,齒一,德一。」君者、老者、德者皆為可尊,怎可只有尊君?君亦當「尊老」、「尊賢」,進而言「大有為之君,必有所不召之臣」、「尊德樂道,不如是不足與有為也」,孟子企圖在君權高漲的戰國時代,高舉「尊老」、「尊賢」的價值觀,重建君王敬老、禮賢之禮,故君王雖尊,亦有不召之臣,乃尊其老也、尊其德也,孟子在此重申「尊德

---

[325] 《孟子·公孫丑下》,《十三經注疏》(臺北:藝文印書館,1976年),頁73-74。

性」的重要，此乃孟子面對萬乘之君毫無懼色之故，君以其位，我以其德，吾何慊焉！

「大有為之君，必有所不召之臣」，可謂孔子「君君，臣臣，父父，子子」[326]之後儒家君臣觀念進一步發展，孔子之言強調君臣父子各盡其職分，則社會自然能穩定地運作，可謂周文禮樂封建觀念的延續，乃與孔子回復周文的理想相互呼應。孟子則已脫離回復周文的牽絆，他超越周文各盡其職分的理想，直以「尊德性」之性善思想出發，名位上依然尊君，但在道德價值上更強調以道德自覺善性、行善行之君子同樣尊貴，而尚未自覺善性之君尚須有求於有德之君子，以啟發其道德自覺，在此人君更當尊師、尊賢，此為孟子面對萬乘之君無所畏懼之底氣所在，故「不召之臣」非桀驁不馴，不把國君放眼裡，乃孟子凸顯人君尊德性的表現，故言「大有為之君，必有所不召之臣」，人君能尊德、尊老，乃有自覺其道德善性之可能，此對孟子而言才是「大有為之君」。

3　論君周濟賢士之禮

「士」本周代官制中的基層官吏，孔子曰：「士志於道，而恥惡衣惡食者，未足與議也。」[327]孔子賦予「士」以懷抱理想之新意，曾子曰：「士不可以不弘毅，任重而道遠。仁以為己任，不亦重乎？死而後已，不亦遠乎？」[328]至於曾子更樹立「士」成為承擔儒家仁義理想的典範。孟子亦承此傳統而自許。

> 萬章曰：「士之不託諸侯，何也？」孟子曰：「不敢也。諸侯失國，而後託於諸侯，禮也；士之託於諸侯，非禮也。」萬章

---

326 《論語‧顏淵》，《十三經注疏》（臺北：藝文印書館，1976年），頁108。
327 《論語‧里仁》，《十三經注疏》（臺北：藝文印書館，1976年），頁37。
328 《論語‧泰伯》，《十三經注疏》（臺北：藝文印書館，1976年），頁71。

曰：「君餽之粟，則受之乎？」曰：「受之。」「受之何義也？」曰：「君之於氓也，固周之。」曰：「周之則受，賜之則不受，何也？」曰：「不敢也。」曰：「敢問其不敢何也？」曰：「抱關擊柝者，皆有常職以食於上。無常職而賜於上者，以為不恭也。」曰：「君餽之，則受之，不識可常繼乎？」曰：「繆公之於子思也，亟問，亟餽鼎肉。子思不悅。於卒也，摽使者出諸大門之外，北面稽首再拜而不受。曰：『今而後知君之犬馬畜伋。』蓋自是臺無餽也。悅賢不能舉，又不能養也，可謂悅賢乎？」曰：「敢問國君欲養君子，如何斯可謂養矣？」曰：「以君命將之，再拜稽首而受。其後廩人繼粟，庖人繼肉，不以君命將之。子思以為鼎肉，使己僕僕爾亟拜也，非養君子之道也。堯之於舜也，使其子九男事之，二女女焉，百官牛羊倉廩備，以養舜於畎畝之中，後舉而加諸上位。故曰：王公之尊賢者也。」（〈盡心上〉）[329]

孟子論士受君周濟之禮，士乃未仕於君者，故賜之則不受，以其未受職也，但君周濟其窮乏則受，以君當周濟貧士也，面對君之周濟，士當拜而受之，但君不可以君命時時周濟之，使士汲汲於拜受之禮，此乃子思不悅繆公之處，以其非尊賢之禮。此孟子論君臣之禮外，另論君當尊士之禮，何以士得君之尊禮如此，以其有德也，故當悅之尊之以禮待之，此亦孟子「尊德性」思想下，人君當禮尊賢士之禮。

王子墊問曰：「士何事？」孟子曰：「尚志。」曰：「何謂尚志？」曰：「仁義而已矣。殺一無罪，非仁也；非其有而取之，非義也。居惡在？仁是也；路惡在？義是也。居仁由義，

---

[329]《孟子‧萬章下》，《十三經注疏》（臺北：藝文印書館，1976年），頁185。

大人之事備矣。」(〈盡心上〉)[330]

孟子以「仁義」、「尚志」作為士的內涵,正承襲孔子「士志於道」、曾子論士「以仁為己任」的儒家重道德人格的傳統,但孟子進一步強調大有為之君當具尊士尊賢之禮,在戰國君權高漲時代氛圍裡,「禮賢下士」之風,實是基於國家利益而言,孟子主張尊賢、尊士卻是推崇仁義的道德價值,正是凸顯其「尊德性」的主張,提高士的地位、壓低國君的地位,強調對君主的道德自覺啟發、提醒國君之職分在養民保民教民,因此孟子認為他對國家對君主的貢獻才重大,君王應當禮敬賢士的原因。但面對彼此兼併攻戰的戰國君王而言,人性尊嚴恐怕不是他們最關心的課題,難怪孟子始終無法獲得君王重用,但也可看到孟子是由人性尊嚴、仁義價值的提倡,面對戰國君王而無所畏懼的原因,這樣的勇氣與堅持是令人欽佩的。

(三) 小結

孟子禮學思想建立在禮者性之四端、仁義內在、禮義之辨的修身基礎上,發而為外,則表現在君、臣、士、民四個面向的對應。孟子論君位之傳承,他也從制度面去探討禪讓、世襲、革命的不同方式,但歸根究柢並非討論何種方式弊病最少,而是直論君位本質問題,君王本質對內而言是不忍人之心的發端,君位的本質對外而言是養民保民與教民,故孟子言「民為貴、社稷次之、君為輕」,正是強調君位的本質在不忍之心以推己及人、在養民保民教民,在此言「民為貴」,此非民主思想,而是民本主張,以民為君之本。

君位傳承的合理與否?重點在天下民心之認同,而不在禪讓、世襲或革命的形式上,民心認同則禪讓、世襲、革命皆為合理,民心不

---

[330] 《孟子・盡心上》,《十三經注疏》(臺北:藝文印書館,1976年),頁240。

認同則為篡逆為亂臣,故孟子的君位主張,內在動機由不忍人之心以行不忍人之政,以保民養民教民使民安居樂業為志,外在則得民心之認同是為仁君,故「民為貴、社稷次之、君為輕」乃孟子對君位的總結,孟子論君位可謂承襲孔子「為政以德」的進一步論述,也是承襲詩經「文王之德之純」的傳統。

　　孟子論君臣之禮,貴戚之卿以宗室為念,人君不聽則易位,異姓之卿則以仁義為念,人君不聽則當辭而去,孟子強調自是異姓之卿有所為有所不為,君臣不強調其尊卑貴賤,君臣強調當盡其不同之職分,君臣皆當以保民養民教民為職分,君以此禮臣,臣當善盡其職分,以不負君之所託,可謂孔子「君使臣以禮,臣事君以忠」的具體發揮。此外孟子提出「大有為之君,必有所不召之臣」甚富時代意義,在此凸顯人君當敬學敬師,故有所不召,人君當親自求教,乃君敬臣至高之禮,乃孟子試圖在治權外,另樹立起學術、道德的權威價值,影響後世深遠。

　　孟子論君禮賢士之禮,則是人君對在野賢士的尊禮,此賢士雖在野卻非一般平民,此賢士乃因其「尚志」、志於仁義之道,故人君禮賢士乃禮敬其道德人格,如魯繆公之禮子思,尊其志,不強其為臣屬,此乃對賢士道德人格的尊重。

四　結論

　　孔子由周文之禮的省思中點出「仁」,進而曰「克己復禮曰仁」,乃指個人在視聽言動上要合於禮,回復周文「君君、臣臣、父父、子子」之禮。孟子則由人之四端、惻隱、辭讓、羞惡、是非之心,點出仁義禮智之性,乃直由人之善性處論仁義禮智之源,由仁義禮智之性論人禽之辨,彰顯尊德性的道德價值,故孟子禮學思想,在個人方面強調「禮」背後的道德意義的判斷何在,禮義之辨,禮的常道與權變

是其論述重點，立身之禮的判斷乃以尊德性為主，不再以回復周文之禮為目標。推己以及人，孟子必強調人之尊德性的重要，「民為貴」是很自然的推崇與肯定，擴及在「君臣之禮」上，面對君權的產生與傳承，孟子強調天與之、民之謳歌的重要性，君之職分在養民保民教民以安民，如此方能得到人民之愛戴，如此方為仁君，故仁君之貴在於他能得民，不在他本身權位、富貴而貴。故孟子面對禪讓與世襲之禮的爭論，孟子並無針對禪讓與世襲在制度面上的利弊得失作分析，而是對禪讓與世襲背後民心的支持與否做判斷，而皆肯定堯舜禪讓與禹啟父子相繼，並說明繼世之君與革命的不同，表現其尊德性主張落實在君權問題上的看法。

　　孟子面對君臣之禮的問題上，孟子延續孔子「君待臣以禮、臣事君以忠」的觀念，君臣關係乃相對的尊重與對待。孟子更析分為：君視臣如手足、犬馬、草芥三等對待，則臣視君為心腹、國人、寇讎三等回應，何以孟子敢如此視國君為寇讎？在後世帝制時期，這樣的言論簡直大逆不道，但對孟子而言，人之價值在「尊德性」，在彰顯性善，君之價值在以民為貴，在養民護民教民，若君王違背此職分而殘仁殘義，自然視之為寇讎，又何尊何敬之有？故孟子論述君臣之禮，非常重視大臣本身的德性義，大臣有德有賢，君王自當尊之敬之，強調君王禮賢尊德之禮。也在這樣的背景下，主張大有為之君必有不召之臣，以凸顯大臣在德性面上的獨立性，也彰顯國君當禮賢、尊學、尊師之禮，對後世義影響深遠。

　　孟子禮學思想在先秦儒家禮學思想發展的脈絡中有其地位：

　　一、「尊德性」可以說是孟子禮學思想的核心價值，可謂孔子「克己復禮為仁」，以樹立君子之德的人格價值與尊嚴的進一步發展。孟子由人性之善端生發仁義禮智之道德價值，「禮」的價值本體便內在化、人性化，而由周文的文化義轉進人性的內涵，「禮」來自人性之善端，而非外在規範或文化傳統。學者李正治以為：「由心性之學重

建禮樂秩序,這可以說是孟子學說的一個理想,不過其所設想的禮樂秩序,並非『天下有道,禮樂征伐自天子出』的封建秩序。……對孟子而言,周天子的領導地位的存在與否,並非禮樂秩序的重要問題,天下的問題在於新王的出現,而新王決非武力上以力服人的新王,而是擴充其四端之心以德服人的新王,故禮樂仍是新王治國的社會規範,不可棄之。」[331]孟子的理想不再是回復周文之禮,他超越周文之禮,將「禮」內化於人性之善端,樹立先秦禮學本體價值的先天內在依據,提高禮學思想的必然性,他承襲孔子「君子之德」的人文價值,深化為「人性之德」,在此基礎上重建新時代的人性尊嚴。

二、「禮」的表現有其「義」的合理判斷,當因時地人物的不同,因時制宜,故「禮」有常理有變通,「男女授受不親」是常道,「嫂溺援之以手」是變通,常道要掌握,但也要順應時空人物懂得變通,這是孟子對「禮」的內涵與應用做更深入的探討。學者韋政通以為「孔子由周文悟得的仁,不僅是要成就生活的合理,且是要為個體上的生命與客觀的法度之間,提供一貫通諧和的基礎,這是孔子自覺地建立人文思想的初衷。要完成孔子的初衷,向內轉的一面固甚重要,但不能止於此,若止於此,就不免內偏一面;孟子之發掘,就正代表這一偏向。這一偏向只承襲了孔子建立人文思想的一半。」[332]個人以為孟子禮學思想固然是向內傳向人之心性找依據,但並非只承襲孔子人文思想的一半而已,孟子實則更強調外在行為要符合理性、德性的合理判斷與合宜表現。

三、「尊德性」落實在政治上,君臣之禮也在尊德性的價值觀下檢視,孟子論臣有如王者師的地位,乃啟發君王之德性為職分,而非

---

[331] 李正治:〈孟子「禮根於心」型的禮樂思索〉,《鵝湖月刊》第22卷第8期(總第260號)(1997年),頁15。
[332] 韋政通:《荀子與古代哲學》(臺灣:商務印書館,1997年4月),頁3-4。

有求於君王的附庸,故孟子面對君王之威勢常無所懼,總是強調大臣的獨立性價值。

四、孟子禮學思想可謂先秦儒家人文精神的高峰,強調道德的必然性,重建禮的行為背後合理合宜的理性判斷,強調人性尊嚴、道德人格價值的尊貴性。

學者陸建華以為「孟子一方面以仁界定人心本質曰:『仁,人心也』,另一方面分一心為惻隱之心、羞惡之心、恭敬之心(辭讓之心)、是非之心等四心,把思維器官心靈道德化,然後認定仁義禮智分別發端於『四心』,推導出『仁義禮智根於心』的邏輯結論,以及人之於德的根源性。這樣,孟子不僅定禮為德,完成了禮的德性轉換,而且置禮於心,完成了禮的生存合理性的哲學追問,雖然這種追問建立於心、性即德的假定的基礎之上,且追問方式是內向性的。由於禮源自心,性就是德,尋禮之路便為回到自我的求『放心』,守禮之方即是存心養性而已。令人感歎的是,孟子納禮於德、歸德於心性的思維路向竟然昭示了儒學大致的發展方向,且尤為宋明諸儒所重。這也是孟子被尊為『亞聖』的根源。」[333]孟子「納禮於德、歸德於心性」乃其對儒門之貢獻,也是其被尊為「亞聖」的緣故,但孟子尋禮之路並非徒然只是「回到自我的求放心」的內向性思維模式。

孟子思想主旨不在內在思路或外向思路,孟子強調的是「尊德性」的道德人格表現,「禮」乃道德人格的綜合表現,禮學的目的在彰顯德性人格的價值,「求放心」是彰顯道德主體在性善、四端之心的自覺,當先以「求放心」的道德自覺為主體價值,再考慮外在人事物的變化做出「義」的合理性判斷,最後表現出合宜之「禮」,此為孟子所推崇之道德君子,且不問階級身分血緣關係,人人皆可為之,表現

---

333 陸建華:〈先秦儒家禮學的演變〉,《中國海洋大學學報》(社會科學版)2003年第2期,頁12。

人性中的德性尊嚴，違背此原則，雖千萬人皆曰不可，吾往矣的道德勇氣便彰顯出來，此乃孟子心目中之大丈夫，故論孟子之禮學主張，論其學說偏「尊德性」一面，可；若論其學偏「內向性」則不可。

第三章
先秦禮學在社會規範義的重建與發展

第一節　緒論

　　先秦禮學在社會規範義的重建與發展這一脈絡，筆者取郭店楚簡〈性自命出〉、《管子》論「禮不踰節」、荀子「禮義之統」為主要論述著作，這一派禮學思想多偏外在社會規範的建立，此派禮學主要針對人情之喜怒哀樂有所節制與規範，〈性自命出〉主張聖人制作《詩》《書》《禮》《樂》之經典，透過教育學習使人喜怒之情有所節度、規範，表現先秦社會教育的雛形。《管子》提倡「國之四維」，透過「教訓成俗」，達至「禮不踰節」的禮教理想。荀子「禮義之統」由「善生養人者」、「善班治人者」、「善顯設人者」、「善藩飾人者」四個層面呈現，呈現經濟、教育、官制、禮制等豐富內容。

一　郭店楚簡〈性自命出〉論「禮作於情」

　　〈性自命出〉論人之喜怒哀樂之情本於天之所命，人感物而生喜怒之情，但天地萬物有其規律曰道，人與人之相處有其規範曰義，故聖人制雅頌之樂、禮樂之教，使人感而發其美情，仁乃情之美者，其義乃情之節者，皆本於內在性情而生，表現先秦素樸「天人合於氣」的宇宙觀。〈性自命出〉之性情論近於告子「生之謂性」傳統，筆者認為它實屬先秦早期性情說雛形，告子、孟子、荀子之人性論恐乃其

所衍生之說。

〈性自命出〉論「禮作於情」，言人天生具有血氣心知感官之性，卻不知哀樂喜怒之常道規範，隨外物所感乃發為喜怒哀樂之情，過或不及乃有善惡之別，故當使心之感物，發而為善，乃待「學」與「教」，故「禮」乃依據人情而作，《詩》、《書》、《禮》、《樂》本於人之性情而成，聖人制作目的在條理節制人情，使人喜怒之情有所節度、規範。故君子執志必有莊肅之心、出言必有簡約之誠，待賓客必有莊重之儀態、祭祀必有肅穆之誠敬，居喪必有戀慕不捨之哀，君子以心之誠，發而為情之實，乃為身之主，表現春秋晚期周文禮崩樂壞後，新時代禮學思想漸落實於人之性情以生成新的社會規範正在發展中，此乃〈性自命出〉論「禮作於情」的時代意義。

二　《管子》論「禮不踰節」的禮教理想

《管子》乃為政之書，為政本質在「民心」，「民心」指一般人民好惡之情，故其性情論主張乃針對民心好惡上著眼，乃站在為政者功利角度看待，非個人道德修養工夫。《管子》「民心」觀點與荀子性惡觀接近，皆由人性感官食色之性出發，了解民心之所好惡，使人民能「衣食足而後知榮辱」，再透過「國之四維」以引導人民使知君臣夫婦上下之別。

《管子》禮學主張乃站在為政者的立場，使國家社會長治久安才是主要目標，「衣食足而後知榮辱」即滿足民眾基本生活為第一要件，為政以務實為導向，難得的是《管子》也關注到真正讓國家長治久安的關鍵是立國精神，是社會合理的制度與人倫規範，故主張「國之四維」以維繫國家長治久安，其中「禮不踰節」是透過「教訓成俗」的社會教育方式，建立上下不亂、貴賤無爭、長幼不倍、貧富不失，則國不亂，使「為人君者，中正而無私。為人臣者，忠信而不

黨。為人父者,慈惠以教。為人子者,孝悌以肅。為人兄者,寬裕以誨。為人弟者,比順以敬。為人夫者,敦懞以固。為人妻者,勸勉以貞」[1],使君、臣、父、子、兄、弟、夫、妻各盡其分,民能知禮、恭敬、尊讓、少長貴賤不相踰越,則社會便亂不生而患不作,建立有別周文封建制度卻也穩定的社會人倫新秩序,此乃《管子》「禮不踰節」的禮教理想。

三 荀子「禮義之統」的四大面向

　　荀子「禮義之統」的設計者是大儒、是君子,大儒與君子的養成是後天的學習積累,學習先王之道,法後王之行、審禮義,應事而知所變通者,其苦心設計符合人類群體社會的規範,使國家能合理運作的社會規範。此規範包含資源的合理分配、社會各階層的職權劃分、人才德性與能力的培養、國家政務的合理執行,大儒規劃「禮義之統」其背後用心更像是孔子「因材施教」理想的擴大與實踐,此乃荀子「禮義之統」之理想與法家「法術勢」之道絕不相同之處。

　　荀子「禮義之統」乃由人類群體社會的合理規範面切入,分為四個層面:善生養人者,善班治人者,善顯設人者,善藩飾人者,呈現其豐富面向。「善生養人者」乃經濟民生層面的合理分配,荀子務實面對人之欲望,荀子一方面主張合理滿足欲望的基本需求,另一方面主張透過後天學習經典、從師以知禮,合理滿足與節制欲望,荀子「善生養人者」除經濟問題合理滿足也涵蓋教育問題,主張透過後天「學以化性」,使民知禮義而遵循之。「善班治人者」乃群體社會的有效管理層面,荀子不再依循周文「親親、尊賢」血緣功臣關係以封建,而是將群體社會依不同職分規劃,區別天子、諸侯、官吏、父

---

[1] 〔清〕黎翔鳳撰,梁運華整理:《管子校注》(北京:中華書局,2006年),頁198。

子、夫婦、子女等不同身分、不同職分的社會制度規劃，使各職分的官吏能各盡其職，社會自能合理運作。「善顯設人者」乃合理選拔人才以擔任不同的職位，為群體社會貢獻能力，大儒透過教育來培養人才、檢核人才，依據人品之德與才能之高低，使不同之人才執掌不同之職位，共同維繫整個社會制度的合理運作。「善藩飾人者」乃禮制的興作與法律的防弊同時進行，「藩飾」不在於追逐奢靡無度、繁文縟節，而是對不同職位角色的尊重與榮譽，依職分大小難易區分人才之尊貴貴賤，設計不同之禮制以彰顯與區別其差異，一方面透過禮制之尊榮，導民以向善，一方面以法令使姦民不敢為非。

第二節　《郭店楚簡‧性自命出》論「禮作於情」

一　前言

　　一九九三年十月湖北省荊門市「郭店一號」楚墓出土八百餘枚竹簡，稱為「郭店楚簡」。「郭店楚簡」的內容經整理分為十六種文獻，屬於道家典籍有：《老子》甲、乙、丙，〈太一生水〉。屬於儒家典籍有〈緇衣〉、〈魯穆公問子思〉、〈窮達以時〉、〈五行〉、〈唐虞之道〉、〈忠信之道〉、〈君子於教〉、〈尊德義〉、〈性自命出〉、〈六德〉、〈語叢〉四種。其中《老子》與〈緇衣〉二篇為傳世本，〈五行〉篇曾見於湖南長沙馬王堆出土的帛書之中，其餘十餘篇均為失傳二千餘年的佚書。根據墓葬形制及隨葬器物推斷，「郭店一號」楚墓的下葬時間為戰國中期（西元前300年），隨葬器物中有一件漆耳杯，杯底刻有「東宮之杯（一說東宮之師）」四字，此墓之主或為楚國之「士」，隨葬品有鳩杖，或年老而終。[2]此十六篇典籍或為墓主藏書，著成年代

2　陳師錫勇先生：《老子論集‧敘論》（臺北：國家出版社，2015年1）月），頁32。

應更早於戰國中期（西元前300年）[3]，郭店楚簡的著作年代與孟子重疊，可補充孔子（西元前551-479年）至孟子（西元前372-289年）這段時期史料的闕佚。

「郭店楚簡」屬於儒家典籍者，各篇主旨如下：〈緇衣〉篇又稱「簡本」〈緇衣〉，「簡本」〈緇衣〉與「今本」《禮記‧緇衣》比較，二本可相互印證，為先秦儒家德治主張的重要文獻。〈魯穆公問子思〉乃論忠臣之義；〈窮達以時〉表現早期儒學對窮達的思考；〈五行〉篇言仁義禮智聖行於內者之德之行五為一，乃為君子，為善，為德；〈唐虞之道〉論堯舜禪讓之德；〈忠信之道〉言忠、信與仁、義的關係；〈君子於教〉論君子之教以反求諸己為本，以及教民與治民之道；〈尊德義〉論為君之道在於尊德義明人倫；〈性自命出〉論道、情、性、命的關係，並論及禮樂對人心的作用；〈六德〉以夫婦、父子、君臣為六位，聖智仁義忠信為六德，使六位各行其職，修其六德，言先王之教民，始於孝悌；〈語叢〉則論及天生百物人為貴，父子兄弟，禮生於情，慎言善處等主題。

關於〈性自命出〉的思想學派歸屬，學界的看法多元，較早提出〈性自命出〉屬思孟學派作品的學者主要有李學勤、龐樸、姜廣輝等人，梁濤有《郭店竹簡與思孟學派》專著討論郭店竹簡與思孟學派的關係。另一派主張〈性自命出〉近於告、荀一系學者主要有陳鼓應、陳麗桂、張茂澤、朱湘鈺等人；另有學者主張出自子游、公孫尼子、世碩、曾子等多種說法，此派說法可參朱心怡《天之道與人之道郭店楚簡儒道思想研究》，以上諸家看法可參看學者劉滄龍〈〈性自命出〉的情性論與禮樂觀〉一文[4]。筆者以為〈性自命出〉之性情論近於告子「生之謂性」傳統，實屬先秦早期性情說雛形，告子、孟子、荀子

---

3 劉永信，龍永芳編著：《郭店楚簡綜覽》（臺北：萬卷樓出版公司，2005年），頁1。
4 劉滄龍：〈〈性自命出〉的情性論與禮樂觀〉，《鵝湖月刊》第429期（2011年），頁32-43。

之人性論恐乃其所衍生之說,理由詳述如下。

二 天、命、性、情、道、義

> 凡人雖有性,心亡定志,待物而後作,待悅而後行,待習而後定。喜怒哀悲之氣,性也。及其見於外,則物取之也。性自命出,命自天降。道始於情,情生於性。始者近情,終者近義。知情者能出之,知義者能入之。好惡,性也。所好所惡,物也。善不善性也,所善所不善,勢也。[5]

「性自命出,命自天降」論人之情性來自於先天之命,而先天之命來自天之所賦,自天人關係論人之性命。學者吳信英以為:「郭店楚簡在構建禮的『內向化』的同時,也開始了禮的形上學化。……天由外在於人而進入了人,賦予了人以命;命是內在於人的、固有的存在而為性;性內在人心,外顯為情。這樣個人就可以通過自身(的心)所顯示的情、性、命而上達天,與天溝通合一,而禮是現實世界中實現個人價值和道德世界的方式。基於此,郭店楚簡體現了對於人道中人性、情性的關切,即關注點從人的外在生命存在形式的禮、名分等,轉向側重個體內在生命情感、情性的存在(個體性身心的存在為主及在此基礎上的社會性存在),這可以視作禮『內向化』的第二次轉向。」[6]吳氏論「性自命出,命自天降。道始於情,情生於性。」此段與子思學派做連結,表現「禮與(人)道是統一的,禮是(人)道的具體反映」將《郭店楚簡・性自命出》與子思〈中庸〉思想做連結。

---

[5] 涂宗流、劉祖信:《郭店楚簡先秦儒家佚書校釋》(臺北:萬卷樓圖書公司,民90年〔2001〕2月),頁144。

[6] 吳信英:〈先秦儒家禮學「內向化」的三次轉向〉,《中國哲學史》2017年第3期,頁46-47。

「性自命出，命自天降。」筆者以為乃承襲古代天命之說而來，乃為天人合一思想模式，但個人以為〈中庸〉承襲周初「天命靡常、文王之德之純」的傳統，表現「天人合一」思想模式，但〈中庸〉「天人合一」思想模式乃合一於「誠」，〈中庸〉是以「誠」取代天命內涵，天道生生之德為「誠」，「誠」落實於人身曰「性」，使人自覺性體之誠曰「教」，故〈中庸〉是以「誠」重新詮釋天與人的連結，是為「攝德歸誠，天人合誠」的「天人合德」思想型態[7]，〈中庸〉表現出承襲先秦儒家道德天的傳統。而《郭店楚簡・性自命出》卻不盡然屬於〈中庸〉「攝德歸誠，天人合誠」的思想類型。

　　〈性自命出〉：「喜怒哀悲之氣，性也」，以喜怒哀悲之情為性，此性乃天生感官之人情，較近於《左傳》昭公廿五年已有「民有好惡、喜怒、哀樂，生於六氣」之說[8]，杜預注：「此六者，皆稟陰陽、風雨、晦明之氣。」乃由天地六氣以論人之六情。又《大戴禮記・文王官人》云：「民有五性，喜、怒、欲、懼、憂也……五氣誠於中，發形於外，民情不隱也。」[9]故〈性自命出〉論天生性情之說，恐非孟子道德之善性，而較近於告子、荀子「生之謂性」的傳統。

　　「道始於情，情生於性。始者近情，終者近義」，人道本於人情，人情乃人之天性，但人情當發而有義，始得為道。「知情者能出之，知義者能入之」，學者涂宗流、劉祖信以為「知情者其性能出形

7　可參見本書第四章〈第二節　〈中庸〉到〈禮運〉的禮學思想發展——由「天人合德」思想角度切入〉一文。

8　「民有好惡、喜怒、哀樂，生於六氣，是故審則宜類，以制六志。哀有哭泣，樂有歌舞，喜有施舍，怒有戰鬥；喜生於好，怒生於惡。是故審行信令，禍福賞罰，以制死生。生，好物也；死，惡物也。好物，樂也；惡物，哀也。哀樂不失，乃能協於天地之性，是以長久。」《左傳》，《十三經注疏》（臺北：藝文印書館，1976年），頁891。

9　〔清〕王聘珍：《大戴禮記解詁・文王官人》（北京：中華書局，1983年3月），頁191-192。

於外而為情，知義者其情能入形於內而為性（知情者能使之（性）出，知義者能使之（情）入）」[10]。故知情者乃自覺己之喜怒之情發而為外，知義者乃知合理之判斷以自得於心，情之喜怒哀樂本來自人之天性，情怒哀樂之發而合理是為義，義者雖屬後天社會之規範，但非有別於情外之物，乃情之所發為合理者，故人之群體社會有合理之規範曰道，道為義之所集，道與義其本皆來自於人情天性。

> 凡性為主，物取之也。金石之有聲，猶人之有性；人雖有性，心弗取不出。凡心有志也，亡與不悅，不悅不可獨行，猶口之不可獨言也。牛生而佷，雁生而伸，其性天之就也，而學或使之也。凡物亡不異也者。剛之桓也，剛取之也。柔之約，柔取之也。四海之內，其性一也。其用心各異，教使然也。[11]

「好惡，性也。所好所惡，物也。善不善性也，所善所不善，勢也。」論喜怒之性本於天，喜怒之性乃因物而發，至於發與不發則待心志之決，心之發動與否，則待「學」之判斷，此非孟子「性善」之說，乃近荀子「性惡」、「勸學」之說。

〈性自命出〉論性、物、情、義之說，近於《禮記・樂記》所云：「夫民有血氣心知之性，而無哀樂喜怒之常，應感起物而動，然後心術形焉。」[12]人天生具有血氣心知感官之性，卻不知哀樂喜怒之常道規範，隨外物所感乃發為喜怒哀樂之情，或過或不及以致乃有善與不善之別，《禮記・樂記》又云：「人生而靜，天之性也；感於物而

---

10 涂宗流、劉祖信：《郭店楚簡先秦儒家佚書校釋》（臺北：萬卷樓圖書公司，民90年〔2001〕2月），頁147。
11 涂宗流、劉祖信：《郭店楚簡先秦儒家佚書校釋》（臺北：萬卷樓圖書公司，民90年〔2001〕2月），頁148。
12 《禮記・樂記》，《十三經注疏》（臺北：藝文印書館，1976年），頁679。

動，性之欲也。物至知知，然後好惡形焉。好惡無節於內，知誘於外，不能反躬，天理滅矣。」[13]故當使心之感物，發而為善，乃待「學」與「教」。

> 凡性或動之，或逆之，或交之，或厲之，或出之，或養之，或長之。凡動性者，物也。逆性者，悅也。交性者，故也。厲性者，義也。出性者，勢也。養性者，習也。長性者，道也。凡見者之謂物，快於己者之謂悅，物之勢者之謂勢，有為也者之謂故。義也者，群善之蘊也。習也者，有以習其性也。道者，群物之道。凡道，心術為主。道四術，唯人道為可道也。其三術者，道之而已。[14]

〈性自命出〉論性之種種特質，性為天之所命，但性在人身卻可習、可養、可厲、可長，此也為人須後天之學習提供人性論上的理論依據，即「生之謂性」需要透過習、養、厲、長，才能具備「義」的內涵、表現出「道」之價值。文中所謂「義也者，群善之蘊」、「道者，群物之道」欠缺詳細之定義說明，似偏外在客觀之規範，即人之性情雖來自天之所命，但人之性情仍須透過習、養、厲、長的過程，才能具備合理之「義」，才能符合群物之道中的「人道」規範。

> 凡學者求其心為難。從其所為，近得之矣，不如以樂之速也。雖能其事，不能其心，不貴。求其心有偽也，弗得之矣。人之不能以偽也，可知也。其過十舉，其心必在焉；察其見者，情安失哉？簡，義之方也。義，敬之方也。敬，物之節也。篤，

---

[13] 《禮記‧樂記》，《十三經注疏》（臺北：藝文印書館，1976年），頁666。
[14] 涂宗流、劉祖信：《郭店楚簡先秦儒家佚書校釋》（臺北：萬卷樓圖書公司，民國90年〔2001〕2月），頁150-151。

仁之方也。仁，性之方也。性或生之。忠，信之方也。信，情之方也。情出於性。愛類七，唯性愛為近仁。智類五，唯義道為近忠。惡類三，唯惡不仁為近義。所為道者四，唯人道為可道也。[15]

〈性自命出〉內容十分強調發於內心之真誠表現，所謂「求其心有偽也，弗得之矣。人之不能以偽也，可知也。」忠、信、仁、義本出於真誠之情性，所謂「情出於性」，又云：「凡人情為可悅也。苟以其情，雖過不惡；不以其情，雖難不貴。苟有其情，雖未之為，斯人信之矣。」故〈性自命出〉對情性的看法較為正面看待，所謂「目之好色，耳之樂聲，膩舀之氣也，人不難為之死。有其為人之即即如也，不有夫柬柬之心則采。有其為人之柬柬如也，不有夫恆怡之志則慢。人之巧言利詞者，不有夫詘詘之心則流。人之悅然可與和安者，不有夫奮詐之情則□。有其為人之快如也，弗牧不可。有其為人之荃如也，弗伐不足。」[16]即人之感官情性雖有好色好聲好邪氣之傾向，會導致傲慢、虛偽、欺詐之禍患，故須有所警惕憂患，將人之情性引向簡約、持久、謙卑之美情。

君子美其情，貴其義，善其節，好其容，樂其道，悅其教，是以敬焉。拜，所以順而服其黯度也。幣帛，所以為信與徵也，其詞義道也。簫，禮之淺澤也。樂，禮之深澤也。凡聲，其出於情也信，然後其入撥人之心也厚。聞簫聲，則鮮如也斯喜。聞歌謠，則舀如也斯奮。聽琴瑟之聲，則悸如也斯歎。觀

---

15 涂宗流、劉祖信：《郭店楚簡先秦儒家佚書校釋》（臺北：萬卷樓圖書公司，民90年〔2001〕2月），頁168。

16 涂宗流、劉祖信：《郭店楚簡先秦儒家佚書校釋》（臺北：萬卷樓圖書公司，民90年〔2001〕2月），頁172。

《賚》、《武》,則齊如也斯作。觀《韶》、《夏》,則勉如也斯儉。羨思而動心,□如也。其居次也舊,其反善復始也慎,其出入也順,司其德也。鄭衛之樂,則非其聲而從之也。[17]

君子之所以可敬,在於「美其情,貴其義,善其節,好其容,樂其道,悅其教」,此乃表現〈性自命出〉所欲彰顯君子之內涵與表現,「美其情、貴其義、善其節、好其容」皆針對君子面對情性之所感所發的個人修養、條理與表現,「樂其道、悅其教」則是對他人的啟發與教誨。

《禮記‧樂記》有云:「夫樂者樂也,人情之所不能免也。樂必發於聲音,形於動靜,人之道也。聲音動靜,性術之變,盡於此矣。故人不耐無樂,樂不耐無形。形而不為道,不耐無亂。先王恥其亂,故制雅、頌之聲以道之,使其聲足樂而不流,使其文足論而不息,使其曲直繁瘠、廉肉節奏足以感動人之善心而已矣。不使放心邪氣得接焉,是先王立樂之方也。」[18]正因人之情性所感而發為喜怒哀樂乃人情所不能免,故先王制雅頌之聲使人們在雅樂禮文的作用下,發而為美善之情,不使邪氣接焉,不使引發邪惡之情焉,此《禮記‧樂記》所論之樂教的意義,與〈性自命出〉的樂論相近。

〈性自命出〉考察其所謂「天、命、性、情、義、道」等思想命題,可說其思想淵源較近於《左傳‧昭公二十五年》子大叔所云「民有好惡喜怒哀樂,生於六氣」之說,表現先秦早期素樸「天人合於氣」的宇宙觀,可謂承孔子「據於道、志於德、依於仁、游於藝」的君子形象,更進一步往人之性情內涵的深化發展,所謂「性自命出,命自天降。道始於情,情生於性。始者近情,終者近義。」蓋人之喜怒哀樂之情本於天之所命,人感物而生喜怒之情,但天地萬物有其規

---

17 涂宗流、劉祖信:《郭店楚簡先秦儒家佚書校釋》(臺北:萬卷樓圖書公司,民90年〔2001〕2月),頁157。
18 《禮記‧樂記》,《十三經注疏》(臺北:藝文印書館,1976年),頁700。

律曰道,人與人之相處有其規範曰義,故聖人制雅頌之樂、禮樂之教,使人感而發其美情,此為善而去惡乃別。

依此則〈性自命出〉之心性論,實近於告子「生之謂性」的傳統,但也非屬「仁內義外」之說,以其仁乃情之美者,其義乃情之節者,皆本於內在性情而生,屬「仁內義內」之說。

但〈性自命出〉也非屬荀子「性惡」之說,其面對人之性情並無負面之看待,也不認為人類群體社會之亂源來自於人之欲望所致,荀子看待人之性情是以防弊、有效管理的角度看待之,荀子〈禮論〉曰:「禮起於何也?曰:人生而有欲,欲而不得,則不能無求。求而無度量分界,則不能不爭;爭則亂,亂則窮。先王惡其亂也,故制禮義以分之,以養人之欲,給人之求。使欲必不窮乎物,物必不屈於欲。兩者相持而長,是禮之所起也。」[19]荀子對於人之性情較為負面看待,強調禮義強制性規範的必要性。但〈性自命出〉是務實地面對人之性情,它沒有表現出強烈的防弊、壓制感,只是強調要透過「學與教」,表現出人之性情之美者。

當然〈性自命出〉跟孟子「性善說」還有一段距離,仁者情之美者和人性中天生具備仁義禮智之性善理論,恐怕也還是有一段差距,故〈性自命出〉筆者認為它實屬先秦早期性情說的雛形,告子、孟子、荀子之人性說實乃其後期所衍生之理論。

三 禮作於情

> 《詩》《書》《禮》《樂》,其始出皆生於人。《詩》,有為為之也;《書》,有為言之也;《禮》《樂》,有為舉之也。聖人比其類而論會之,觀其先後而逢訓之,體其義而節度之,理其情而

---

19 〔清〕王先謙:《荀子集解》(北京:中華書局,2007年4月),頁346。

> 出入之,然後復以教。教,所以生德於中者也。禮作於情,或
> 興之也。當事因方而制之,其先後之序則義道也。或敘為之節
> 則度也。致容貌,所以度次也。[20]

孔子整理《詩》、《書》、《禮》、《樂》乃本於三代之禮的因革損益,又曰克己復禮為仁,故孔子論《詩》、《書》、《禮》、《樂》之經典本於文化傳承義又具道德義。但《郭店楚簡·性自命出》論《詩》、《書》、《禮》、《樂》本於人,此以為《詩》、《書》、《禮》、《樂》乃依據人情而生,聖人「比其類、訓其先後、體其義、理其情」而後教之民,使民有德,此乃從社會教化的角度目之。

《詩》、《書》、《禮》、《樂》聖人制作的目的在於條理節制人情,使人人喜怒之情有所節度、規範,故〈性自命出〉所論《詩》、《書》、《禮》、《樂》已超越孔子從三代文化義的傳承論經典的傳統意義,轉向落實於人情之教化所需而言,更重視經典面對新時代現實問題的因應能力,這是值得注意的禮學思想轉變的新風向。

「郭店楚簡」論《詩》、《書》、《禮》、《樂》本於人情也用於人情之教,其諸篇論「禮」也有其特色,〈語叢一〉云:「禮因人之情而為之」[21],〈語叢二〉云:「禮生於情」[22],〈性自命出〉云:「禮作於情」[23],皆論「禮」起於人之情。學者陸建華以為「禮出自情,表明郭店楚簡作者在天命喪落的大背景下刻意將外在於人的禮安置於內在

---

20 涂宗流、劉祖信:《郭店楚簡先秦儒家佚書校釋》(臺北:萬卷樓圖書公司,民90年〔2001〕2月),頁153。
21 涂宗流、劉祖信:《郭店楚簡先秦儒家佚書校釋》(臺北:萬卷樓圖書公司,民90年〔2001〕2月),頁275。
22 涂宗流、劉祖信:《郭店楚簡先秦儒家佚書校釋》(臺北:萬卷樓圖書公司,民90年〔2001〕2月),頁290。
23 涂宗流、劉祖信:《郭店楚簡先秦儒家佚書校釋》(臺北:萬卷樓圖書公司,民90年〔2001〕2月),頁153。

於人的情之中,有為禮的存在尋找內在根據的企圖。雖然,禮出自情似乎也有淡化禮的強制性而賦予禮以切近於人之身心的親切感的意味。」[24]「禮作於情」論「禮」乃依據人情而作,此人情為喜怒之情本於天性,聖人或因事而制,或因義而序其先後,或敘為之節度,表現在合宜地容貌、言行、舉止,故「禮」當有義、有節、有容。陸氏以為〈性自命出〉「禮作於情」的主張,將「禮」源於祭祀的神聖義減弱,「禮」的發展至於戰國中期有進一步的人性化傾向。

> 凡憂患之事欲任,樂事欲後。身欲靜而毋□,慮欲淵而毋□,行欲勇而以至,貌欲壯而毋拔,欲柔齊而泊。喜欲智而亡末,樂欲睪而又有志,憂欲儉而毋惛,怒欲盈而毋逮,進欲遜而毋巧,退欲易而毋輕,欲皆度而毋□。君子執志必有夫□□之心,出言必有夫柬柬之信,賓客之禮必有夫齊齊之容,祭祀之禮必有夫齊齊之敬,居喪必有夫戀戀之哀。君子身以為主心。[25]

周文之禮由「親親」與「尊賢」區別出周王室血緣關係之親疏遠近,而分封訂定天子、諸侯、卿、大夫、士及民的階級不同與行為規範,以維繫整個西周社會的穩定。〈性自命出〉論「禮作於情」則超越血緣、身分貴賤之別,將行禮依據建立於人性之喜怒哀樂之情的合理抒發,先憂患而後樂事、靜而毋躁、謀慮而毋自是、行而果決、壯而毋逞、欲求而不貪、喜而毋淺、樂而毋失、慮而毋昏、怒而勿遷、進而欲謙、退而毋率,凡喜怒哀樂之情發皆當揆度優劣,不可自以為是。故君子執志必有莊肅之心、出言必有簡約之誠,待賓客必有莊重之儀

---

24 陸建華:〈附錄一 郭店楚簡之禮學〉,《先秦諸子禮學研究》(北京:人民出版社,2008年),頁213。

25 涂宗流、劉祖信:《郭店楚簡先秦儒家佚書校釋》(臺北:萬卷樓圖書公司,民90年〔2001〕2月),頁183。

態、祭祀必有肅穆之誠敬，居喪必有戀慕不捨之哀，君子以心之誠發而為情之實乃為身之主，表現春秋晚期周文禮崩樂壞後，新時代禮學思想落實於人之性情的新觀念正在醞釀發展中，此乃〈性自命出〉論「禮作於情」的時代意義。

四　結論

　　〈性自命出〉論「天、命、性、情、義、道」等思想命題，可發現其思想較近於《左傳・昭公二十五年》子大叔所云「民有好惡喜怒哀樂，生於六氣」[26]之說，表現先秦素樸「天人合於氣」的宇宙觀。人之喜怒哀樂之情本於天之所命，人感物而生喜怒之情，但天地萬物有其規律曰道，人與人之相處有其規範曰義，故聖人制雅頌之樂、禮樂之教，使人感而發其美情，此為善而去惡乃別。故〈性自命出〉之性情論，實近於告子「生之謂性」傳統，但也非屬「仁內義外」之說，以其仁乃情之美者，其義乃情之節者，皆本於內在性情而生，屬「仁內義內」之說。

　　但〈性自命出〉也非即荀子「性惡」之說，〈性自命出〉務實地面對人之性情，它沒有對人之性情表現負面態度，只是強調要透過「學與教」，表現出人之性情之美者，這點與荀子性惡觀有很大不同。當然〈性自命出〉跟孟子「性善說」亦有差別，仁者情之美者和人性中先天具備仁義禮智之性善理論，還是有一段思想演變上的差距，故〈性自命出〉筆者認為它實屬先秦早期性情說的雛形，告子、孟子、荀子之人性說恐乃其所衍生之論。

　　〈性自命出〉論人天生具有血氣心知感官之性，卻不知哀樂喜怒之常道規範，隨外物所感乃發為喜怒哀樂之情，或過或不及以致乃有

---

[26] 《左傳》，《十三經注疏》（臺北：藝文印書館，1976年），頁891。

善與不善之別,故當使心之感物,發而為善,乃待「學」與「教」。故〈性自命出〉論「禮作於情」主張「禮」乃依據人情而作,主張《詩》、《書》、《禮》、《樂》本於人之性情而作,《詩》、《書》、《禮》、《樂》聖人制作的目的在於條理節制人情,使人人喜怒之情有所節度、規範,故〈性自命出〉論《詩》、《書》、《禮》、《樂》乃落實於人情之教化節制而言,賦予經典重建新的社會規範的因應能力。

學者陳麗桂認為:「在《論語》中,『禮』是為政要項,也是群體生活的總綱。它以仁、義、恭、讓、敬……為內質,和『仁』一體和合,成為儒門立身行事的終境。在郭店楚簡中,它成為『人道』的總內容,被要求須有自然的根源,並與『義』緊密結合,以『義』為制,為極則。並開始因著心性學派的推闡而深度德化,與仁、義、智、聖並列為士君子需要深入培成的德目。至孟子時,更將之深入人的心性中,使成為基本的道德潛能。且因著孟子對『義』的大肆強調與推闡,而常與『義』並用或連稱。」[27]陳氏論「禮」由孔子經「郭店楚簡」以至孟子的發展,「禮」由為政之綱領逐漸深化德化,成為道德潛能的內化經過,並增進「義」的內涵發展。

學者龐樸以為:「孔孟以後,弟子中致力於夫子之業而潤色之者,在解釋為什麼人的性情會是仁的這樣一個根本性問題上,大體上分為向內求索與向外探尋兩種致思的路數。向內求索的,抓住『人之所以異於禽獸者幾希』處,明心見性;向外探尋的,則從宇宙本體到社會功利,推己及人。向內求索的,由子思而孟子而〈中庸〉;向外探尋的,由〈易傳〉而〈大學〉而荀子出發;後來則兼容並包於《禮記》。」[28]龐氏所論誠然有見,實發人深省,筆者就先秦禮學思想之發展脈絡來考察,周文禮崩樂壞之後,先秦禮學思想的崩壞與重建的發

---

27 陳麗桂:《近四十年出土簡帛文獻思想研究》月),頁262。
28 龐樸:〈孔孟之間——郭店楚簡中的儒家心性說〉,收入姜廣輝主編:《郭店楚簡研究》(《中國哲學》第二十輯)(瀋陽:遼寧教育出版社,2000年),頁23。

展似乎也暗合這兩股思路：向內探索者孔子之後，有曾子「由孝論禮」以至孟子「仁義禮智根於心」為人性之善端，以凸顯禮在心性面之尊貴。向外探索者孔子之後，有「郭店楚簡」〈性自命出〉「禮作於情」、《管子・牧民》「國之四維」以至荀子「禮義之統」。另外，筆者還發現另一思路發展則是天人合德一路，〈中庸〉、〈禮運〉、《呂氏十二紀》屬於此思路的發展。

第三節　《管子》「禮者教訓正俗」與「國之四維」禮學研究

一　諸家論《管子》的成書與內容

《管子》諸篇作者為何？其說紛紜。早在宋代，葉適已疑其「非一人之筆，亦非一時之書」。[29]朱熹亦云：「《管子》非仲所著。仲當時任齊國之政，事甚多，稍閑時，又有三歸之溺，絕不是閑功夫著書的人。著書者是不見用之人也，其書老莊說話亦有之，想只是戰國時人收拾仲當時行事言語之類著之。并附以他書。」[30]是以戰國之書目之。

近代學者羅根澤說它不是管仲之書，卻保存各家學術最多，應該是戰國秦漢間「政治思想家、陰陽家、儒、法、道、兵、雜、理財各家所作」[31]，為戰國諸家之雜集。郭沫若以《管子》非管仲之書，是一種雜燴，非一時一地一人之作，是戰國年間一批零碎著作的總集，包括齊國舊檔案及漢時齊地所匯獻的書，內容到儒法名陰陽農各家都有，可謂戰國秦漢間文字的總匯。[32]馮友蘭則從形式與內容推論，說

29　〔宋〕葉適：《習學記言》，《四庫全書珍本》（臺北：臺灣商務印書館，1971年），第三集，頁1。
30　〔宋〕朱熹：《朱子語類・戰國漢唐諸子》（臺北：文津出版社，1986年），頁3252。
31　羅根澤：《管子探源》（臺北：里仁書局，1981年11月），頁5-11。
32　郭沫若：〈管子集校・敘錄〉（北京：人民出版社，1985年），頁1。

它是稷下學術中心的論文總集,中心思想為黃老思想。[33]馮氏以地域言之,以為乃齊稷下之學;以思想言,則為黃老之說。

蒙文通云:「《管子》中的〈心術〉〈內業〉〈白心〉等篇,我以前認為是慎到、田駢的學說,也有同志從『白心』二字著眼,認為這幾篇是宋鈃、尹文的學說。如果從或使論來看,也可以說是接子的學說,〈白心〉一篇把『或使』理論闡發的很明透,以見前論,此不贅述。總的來說,這些學者都是黃老派,他們同在稷下,必然相互影響,說這幾篇是黃老派的學說就可以了,似不必確認其為何人的書。」[34]蒙氏承馮氏之說,而更析分〈心術〉、〈內業〉、〈白心〉等篇,確為黃老思想。張岱年云:「《管子》四篇既非宋妍、尹文著作,也非慎到著作,而是戰國時期齊國管仲學派的著作。」[35]張氏則以管仲學派之作目之。

陳麗桂以「《管子》的撰作時間非一時,約當戰國中晚期至秦漢之間,作者非一人,大抵是齊國稷下先生或管仲學派(齊法家)所作,地點在齊,而以稷下學宮為中心,至其思想成色則以法家為主(原十八篇)而參合各家,是黃老學派與法家結合的產物。」[36]陳氏則在黃老學說之外,提出乃黃老結合法家之作,其時代約戰國至秦漢間。

陳鼓應云:「今本《管子》有些篇敘述管仲的遺說,成書較早(如〈大匡〉、〈中匡〉、〈小匡〉篇);本文關注的《管子》四篇成書當在戰國中期以後。有關四篇年代,筆者同意張岱年先生的看法,認為其年代『當在《老子》以後,荀子以前。』」〈心術〉等篇中談道說

---

33 馮友蘭:〈稷下黃老之學的精氣說──道家向唯物主義的發展〉,《中國哲學史新編》(臺北:藍燈文化事業公司,1991年12月),第二冊,第十七章,頁214-215。

34 蒙文通:《古學甄微》(成都:巴蜀書社,1987年),頁256。

35 張岱年:《中國哲學史史料學》(北京:生活・讀書・新知三聯書局,1982年6月),頁50。

36 陳麗桂:〈第三章 《管子》中的黃老思想〉,《戰國時期的黃老思想》(臺北:聯經出版事業公司,1991年),頁113。

德,是受老子的影響;而荀子所謂虛一而靜學說又是來源於〈心術〉等篇。」[37]陳氏則析分《管子》篇章中有早期之作及晚期之作,並提出受老子思想及對荀子學說的影響。

總結其說,《管子》非管仲之書,非一時一人之書[38],《管子》成書時代約當戰國末至秦漢之間,作者非一時一人,當為齊稷下學宮的學術論叢,今人則以齊國稷下之學目之,內容龐雜,包括儒家、道家、法家、陰陽家、兵家等內容,反映戰國晚期的學術合流的趨向。

二 政之興廢在民心好惡

> 政之所興,在順民心。政之所廢,在逆民心。民惡憂勞,我佚樂之。民惡貧賤,我富貴之,民惡危墜,我存安之。民惡滅絕,我生育之。能佚樂之,則民為之憂勞。能富貴之,則民為之貧賤。能存安之,則民為之危墜。能生育之,則民為之滅絕。故刑罰不足以畏其意,殺戮不足以服其心。故刑罰繁而意不恐,則令不行矣。殺戮眾而心不服,則上位危矣。故從其四欲,則遠者自親;行其四惡,則近者叛之,故知「予之為取者,政之寶也。(〈牧民〉)[39]

《管子》乃為政之書,故其心性論乃針對群體民眾的心性好惡上著

---

[37] 陳鼓應:〈《管子》四篇的道論〉,《管子四篇詮釋——稷下道家代表作解析》(北京:商務印書館,2006年),頁28。

[38] 《管子》一書歷來頗多爭議,有以為管仲所著,或管仲門人弟子所著,或非一時一人之書,筆者以為《管子》非管仲一人所作,非一時一人之書,亦有後人著作混雜其中,可作為戰國晚期齊國稷下學派思想之著作。可參劉建國:《中國哲學史史料學概要上・《管子》的真偽和時代》,頁80-84。

[39] 〔清〕黎翔鳳撰,梁運華整理:《管子校注・牧民》(北京:中華書局,2006年),頁13。

眼，而非個人的道德修養工夫，所謂「政之所興，在順民心。政之所廢，在逆民心。」論為政之本質在「民心」，《管子》所謂「民心」指一般人民好惡之情，民惡「憂勞、貧賤、危墜、滅絕」，民好「佚樂、富貴、存安、生育」，故為政者當順民之所好，絕民之所惡，了解民心之好惡乃為政之興廢之關鍵，不了解民心之好惡，徒用刑罰殺戮是無濟於事的，只會使上位者反受其害。

《管子》和《韓非子》在此問題上顯露出本質性的差距，《管子》承繼《尚書》「民惟邦本、本固邦寧」[40]的思想遺產，強調為政之本在「民」，掌握民之好惡乃能得「民心」。《韓非子》則以「尊君」為尚，以富國強兵為目的，「民心」非其所重，二者為政目標有所不同。

《管子》「政之所興，在順民心。政之所廢，在逆民心。」與儒家孔子「為政以德」、孟子「不忍人之心，斯有不忍人之政」亦有所不同，《管子》所重在人民感官性情好惡與現實生活面，其為政依據乃基於民心之好惡，有其「生之謂性」的人性論依據。孔孟是由道德心的主體抒發，己立立人，推己及人，以啟發人民道德自覺為懷，二家為政皆主張以民為念，但其發心卻存在著道德自覺的啟發與順應人民性情之好惡，這兩點根本性的不同。

《管子》論為政在民心，顯然較近於荀子性惡觀點。〈君臣下〉曰：「古者未有君臣上下之別，未有夫婦妃匹之合，獸處群居，以力相征，於是智者詐愚，彊者凌弱，老幼孤獨，不得其所。故智者假眾力以禁強虐，而暴人止。為民興利除害，正民之德。而民師之。是故道術德行，出於賢人。其從義理，兆形於民心，則民反道矣。名物處違是非之分，則賞罰行矣。上下設，民生體，而國都立矣。是故國之所以為國者，民體以為國，君之所以為君者，賞罰以為君。」[41]《管

---

40 《尚書》，《十三經注疏》（臺北：藝文印書館，1976年），頁100。
41 〔清〕黎翔鳳撰，梁運華整理：《管子校注》（北京：中華書局，2006年），頁568-569。

子》論古者未有君臣夫婦之別,人類世界與野獸相同,以力相爭、智欺愚、強凌弱,老幼不得其所,故待賢者興利除害,正民之德,以為民之師,使民反於道,使上下設、賞罰行,國乃立。

《管子》之民心觀點與荀子性惡觀較接近,皆由人性感官食色之性出發,隨時了解民心之所好惡,但亦主張須適時引導使知君臣夫婦上下之別,是故國之所以為國、君之所以為君。荀子面對人類群體社會也是在對應人性好惡之私,荀子「禮義之統」是要順應人性之好惡,藉由大儒、聖人法後王以建構合理的社會規範以為遵循,以合理安頓人之性情以維持社會正常運作的議題。《管子》的重點不在「禮義之統」而在為政之方向,為政者當了解民心之好惡,順民之所好、無為民之所惡,為政方能有所興作,可謂「禮義之統」說的先驅。

> 地之守在城,城之守在兵,兵之守在人,人之守在粟;故地不辟,則城不固。有身不治,奚待於人?有人不治,奚待於家?有家不治,奚待於鄉?有鄉不治,奚待於國?有國不治,奚待於天下?天下者,國之本也;國者,鄉之本也;鄉者,家之本也;家者,人之本也;人者,身之本也;身者,治之本也。故上不好本事,則末產不禁;末產不禁,則民緩於時事而輕地利;輕地利,而求田野之辟,倉廩之實,不可得也。(〈權脩〉)[42]

《管子》的國家架構是天下－國－鄉－家－人－身,而身之安的基礎不在誠意正心之修身,而在田野之闢、倉廩之實,可知《管子》的國家架構不在建立個人身修、齊家、治國、平天下的仁者胸懷,而是建立在廣闢田野、累積倉廩的經濟基礎上,所謂「衣食足而後知榮辱」,民生安定,方能家庭和樂,家庭和樂乃得鄉里安寧,鄉里安寧

---

42 〔清〕黎翔鳳撰,梁運華整理:《管子校注》(北京:中華書局,2006年),頁52-53。

乃能國家富足強盛，方能天下太平。因此《管子》的國家架構是建立在經濟富足的民生基礎上。

要如何使民「佚樂、富貴、存安、生育」以順其所好？為政者當獎勵開闢田野、廣積倉廩，使民富足，生活富足乃能不使民「憂勞、貧賤、危墜、滅絕」，故為政從民之所好首要工作在使人民基本生活富足無虞。

三　衣食足而後知榮辱──國之四維

> 國有四維，一維絕則傾，二維絕則危，三維絕則覆，四維絕則滅。傾可正也，危可安也，覆可起也，滅不可復錯也。何謂四維？一曰禮、二曰義、三曰廉、四曰恥。禮不踰節，義不自進。廉不蔽惡，恥不從枉。故不踰節，則上位安；不自進，則民無巧詐；不蔽惡，則行自全；不從枉，則邪事不生。(〈牧民〉)[43]

《管子‧牧民》論「國之四維」表現稷下學者論政之卓識，國家得以長治久安，在得民心、得民心最基本的要件是保障人民基本生活衣食的富足，但衣食富足之後，國家要長治久安尚需要四大綱紀來維繫──「禮、義、廉、恥」，禮者使民各安其位，義者不妄圖幸進，廉者不欺詐隱惡，恥者以德自許不容邪枉，此為人民、社會、國家價值觀的建立，這是立國精神的價值觀建立問題，真正使國家長治久安的是立國精神的可長可久，《管子‧牧民》提出「國之四維」的主張，點出國家立國精神的重要性甚具時代意義。

戰國以後隨著列國兼併日劇，禮學思想激盪衝擊，孔子以後落實於個人的君子之德的建立，擴大關注到國家群體社會穩定運作的角度

---

[43]〔清〕黎翔鳳撰，梁運華整理：《管子校注》(北京：中華書局，2006年)，頁11。

來看待「禮」的價值,《管子·牧民》論國之四維之一「禮」的價值在「不踰節,則上位安」,使民不逾越其職分,則上位者的統治地位自當穩固,故對《管子》而言,「禮」的價值在維持社會秩序的穩定,發揮使上位者統治地位穩定的作用。

《管子·形勢》云:「君不君,則臣不臣。父不父,則子不子。上失其位,則下踰其節。上下不和,令乃不行。衣冠不正,則賓者不肅;進退無儀,則政令不行。且懷且威,則君道備矣。」[44]國若無禮則上下不和,令乃不行。又《管子·權脩》云:「朝廷不肅,貴賤不明,長幼不分,度量不審,衣服無等,上下淩節,而求百姓之尊主政令,不可得也。」[45]朝廷無禮則求百姓尊主政令,不可得。

> 度爵而制服,量祿而用財,飲食有量,衣服有制,宮室有度,六畜人徒有數,舟車陳器有禁,修生則有軒冕服位穀祿田宅之分,死則有棺槨絞衾壙壟之度。雖有賢身貴體,毋其爵,不敢服其服。雖有富家多資,毋其祿,不敢用其財。天子服文有章,而夫人不敢以燕以饗廟,將軍大夫不敢以朝官吏,以命士,止于帶緣,散民不敢服雜采,百工商賈不得服長鬈貂,刑餘戮民不敢服絻,不敢畜連乘車。右服制。(〈立政〉)[46]

《管子》論「禮不踰節」此「節」不僅止於個人喜怒哀樂之情的節制,此「節」更擴大其意涵包括政治上的名位、服制、宮室等有所節度,強調社會尊卑貴賤有度的人倫秩序,希望君、臣、百工、商賈、農民皆納入此區別其尊卑貴賤的人倫規範下,人人各安其位、各行其職,其目的不在如周公之制禮作樂,乃在「求百姓之尊主政令」,以

---

44 〔清〕黎翔鳳撰,梁運華整理:《管子校注》(北京:中華書局,2006年),頁37。
45 〔清〕黎翔鳳撰,梁運華整理:《管子校注》(北京:中華書局,2006年),頁53。
46 〔清〕黎翔鳳撰,梁運華整理:《管子校注》(北京:中華書局,2006年),頁76。

國家之統治有效、穩定、長久為目的。《管子・心術》論「道」、「德」、「義」、「禮」、「法」之關係曰：

> 天之道，虛其無形。虛則不屈，無形則無所位赶，無所位赶，故遍流萬物而不變。德者道之舍，物得以生。生，知得以職道之精。故德者，得也，得也者，其謂所得以然也，以無為之謂道，舍之之謂德。故道之與德無閒。故言之者不別也。閒之理者，謂其所以舍也。義者，謂各處其宜也。禮者，因人之情，緣義之理，而為之節文者也。故禮者，謂有理也，理也者，明分以諭義之意也。故禮出乎義，義出乎理，理因乎宜者也。法者所以同出不得不然者也。故殺僇禁誅以一之也，故事督乎法，法出乎權，權出乎道。(〈心術〉)[47]

《管子》以「道」為無形無位、遍流萬物、永恆不變之本體義，但不強調「道」的絕對獨體狀態，反而重視其落實而與「德」、「義」、「禮」、「法」等德目之關係。「德」者乃就生物而言，落實道體之無為內在於人物之中曰「德」，故言「道之與德無間」。「義」則就人事而言，人事之所宜曰「義」。「禮」者合人事而言，「因人之情，緣義之理，而為之節文者也」，「禮」者順人之情性，配合事理之宜，表現有所節制之儀節曰「禮」。

值得注意者，《管子》所謂「禮」所依循的「義之理」乃屬於「明分以諭義」，即《管子》強調「禮」要明曉於各人職分以表現合宜之行。「法」者言「所以同出不得不然者」，「同出」對「禮」而言，乃言「法」與「禮」同出於「義」，「禮」者「明分以諭義」，「法」者是不能「明分以諭義」者，故曰「不得不然」，乃「殺僇禁

---

47 〔清〕黎翔鳳撰，梁運華整理：《管子校注》（北京：中華書局，2006年），頁770。

誅以一之」。故人若能表現合義之行為曰「禮」，若表現不合義之行為則以「法」督罰之。統而貫之曰「德」、「義」、「禮」、「法」皆同出於「道」。

> 人故相憎也，人之心悍。故為之法。法出于禮，禮出于治，治禮道也，萬物待治禮而後定。凡萬物，陰陽兩生而參視，先王因其參而慎所入所出。以卑為卑，卑不可得，以尊為尊，尊不可得，桀舜是也，先王之所以最重也。得之必生，失之必死者，何也？唯無得之，堯舜禹湯文武孝己，斯待以成，天下必待以生，故先王重之。一日不食，比歲歉。三日不食，比歲饑。五日不食，比歲荒。七日不食，無國土，十日不食，無疇類盡死矣。（〈樞言〉）[48]

《管子》論「法」起於人心之相憎相悍，故為「法」以制之，「法」則出於「禮」，「禮」出於「治」，即人民之各安其位為「禮」，故君君臣臣父父子子則歸於「治」，此即為人倫之序，乃出於「道」。此結合法家、儒家、道家之說為一爐。道為最高本體，禮為社會規範，法則對治人性之惡。

四　禮者教訓正俗

> 凡牧民者，使士無邪行，女無淫事。士無邪行，教也。女無淫事，訓也。教訓成俗，而刑罰省，數也。凡牧民者，欲民之正也；欲民之正，則微邪不可不禁也；微邪者，大邪之所生也；

---

48 〔清〕黎翔鳳撰，梁運華整理：《管子校注》（北京：中華書局，2006年），頁245-246。

微邪不禁，而求大邪之無傷國，不可得也。凡牧民者，欲民之有禮也；欲民之有禮，則小禮不可不謹也；小禮不謹於國，而求百姓之行大禮，不可得也。(〈權脩〉)[49]

《管子》吸收儒家教育思想，透過「教」與「訓」使「士無邪行，女無淫事」，穩定社會君君、臣臣、父父、子子的階層秩序，而無須嚴刑峻法以防之，故微邪不可不禁、小禮不可不謹，以防微杜漸，乃得教訓成俗，穩定社會秩序，使男女安於農、安於室，國乃富強。

《管子》「教」與「訓」強調的是管理人民，建立國家穩定的人倫秩序，故強調「士無邪行，女無淫事」，使士與女能納入國家君君臣臣父父子子的秩序中不踰職分，故教訓成俗的目標不在啟發人民之道德心，而在使刑罰省，教育是為減輕司法的負擔，這點和儒家教育觀在啟發人民之道德自覺在本質上終究不同。

期而致，使而往，百姓舍己以上為心者，教之所期也。始於不足見，終於不可及，一人服之，萬人從之，訓之所期也。未之令而為，未之使而往，上不加勉，而民自盡，竭俗之所期也。好惡形於心，百姓化於下，罰未行而民畏恐，賞未加而民勸勉，誠信之所期也。為而無害，成而不議，得而莫之能爭，天道之所期也。為之而成，求之而得，上之所欲，小大必舉，事之所期也。令則行，禁則止，憲之所及，俗之所被，如百體之從心，政之所期也。(〈立政〉)[50]

此段文句非常清楚呈現《管子》所倡「禮者教訓正俗」之目標：「教之所期，民以上為心；訓之所期，一人服之，萬人從之」，即《管子》

---

49 〔清〕黎翔鳳撰，梁運華整理：《管子校注》(北京：中華書局，2006年)，頁56。
50 〔清〕黎翔鳳撰，梁運華整理：《管子校注》(北京：中華書局，2006年)，頁80-81。

「禮者教訓正俗」的目的是政治性的。透過「教訓正俗」的過程，使全民能以君上為心，所謂「上之所欲，小大必舉」令行禁止，一國之眾民服從人君一人，正如一身之從一心為主，此乃政之所期也。至於如何培養百姓知禮？所謂「禮者教訓正俗」的內容為何？

> 民知義矣，而未知禮，然後飾八經以導之禮。所謂八經者何？曰：上下有義，貴賤有分，長幼有等，貧富有度，凡此八者，禮之經也。故上下無義則亂，貴賤無分則爭，長幼無等則倍，貧富無度則失。上下亂，貴賤爭，長幼倍，貧富失，而國不亂者，未之嘗聞也。是故聖王飭此八禮，以導其民；八者各得其義，則為人君者，中正而無私。為人臣者，忠信而不黨。為人父者，慈惠以教。為人子者，孝悌以肅。為人兄者，寬裕以誨。為人弟者，比順以敬。為人夫者，敦懞以固。為人妻者，勸勉以貞。夫然則下不倍上，臣不殺君，賤不踰貴，少不陵長，遠不閒親，新不閒舊，小不加大，淫不破義，凡此八者，禮之經也。夫人必知禮然後恭敬，恭敬然後尊讓，尊讓然後少長貴賤不相踰越，少長貴賤不相踰越，故亂不生而患不作，故曰禮不可不謹也。(〈五輔〉)[51]

《管子》所謂「禮之八經」即禮教的八大方向區分上下、貴賤、長幼、貧富，此是在「衣食足而知榮辱」的基礎上，民眾衣食即基本物質生活無虞的基礎上，進一步重建人類群體社會之人倫條理與秩序化，藉由身分、官階、年歲、物質條件的財富差別，區分出上下位階、職級高低、長幼、夫婦、子女等級、節度的不同，使社會成為一個有人倫規範維繫的穩定秩序。

---

51 〔清〕黎翔鳳撰，梁運華整理：《管子校注》(北京：中華書局，2006年)，頁198。

禮教的目的在建立上下不亂、貴賤無爭、長幼不倍、貧富不失，則國不亂，在這樣穩定秩序中，規範好各個身分該有的責任與工作，使「為人君者，中正而無私。為人臣者，忠信而不黨。為人父者，慈惠以教。為人子者，孝悌以肅。為人兄者，寬裕以誨。為人弟者，比順以敬。為人夫者，敦懞以固。為人妻者，勸勉以貞」，使君、臣、父、子、兄、弟、夫、妻各盡其分，若民知禮、恭敬、尊讓、少長貴賤不相踰越，則社會便亂不生而患不作，此乃《管子》的禮教思想。

> 禁罰威嚴，則簡慢之人整齊。憲令著明，則蠻夷之人不敢犯。賞慶信必，則有功者勸。教訓習俗者眾，則君民化變而不自知也。是故明君在上位，刑省罰寡，非可刑而不刑，非可罪而不罪也。明君者，閉其門，塞其塗，畀其跡，使民毋由接於淫非之地。是以民之道正行善也若性然。故罪罰寡而民以治矣。（〈八觀〉）[52]

教訓習俗使君民「化變」，「化變」者乃針對前文「亂賊之人謀、姦遁踰越、攘奪竊盜、男女無別」等姦邪之作而言，透過「教訓習俗」使民不得行淫非之事，導正民之言行若其本性而發，故對《管子》而言，使民導正行善須待後天「教訓習俗」而後作，故「教訓習俗」實似現代國家對公民實施之社會教育工作。

《管子》教訓正俗與法家之法治差別何在？《管子・心術上》云：「禮出乎義，義出乎理，理因乎宜者也。法者所以同出不得不然者也。故殺僇禁誅以一之也。」[53]《管子》之「禮」乃寄望透過教訓成俗的潛移默化方式，讓君臣民逐漸導正其差別行為，使社會納入統

---

52 〔清〕黎翔鳳撰，梁運華整理：《管子校注》（北京：中華書局，2006年），頁256。
53 〔清〕黎翔鳳撰，梁運華整理：《管子校注》（北京：中華書局，2006年），頁770。

一合理的規範中,「法」則是強制性的禁制手段,使不願納入此合理規範的臣民服從而遵守,可謂一體兩面。

　　先秦孔、孟皆有「富而後教」[54]之說,注重人民基本的安居樂業,孔孟與《管子》二家都強調民生富足之後要提升文化素養,但孔孟之「教」乃使人民自覺以成為有德之君子,《管子》「衣食足而後知榮辱」則是站在群體社會的整體規範面立論,希望建立按照不同身分有不同分際規範的人倫有序的國家,以維持整體國家的穩定,二家還是有本質上的差異,從《管子》禮學思想的發展,強調整體社會規範的建立,可以看出戰國中期以後思想趨向的轉變,從個人道德自覺的啟發,逐漸轉向教訓成俗,重建新的社會群體規範的重要性。

五　結論

　　《管子》乃為政之書,所謂「政之所興,在順民心。政之所廢,在逆民心。」為政本質在「民心」,「民心」指一般人民好惡之情,民惡「憂勞、貧賤、危墜、滅絕」,民好「佚樂、富貴、存安、生育」為政者當順民之所好,絕民之所惡,其心性論乃針對民心好惡上著眼,非個人道德修養工夫。《管子》「民心」觀點與荀子性惡觀接近,皆由人性感官食色之性出發,了解民心之所好惡,使人民能「衣食足而後知榮辱」,再透過「國之四維」以引導人民使知君臣夫婦上下之別。

　　《管子》禮學主張並非要恢復周文之禮,乃站在為政者的立場,如何使國家社會能長治久安為目標,在「衣食足而後知榮辱」即滿足

54　(孔子)適衛,冉有僕。子曰:「庶矣哉!」冉有曰:「既庶矣。又何加焉?」曰:「富之。」曰:「既富矣,又何加焉?」曰:「教之。」《論語・子路》,《十三經注疏》(臺北:藝文印書館,1976年),頁116。(孟子)「百畝之田,勿奪其時,數口之家可以無飢矣;謹庠序之教,申之以孝悌之義,頒白者不負戴於道路矣。」《孟子・梁惠王上》,《十三經注疏》(臺北:藝文印書館,1976年),頁24。

民眾基本生活無虞之後,透過「教訓成俗」的社會教育方式,建立上下不亂、貴賤無爭、長幼不倍、貧富不失,則國不亂,在穩定的社會人倫秩序中,不同身分皆能做到每個人該盡的責任與工作,使「為人君者,中正而無私。為人臣者,忠信而不黨。為人父者,慈惠以教。為人子者,孝悌以肅。為人兄者,寬裕以誨。為人弟者,比順以敬。為人夫者,敦懞以固。為人妻者,勸勉以貞」,使君、臣、父、子、兄、弟、夫、妻各盡其分,民能知禮、恭敬、尊讓、少長貴賤不相踰越,則社會便亂不生而患不作,此乃《管子》「禮不踰節」的禮教理想。

學者陳麗桂以為:「(《管子》)作者一方面以『道』統『德』、統『法』,另一方面又以『理』統『義』、統『禮』。而『理』,根據它的解釋是要設定分際,使有條不紊。這樣的『理』,就頗有『刑名』的味道。儒、道、法三家的思想主題,在這裡都串聯貫穿了起來。」[55]《管子》吸收道家之「道」與「德」以為天地人物之本體,吸收儒家之「義」與「禮」以為人事之準則與表現,吸收名家之「理」以為名實之判準,吸收法家之「法」以正其不義,以一其政與民,此見戰國諸子思想之融合,以重建新的治國藍圖。

就「禮」而言,戰國稷下黃老學派是以「道」作為國家的最高標準,「禮」亦出於「道」,「禮」乃屬於個人內在心性修養與行為表現的一環。故〈心術〉曰:「凡民之生也,必以正平,所以失之者,必以喜樂哀怒。節怒莫若樂,節樂莫若禮,守禮莫若敬。外敬而內靜者,必反其性。」[56]人之性自有喜怒哀樂,但亦為物所亂,故「形不正則德不來,中不精則心不治⋯⋯是故曰無以物亂官,毋以官亂心,此之謂內德。」[57]此承襲老子「罪莫厚乎甚欲,咎莫憯乎欲得,禍莫

---

55 陳麗桂:〈第三章 《管子》中的黃老思想〉,《戰國時期的黃老思想》(臺北:聯經出版事業公司,1991年),頁143。
56 〔清〕黎翔鳳撰,梁運華整理:《管子校注》(北京:中華書局,2006年),頁786。
57 〔清〕黎翔鳳撰,梁運華整理:《管子校注》(北京:中華書局,2006年),頁778。

大乎不知足。」[58]之說,面對人性喜怒安樂之可欲、不知足,〈心術〉主張要「節」之,結合道家「守靜」與儒家「執事敬」之功夫以詮釋「節」的修養,以「節」詮釋「禮」,透過「禮」以反其性,「以禮反性」的修養主張對後世漢代《淮南子》有其影響。

第四節　荀子「禮義之統」思想研究

一　君子者,禮義之始

(一) 人之貴在「群」與「分」

荀子名況(西元前325-238年),字卿,亦作孫卿,戰國趙人。《史記·孟子荀卿列傳》曰:「齊襄王之時,而荀卿最為老師」、「三為祭酒」[59]乃戰國末年大儒。荀子論人與草木禽獸之別,曰:

> 水火有氣而無生,草木有生而無知,禽獸有知而無義,人有氣、有生、有知,亦且有義,故最為天下貴也。力不若牛,走不若馬,而牛馬為用,何也?曰:人能群,彼不能群也。人何以能群?曰:分。分何以能行?曰:義。故義以分則和,和則一。(〈王制〉)[60]

荀子論水火、草木、禽獸、人之分際,水火有氣無生,草木有氣有生而無知覺,禽獸有氣有生有知覺而不知義,惟人有氣有生有知且知

---

58 陳師錫勇先生:《老子釋義》(臺北:國家出版社,2006年),頁106。
59 〔漢〕司馬遷:《史記·孟子荀卿列傳》(臺北:藝文印書館,1962年,據武英殿影印本),頁941。
60 〔清〕王先謙:《荀子集解》(北京:中華書局,2007年4月),頁164。

義,故人最為貴。荀子以「義」作為人禽之辨,至於「義」者為何?荀子非如孟子由人之四端論,而是由人類群體生活的合理性層面論。就個人而言人,「力不若牛、走不若馬」,卻可以駕馭牛馬,乃因人能「群」,「群」者在於人會相互合作、群體行動,才能超越禽獸各別之力,而「群」的基礎在於能「分」,「分」者是在群體中相互分工,各司其職,故人之貴在能「群」與「分」。但反面來說「群」則易爭、「分」者易怨,〈富國〉曰:「人之生,不能無群,群而無分則爭,爭則亂,亂則窮矣。故無分者,人之大害也;有分者,天下之本利也;而人君者,所以管分之樞要也。」[61]故能「群」與「分」而又不爭不怨,始為人倫之貴,其中關鍵在於「義」,有「義」乃得合理之「分」而能不爭,能合理之「分」方能「群」而不怨。

對荀子而言「義」的作用在「群」與「分」的合理化,荀子論「義」乃由人類群體生活的合理性入手,此點跟孟子從四端之心論「義」的良知判斷主體義不同,故荀子論「義」是由人類群體生活合理的規範層面立論。

> 人之所以為人者何已也?曰:以其有辨也。飢而欲食,寒而欲煖,勞而欲息,好利而惡害,是人之所生而有也,是無待而然者也,是禹桀之所同也。然則人之所以為人者,非特以二足而無毛也,以其有辨也。今夫狌狌形狀亦二足而無毛也,然而君子啜其羹,食其胾。故人之所以為人者,非特以二足而無毛也,以其有辨也。夫禽獸有父子,而無父子之親,有牝牡而無男女之別。故人道莫不有辨。辨莫大於分,分莫大於禮,禮莫大於聖王;聖王有百,吾孰法焉?故曰:文久而滅,節族久而絕,守法數之有司,極禮而褫。故曰:欲觀聖王之跡,則於其

---

61 〔清〕王先謙:《荀子集解》(北京:中華書局,2007年4月),頁179。

粲然者矣,後王是也。彼後王者,天下之君也;舍後王而道上古,譬之是猶舍己之君,而事人之君也。故曰:欲觀千歲,則數今日;欲知億萬,則審一二;欲知上世,則審周道;欲審周道,則審其人所貴君子。故曰:以近知遠,以一知萬,以微知明,此之謂也。(〈非相〉)[62]

孟子言人禽之辨在仁義之道,荀子則由「禮」與「辨」切入人禽之辨,禽獸有父子、有牝牡而無父子之親、男女之別,禽獸只有弱肉強食、生存繁衍為生存法則。〈禮論〉曰:「君子既得其養,又好其別。曷謂別?曰:貴賤有等,長幼有差,貧富輕重皆有稱者也。」[63]人類社會之可貴在於有「辨」,此「辨」乃強調群體社會每個人身分與職分有別,故男女有分、夫婦有敬、父子有親、朋友有信、君臣有義,人倫社會與禽獸社會最大差別並非以弱肉強食為生存法則,而是依照不同職分、不同身分去規範人與人合理合宜的對待方式,故荀子所謂「義」即是在人類群體社會中合理辨別不同身分與當盡之職分的判準,「義」的表現即是「禮」,故人類社會與禽獸世界的差別在「禮」,禽獸世界的法則在弱肉強食,人類社會有人倫之禮可保障所有人應當得到合理的對待,故荀子以為「禮」才是人類社會運行的文明規範,只是荀子之「禮」規範來自於效法後王之道,因先王上古之事久遠難循,故荀子主張要效法周道、效法君子,以制定符合當世社會大多數人都能遵循的共同規範來運作。

〈榮辱〉曰:「夫貴為天子,富有天下,是人情之所同欲也;然則從人之欲,則埶不能容,物不能贍也。故先王案為之制禮義以分之,使有貴賤之等,長幼之差,知愚、能不能之分,皆使人載其事而

---

62 〔清〕王先謙:《荀子集解》(北京:中華書局,2007年4月),頁78-81。
63 〔清〕王先謙:《荀子集解》(北京:中華書局,2007年4月),頁347。

各得其宜。然後使慤祿多少厚薄之稱,是夫群居和一之道也。」[64]人類群體社會的共同規範,不能依據人情、人性去滿足,對荀子而言,人性是永不滿足的、富貴權勢是永遠不足的,因此荀子主張當效法先王制作禮義「使有貴賤之等,長幼之差,知愚能不能之分,皆使人載其事,而各得其宜」,此為荀子主張人倫社會追求合理之「分」的理想,使貴賤有等、長幼有差、智愚能不能各得其位的合理規範即制作禮義以分之,如此方能使貴賤、長幼、智愚、能不能有所分,是曰「禮義之統」。

但「禮義之統」的制定並非人君所訂定,而是來自君子、聖人、大儒才有能力訂定。

(二) 君子者,禮義之始

> 以類行雜,以一行萬。始則終,終則始,若環之無端也,舍是而天下以衰矣。天地者,生之始也;禮義者,治之始也;君子者,禮義之始也;為之,貫之,積重之,致好之者,君子之始也。故天地生君子,君子理天地;君子者,天地之參也,萬物之摠也,民之父母也。無君子,則天地不理,禮義無統,上無君師,下無父子、夫婦,是之謂至亂。君臣、父子、兄弟、夫婦,始則終,終則始,與天地同理,與萬世同久,夫是之謂大本。故喪祭、朝聘、師旅一也;貴賤、殺生、與奪一也;君君、臣臣、父父、子子、兄兄、弟弟一也;農農、士士、工工、商商一也。(〈王制〉)[65]

天地、禮義、君子為天地之參,天地為生物之始,禮義乃人倫之始,

---

64 〔清〕王先謙:《荀子集解》(北京:中華書局,2007年4月),頁70。
65 〔清〕王先謙:《荀子集解》(北京:中華書局,2007年4月),頁163。

至於君子乃禮義制定之始，故曰禮義之始。荀子以為君子當理天地、總萬物、為民父母，若天地生萬物乃自然之序，君子制禮義，始有君臣、父子、兄弟、夫婦、始立喪祭、朝聘、師旅之制乃人倫制度之序。故荀子主張人倫之序的制定在君子，君子乃有德有學之聖賢，需「為之，貫之，積重之，致好之者」，故君子乃經後天學習、實踐、積累而有德者，方有能力制定禮義之統作為人群之規範。

荀子言「君子位尊而志恭，心小而道大；所聽視者近，而所聞見者遠。是何邪？則操術然也。故千人萬人之情，一人之情也。天地始者，今日是也。百王之道，後王是也。君子審後王之道，而論百王之前，若端拜而議。推禮義之統，分是非之分，總天下之要，治海內之眾，若使一人。故操彌約，而事彌大。五寸之矩，盡天下之方也。故君子不下室堂，而海內之情舉積此者，則操術然也。」(〈不苟〉)[66]荀子論制定人類群體生活之共同規範的依據何在？即天地、人物有其共同的一致性，故言天地若一、人情若一、百王若一，乃因君子能掌握「審後王之道，推禮義之統，分是非之分」，故能總天下、治海內，若使一人，故君子制作禮義之統，以判是非之分，使天下人情若一、治國若一，此乃荀子禮學思想之依據與目標，而此目標之樞要在君子。

「為之，貫之，積重之，致好之者，君子之始也。」即君子由後天學習開始，最後積累而成。〈正名〉曰：「生之所以然者謂之性；性之和所生，精合感應，不事而自然謂之性。性之好、惡、喜、怒、哀、樂謂之情。情然而心為之擇謂之慮，心慮而能為之動謂之偽。慮積焉、能習焉而後成謂之偽。」楊倞注：「心雖能動，亦在積久習學，然後能矯其本性也。」[67]喜怒哀樂之情乃人之性，但動於情而心為之擇為之慮則曰「偽」，「偽」乃指後天學習、選擇與判斷能力，後

---

[66] 〔清〕王先謙：《荀子集解》（北京：中華書局，2007年4月），頁48-49。
[67] 〔清〕王先謙：《荀子集解》（北京：中華書局，2007年4月），頁412。

天學習的積累乃為培養正確的判斷能力，此曰「化性起偽」，故荀子重「學」。

　　荀子論「學」目的乃使人超越情性之爭逐，凡事做合理的判斷，進而將其表現出來，故學之目的在知「禮」。〈勸學〉曰：「學惡乎始？惡乎終？曰：其數則始乎誦經，終乎讀禮；其義則始乎為士，終乎為聖人。真積力久則入。學至乎沒而後止也。故學數有終，若其義則不可須臾舍也。為之，人也，舍之，禽獸也。故《書》者、政事之紀也；《詩》者、中聲之所止也；《禮》者、法之大分，類之綱紀也。故學至乎禮而止矣。」[68]學習目的是知禮成聖，學習始於經典而終於成聖，學《書》、《詩》、《禮》以明政事之紀、情性之中道、明「法之大分，類之綱紀」，「法」是行為規範，「類」是人倫之別，故學習的最終目標是明「禮」，掌握人類群體社會共同的行為規範、辨明人倫親疏貴賤之分，使人文社會合理運作的制度與共同遵循的團體規範。

　　荀子主張天地為自然秩序之源頭，禮義乃人文秩序之源頭，君子則為制定禮義之制的創立者，君子能制禮義乃因其學先王詩、書、禮之道，審後王是非之分，乃得制其禮義之統，以治人倫之和。故荀子「禮義之統」不徒然只是制定外在的社會規範，其制定者在君子、聖人，這點仍延續孔、孟以來強調以人為本、以德為本的人文價值義，但也有賦予君子、聖人不能僅止於個人修身之德，更要肩負一份社會責任感，制定一套符合人類群體社會合理運作的「禮義之統」的時代新意。

（三）「禮義之統」為大儒、聖人所制

> 故有俗人者，有俗儒者，有雅儒者，有大儒者。不學問，無正義，以富利為隆，是俗人者也。逢衣淺帶，解果其冠，略法先

---

[68] 〔清〕王先謙：《荀子集解》（北京：中華書局，2007年4月），頁11。

王而足亂世術，繆學雜舉，不知法後王而一制度，不知隆禮義而殺詩書；其衣冠行偽已同於世俗矣，然而不知惡；其言議談說已無所以異於墨子矣，然而明不能別；呼先王以欺愚者而求衣食焉；得委積足以揜其口，則揚揚如也；隨其長子，事其便辟，舉其上客，億然若終身之虜而不敢有他志：是俗儒者也。法後王，一制度，隆禮義而殺詩書；其言行已有大法矣，然而明不能齊法教之所不及，聞見之所未至，則知不能類也；知之曰知之，不知曰不知，內不自以誣，外不自以欺，以是尊賢畏法而不敢怠傲：是雅儒者也。法先王（後王）[69]，統禮義，一制度；以淺持博，以古持今（以今持古）[70]，以一持萬；苟仁義之類也，雖在鳥獸之中，若別白黑；倚物怪變，所未嘗聞也，所未嘗見也，卒然起一方，則舉統類而應之，無所儗作；張法而度之，則晻然若合符節：是大儒者也。（〈儒效〉）[71]

荀子區別俗人、俗儒、雅儒、大儒之等，俗人以利為先；俗儒徒知循先王而不知法後王、不知隆詩書；雅儒法後王隆詩書，不知應變；大儒法後王、持古今、統類應之、制法度之。俗人完全只是滿足個人之欲利，俗儒則徒循先王之道，以圖個人之欲利。雅儒法後王，徒然只正其身，而無以應其世變，不足為他人效法。惟大儒能正其身，統禮義、統類以應事，足以正其身而教化天下。故大儒乃能法後王之道，明禮義之統，通古今制度之損益；明仁義白黑怪變，通其古今之道而統類之，張禮法而興作之，乃為人師。

---

69 〔清〕王先謙：「先王」當為「後王」《荀子集解》（北京：中華書局，2007年4月），頁140。
70 〔清〕王先謙：「以古持今」當為「以今持古」。《荀子集解》（北京：中華書局，2007年4月），頁140。
71 〔清〕王先謙：《荀子集解》（北京：中華書局，2007年4月），頁138-141。

故惟大儒能明「禮義之統」乃得以正情性，正身之行，理人倫之別，定國家之禮制，使民「化民成俗」。惟大儒能明「禮義之統」，乃得制定「舉統類而應之，張法而度之」，制定「禮義之統」以為天下法。故「禮義之統」非國君、權臣、法吏得以制定，其內涵有對傳統禮制的吸收與消化、有大儒個人的道德實踐體會，有對人性欲望的理解與警惕，也有對現實時勢所需的考量，故惟大儒有學養與能力制定「禮義之統」。

〈儒效〉篇曰：「彼大儒者，雖隱於窮閻漏屋，無置錐之地，而王公不能與之爭名；在一大夫之位，則一君不能獨畜，一國不能獨容，成名況乎諸侯，莫不願得以為臣。用百里之地，而千里之國莫能與之爭勝；笞棰暴國，齊一天下，而莫能傾也。是大儒之徵也。其言有類，其行有禮，其舉事無悔，其持險應變曲當。與時遷徙，與世偃仰，千舉萬變，其道一也。是大儒之稽也。其窮也俗儒笑之；其通也英傑化之，嵬瑣逃之，邪說畏之，眾人媿之。通則一天下，窮則獨立貴名，天不能死，地不能埋，桀跖之世不能汙，非大儒莫之能立，仲尼、子弓是也。」(〈儒效〉)[72]荀子論大儒者其言論有中心原則，其行為能循禮而行，而具其合理性，故能明事理而無悔，能應變而恰當中節，更能掌握時勢變化，與時俱進，雖千舉萬變，但正身、循禮、處事、待人，使天下人各得其職分，可見大儒之難遇，荀子惟肯定者，仲尼、子弓是也。

> 聖人也者，道之管也：天下之道管是矣，百王之道一是矣。故詩書禮樂之道歸是矣。詩言是其志也，書言是其事也，禮言是其行也，樂言是其和也，春秋言是其微也，故風之所以為不逐者，取是以節之也，小雅之所以為小者，取是而文之也，大雅

---

72 〔清〕王先謙：《荀子集解》（北京：中華書局，2007年4月），頁137-138。

之所以為大者，取是而光之也，頌之所以為至者，取是而通之也。天下之道畢是矣。鄉是者臧，倍是者亡；鄉是如不臧，倍是如不亡者，自古及今，未嘗有也。(〈儒效〉)[73]

大儒有機會兼善天下則為聖人，所謂「仁厚兼覆天下而不閔，明達用天地理萬變而不疑，血氣和平，志意廣大，行義塞於天地之間，仁智之極也。夫是之謂聖人；審之禮也。」(〈君道〉)[74]荀子強調「禮義之統」來自聖人，即天下之道、百王之道、詩書禮樂之道，實則皆為聖人崇高禮義生命型態的表現。詩者言聖人之志，書者言聖人處事之道，禮者言聖人之行，樂者言聖人之情發，春秋言聖人之微言，風者取聖人之情有所節制而不放縱，小雅取聖人典雅之文采，大雅取聖人包容天下之大，頌取聖人人格之至善，天下之道盡於聖人之德行上呈現。荀子追求人類群體社會的共同規範是「禮義之統」，「禮義之統」的依據在聖人，並非人君基於一己之私而制定之法規，故荀子「禮義之統」並非徒然只是外在的群體規範，它內含聖人禮義生命型態而發的表現，聖人透過學、從師，學習先王之道、學習詩書禮樂，審後王之道，明是非之辨，而後得其禮憲，乃能以類相應，持常應變，依長幼尊卑貴賤，別其人倫之序，依聖賢智愚才性，任能使賢，制作「禮義之統」。

學者陸建華以為：「這是說，人性的根本內容是人的自然欲望，欲望向外展開的最終後果是人之爭與社會之亂，人性的價值由此而指向惡；變亂為治、養人之欲，救人民於水火的最佳治世之術即是禮治，禮義法度的創作者只能是聖王、先王、聖人。在此，荀子以性惡對抗孟子的性善，排除天命神學的干擾，第一次從社會發展中探尋作

---

73 〔清〕王先謙：《荀子集解》(北京：中華書局，2007年4月)，頁133-134。
74 〔清〕王先謙：《荀子集解》(北京：中華書局，2007年4月)，頁234。

為社會政治制度和原則的禮的由來，敏銳地抓住了禮與人類社會早期發展階段的本質聯繫，論明了禮的產生的社會性、客觀性。」[75]荀子「禮義之統」思想確實是「敏銳地抓住了禮與人類社會早期發展階段的本質聯繫，論明了禮的產生的社會性、客觀性」，但不能忽略荀子「禮義之統」乃立基於聖人之創制，故此社會群體之規範仍是由道德生命發用而制作，荀子仍是「以人為本、以德為本」的思想型態。雖然荀子並無特別強調道德心的自覺，而強調「向學」、「從師」的重要，但荀子所重仍然在於成為聖人、君子、大儒等道德生命型態的人格養成，「禮義之統」來自德性生命人格之所制作，這是不容置疑的。

二　「禮義之統」四大面向

荀子是由群體社會的規範層面來看待人類社會，人之異於禽獸在於能群，但群體中若順人之情欲好惡，只會相爭相鬥，故荀子特別強調「制禮義以分之，使有貴賤之等，長幼之差，知愚能不能之分，皆使人載其事，而各得其宜。然後使穀祿多少厚薄之稱，是夫群居和一之道也。」(〈榮辱〉)[76]要使人們能群居和一之道，正是「禮義之統」的存在意義，「禮義之統」就是使人群中貴賤有等、長幼有序、智愚有分、人各得其宜，如此人們始能不爭不鬥，方使社會合理運作的關鍵。對荀子而言，「君」的意義便是能在群體中合理處理「群」與「分」的問題。〈君道〉曰：

> 君者，何也？曰：能群也。能群也者，何也？曰：善生養人者也，善班治人者也，善顯設人者也，善藩飾人者也。善生養人

---

[75] 陸建華：〈先秦儒家禮學的演變〉，《中國海洋大學學報》(社會科學版) 2003 年第 2 期，頁 45。

[76] 〔清〕王先謙：《荀子集解》(北京：中華書局，2007 年 4 月)，頁 70-71。

者人親之,善班治人者人安之,善顯設人者人樂之,善藩飾人者人榮之。四統者俱而天下歸之,夫是之謂能群。不能生養人者,人不親也;不能班治人者,人不安也;不能顯設人者,人不樂也;不能藩飾人者,人不榮也。四統者亡,而天下去之,夫是之謂匹夫。故曰:道存則國存,道亡則國亡。省工賈,眾農夫,禁盜賊,除姦邪:是所以生養之也。天子三公,諸侯一相,大夫擅官,士保職,莫不法度而公:是所以班治之也。論德而定次,量能而授官,皆使人載其事而各得其所宜,上賢使之為三公,次賢使之為諸侯,下賢使之為士大夫:是所以顯設之也。修冠弁、衣裳,黼黻、文章,雕琢、刻鏤皆有等差,是所以藩飾之也。故由天子至於庶人也,莫不騁其能,得其志,安樂其事,是所同也;衣煖而食充,居安而游樂,事時制明而用足,是又所同也。若夫重色而成文章,重味而成珍備,是所衍也。聖王財衍以明辨異,上以飾賢良而明貴賤,下以飾長幼而明親疏。上在王公之朝,下在百姓之家,天下曉然皆知其所非以為異也,將以明分達治而保萬世也。[77]

人君之貴在於能「群」,「群」者乃人君能領導、凝聚、造福人群的能力。荀子分四方面述之:善生養人者,善班治人者,善顯設人者,善藩飾人者。「善生養人者」重農工商,禁盜除奸,使民生養無憾,這是安頓人民生活問題;「善班治人者」,天子諸侯大夫士度法而公,各擅其職,這是處理群體生活法制運作問題;「善顯設人者」論德量能,授官使賢,各得其宜,這是處理群體社會的教育與吏治問題;「善藩飾人者」衣冠刻鏤,各有等差,這是彰顯群體社會的禮制身分階級問題。

---

77 〔清〕王先謙:《荀子集解》(北京:中華書局,2007年4月),頁237-238。

人君使民各得其宜，各騁其能，各安其位，貴賤智愚有所別曰分，各安其居，各司其事而樂曰同，能達此而治曰群，此為荀子的治國理想，要實現這樣的理想，關鍵在於人君要能知「義」，此「義」的原則正是「禮義之統」。以下便由「生養、班治、顯設、藩飾」四點分述之：

（一）善生養人者

1　禮者養也

　　荀子〈禮論〉曰：「禮起於何也？曰：人生而有欲，欲而不得，則不能無求。求而無度量分界，則不能不爭；爭則亂，亂則窮。先王惡其亂也，故制禮義以分之，以養人之欲，給人之求。使欲必不窮乎物，物必不屈於欲。兩者相持而長，是禮之所起也。」[78]荀子認為「禮」之源起乃是要滿足人民基本生存問題，所謂「養人之欲，給人之求」，此與荀子「性惡」論主張有關，〈性惡〉曰：「今人之性，生而有好利焉，順是，故爭奪生而辭讓亡焉；生而有疾惡焉，順是，故殘賊生而忠信亡焉；生而有耳目之欲，有好聲色焉，順是，故淫亂生而禮義文理亡焉。然則從人之性，順人之情，必出於爭奪，合於犯分亂理而歸於暴。故必將有師法之化，禮義之道，然後出於辭讓，合於文理，而歸於治。」[79]荀子認為人性以欲利為性，「從人之性，順人之情，必出於爭奪，合於犯分亂理，而歸於暴」，「性」非惡，但順「性」而不知節乃為暴為惡，故須「禮」以節之治之，然後乃得表現辭讓之行，以合文理之治。

　　「禮者養也。芻豢稻粱，五味調香，所以養口也；椒蘭芬苾，所以養鼻也；雕琢刻鏤，黼黻文章，所以養目也；鐘鼓管磬，琴瑟竽

---

[78] 〔清〕王先謙：《荀子集解》（北京：中華書局，2007年4月），頁346。
[79] 〔清〕王先謙：《荀子集解》（北京：中華書局，2007年4月），頁434。

笙,所以養耳也;疏房檖貌,越席床笫几筵,所以養體也。故禮者養也。」〈禮論〉[80]禮者合理滿足吾人口、鼻、目、耳、體之所需,孔子非禮勿視、聽、言、動,乃反面論述「禮」之為重,藉由非禮之戒、克己復禮以警醒吾心之仁。荀子則正面論述「禮」在耳、目、口、鼻、體之安適與節制的作用,「禮」的第一個作用是保障群體社會每個個體基本生存問題合理滿足。

> 禮者貴賤有等;長幼有差,貧富輕重皆有稱者也。……量地而立國,計利而畜民,度人力而授事,使民必勝事,事必出利,利足以生民,皆使衣食百用出入相揜,必時臧餘,謂之稱數。故自天子通於庶人,事無大小多少,由是推之。故曰:「朝無幸位,民無幸生。」此之謂也。輕田野之賦,平關市之徵,省商賈之數,罕興力役,無奪農時,如是則國富矣。夫是之謂以政裕民。(〈富國〉)[81]

此段荀子所論與孟子保民養民之論若合符節,可見大儒愛民之心皆同,惟孟子由不忍人之心論不忍人之政,荀子則由禮以生養群體社會切入,主張透過「禮」的合理分配,當量地計利、輕賦平徵、省商罕役、無奪農時,以此國富裕民。

> 今是人之口腹,安知禮義?安知辭讓?安知廉恥隅積?亦呥呥而嚼,鄉鄉而飽已矣。人無師無法,則其心正其口腹也。今使人生而未嘗睹芻豢稻粱也,惟菽藿糟糠之為睹,則以至足為在此也,俄而粲然有秉芻豢稻粱而至者,則瞲然視之曰:此何怪

---

80 〔清〕王先謙:《荀子集解》(北京:中華書局,2007年4月),頁346。
81 〔清〕王先謙:《荀子集解》(北京:中華書局,2007年4月),頁178-179。

也?彼臭之而嗛於鼻,嘗之而甘於口,食之而安於體,則莫不棄此而取彼矣。今以夫先王之道,仁義之統,以相群居,以相持養,以相藩飾,以相安固邪。以夫桀跖之道,是其為相縣也,幾直夫芻豢稻梁之縣糟糠爾哉!然而人力為此,而寡為彼,何也?曰:陋也。陋也者,天下之公患也,人之大殃大害也。故曰:仁者好告示人。告之、示之、靡之、儇之、鈆之、重之,則夫塞者俄且通也,陋者俄且僩也,愚者俄且知也。是若不行,則湯武在上曷益?桀紂在上曷損?湯武存,則天下從而治,桀紂存,則天下從而亂。如是者,豈非人之情,固可與如此,可與如彼也哉!(〈榮辱〉)[82]

飢寒保暖乃人生而為有的基本欲望,自私自利以追求欲望的滿足,是不須後天學習就具備的本能,禹、桀所同也,此乃依荀子性惡論為理論基礎。但桀跖和堯禹有所不同者,非先天之欲利乃因後天之脩為積學而有異,桀跖日日追逐於欲利,堯禹日日積學脩為於仁義之道之故。有人日逐於欲利、有人脩為於仁義,荀子以為二者相異之別在「學」與「陋」,若徒然安於口腹自利,乃因「陋」也。「陋」者是個人不學而造成見識、認知的侷限,故人安知禮義、安知辭讓?故相爭相鬥而無以安養,此乃群體社會最大禍患、個人最大傷害。

今若由先王之道,仁義之統,以合理安頓群體之安居,以合理滿足耳目之養,以合理彰顯貴賤智愚之別,自然能使群體社會更和諧相安。故荀子主張以仁義之道、禮義之統打開群眾之「陋」,打破群眾視野認知的侷限,人們將會看清楚桀跖之道,只會造成群體社會相爭相鬥,認同禮義之統的社會才能相養相安,如此清楚的對比,就像芻豢稻梁對比於糟粕米糠,自然人們會望風而行禮義。故荀子主張以禮

---

82 〔清〕王先謙:《荀子集解》(北京:中華書局,2007年4月),頁64-67。

義之道打破人性之「陋」，自見禮義之道能相養相安，則百姓自風行草偃。

荀子「禮以生養」涵攝社會農工商賈之興作以滿足個人基本衣食溫飽的問題，其次再深入至個人內在志意思慮之判斷，發而為容貌行止之合宜，再論君君、臣臣、父父、子子之社會人倫秩序建立，再論百官之政、國家禮制的建立，此皆為荀子論「禮」之範圍。

2　禮者學以化性

> 故人無師無法而知，則必為盜，勇則必為賊，云能則必為亂，察則必為怪，辯則必為誕；人有師有法，而知則速通，勇則速畏，云能則速成，察則速盡，辯則速論。故有師法者，人之大寶也；無師法者，人之大殃也。人無師法，則隆性矣；有師法，則隆積矣。而師法者，所得乎積，非所受乎性。性不足以獨立而治。性也者，吾所不能為也，然而可化也。積也者，非吾所有也，然而可為也。注錯習俗，所以化性也；並一而不二，所以成積也。習俗移志，安久移質。並一而不二，則通於神明，參於天地矣。(〈儒效〉) [83]

荀子〈性惡〉主張人之性情為先天感官欲望的滿足，「性不足以獨立而治」乃因順性而為則必相爭相鬥，故曰「性也者，吾所不能為」，即順從人之情性不足以為群體社會的共同合理規範，惟人之性情不能改變，但可透過積學習禮以合理安頓性情之發，故積學習禮為個人性情之化，進而移風易俗則為群體性情之化，個人之化與群體之化皆須透過師法的學習，即透過有德之人的教導，透過學習群體規範的落實。故「禮義之統」的制定來自於君子，「禮義之統」的落實須透過

---

[83]〔清〕王先謙：《荀子集解》（北京：中華書局，2007年4月），頁142-144。

學師與法乃得實踐，故荀子特別強調「學」與「師」的重要性。〈解蔽〉曰：

> 凡以知，人之性也；可以知，物之理也。以可以知人之性，求可以知物之理而無所疑止之，則沒世窮年不能徧也。其所以貫理焉雖億萬，已不足浹萬物之變，與愚者若一。學、老身長子而與愚者若一，猶不知錯，夫是之謂妄人。故學也者，固學止之也。惡乎止之？曰：止諸至足。曷謂至足？曰：聖也。聖也者，盡倫者也；王也者，盡制者也；兩盡者，足以為天下極矣。故學者以聖王為師，案以聖王之制為法，法其法，以求其統類，以務象效其人。嚮是而務，士也；類是而幾，君子也；知之，聖人也。故有知非以慮是，則謂之懼；有勇非以持是，則謂之賊；察孰非以分是，則謂之篡；多能非以脩蕩是，則謂之知；辯利非以言是，則謂之詍。傳曰：「天下有二：非察是，是察非。」謂合王制不合王制也。天下有不以是為隆正也，然而猶有能分是非、治曲直者邪？[84]

荀子論「學」的目的不在無盡地求知，學習的目的乃為知「禮」，「學」透過人求知之性，以探求外物之理，但萬物無窮則學無涯，故「學」當有所止，所謂「學者以聖王為師，案以聖王之制為法，法其法以求其統類，以務象效其人」學習以聖王為師，以聖王之制為模範，找出其共同的標準曰統類，再因應時代的變化，建立符合當世人類群體社會共同遵守的規範曰「禮義之統」。

「禮義之統」的制定在聖、王，聖人理人倫之序，君王立國家之制，聖與王二者之合，人倫之序與國家禮制合而為一，正是人類群體

---

[84]〔清〕王先謙：《荀子集解》（北京：中華書局，2007年4月），頁406。

社會合理運作規範來源，故君子須透過「學」方能「法聖王」，法聖王乃得合理社會人倫之序，建立國家各類禮制之政，故「學」的內容乃學此「禮義之統」，學習的對象乃效法聖、王，故荀子主張當以聖、王為師，以聖王之制為法，最後得其統類之制。

> 禮者、所以正身也，師者、所以正禮也。無禮何以正身？無師吾安知禮之為是也？禮然而然，則是情安禮也；師云而云，則是知若師也。情安禮，知若師，則是聖人也。故非禮，是無法也；非師，是無師也。不是師法，而好自用，譬之是猶以盲辨色，以聾辨聲也，舍亂妄無為也。故學也者，禮法也。夫師以身為正儀，而貴自安者也。《詩》云：「不識不知，順帝之則。」此之謂也。(〈脩身〉) [85]

此論身、禮、師三者之關係，蓋人之身因性情之故而無法自正，故身須待禮方得以自正，而禮之是與非則須待師以判斷指正之，故人須從師以學禮，有禮方得以正其身，身正方得安頓其性情。故師者所以制禮之正，禮正而後可端正己身之行，安頓己之情欲，故人要知禮必從師而學，無師則所習非正，故從師方能正禮，正禮方知正身，學者乃學禮知法也，從師乃正其禮法也，從師而知禮法，乃得正身，乃得安情也。

孔子曰「克己復禮為仁」(〈顏淵〉)，孔子由「禮」指點仁心自覺，孟子由人性之四端指點「禮」之性善，孔孟論「禮」皆由道德自覺出發。荀子論「禮」由正身、安情、從師下手，正身乃從人之容貌言行處論，安情乃從人欲之好逸惡勞而設，從師乃針對人之無知無學而設，故荀子論「禮」是先透過「師」與「法」的學習，藉由外在道

---

[85] 〔清〕王先謙：《荀子集解》(北京：中華書局，2007年4月)，頁33-34。

德典範與行為規範的指導，教導民之循禮而行，使人透過學習規範自身行為與導正內在情欲之合理中節，合內外之學習以「化性起偽」，以正身安情，與孔孟二家由道德自覺處入手確有不同。

〈勸學〉曰：「學之經莫速乎好其人，隆禮次之。上不能好其人，下不能隆禮，安特將學雜識志，順詩書而已耳。則末世窮年，不免為陋儒而已。將原先王，本仁義，則禮正其經緯蹊徑也。若挈裘領，詘五指而頓之，順者不可勝數也。不道禮憲，以詩書為之，譬之猶以指測河也，以戈舂黍也，以錐餐壺也，不可以得之矣。故隆禮，雖未明，法士也；不隆禮，雖察辯，散儒也。」[86]荀子以為若只是學雜志、順詩書，不能從師、不能隆禮，則不免為陋儒，原先王、本仁義，荀子隆禮仍是以仁義為本，以禮正其經緯蹊徑，即以禮表現仁義之行為，隆禮者乃道禮憲，憲者法也，對荀子而言，禮不僅是個人仁義之行，更有一種團體合理行為的共同規範義，故曰禮憲。

> 扁善之度，以治氣養生，則後彭祖；以脩身自名，則配堯禹。宜於時通，利以處窮，禮信是也。凡用血氣、志意、知慮，由禮則治通，不由禮則勃亂提僈；食飲，衣服、居處、動靜，由禮則和節，不由禮則觸陷生疾；容貌、態度、進退、趨行，由禮則雅，不由禮則夷固、僻違、庸眾而野。故人無禮則不生，事無禮則不成，國家無禮則不寧。《詩》曰：「禮儀卒度，笑語卒獲。」此之謂也。(〈脩身〉)[87]

禮以正身，不僅止於耳目之養，血氣、志意、知慮乃指情性思慮須透過「禮」方能發而中節；食飲，衣服、居處、動靜須透過「禮」方能

---

[86] 〔清〕王先謙：《荀子集解》（北京：中華書局，2007年4月），頁14-17。
[87] 〔清〕王先謙：《荀子集解》（北京：中華書局，2007年4月），頁21-23。

安養無虞,容貌、態度、進退、趨行則指個人言行由「禮」則合宜優雅,故言人無禮則無法安居,事無禮則無法成事,國家無禮則政局紛亂無法運作,故荀子論「禮」涵攝個人修養、處事合宜及國家禮制建立等諸內涵。

故「禮義之統」第一個面向曰「善生養人者」,有二層內涵:一曰「養」,積極面是以「禮義之統」來滿足人類生存的耳目感官的基本需求,消極面以「禮義之統」來合理節制人的感官欲望,使其合理的滿足與節制。另一層涵義曰「學以化性」,荀子重視不僅只是群體社會的外在規範,更重要的是個人透過學習、從師、研習經典將人之先天性情轉化為後天德行,以自覺遵循社會群體規範社會化過程。

(二) 善班治人者

〈禮論〉曰:「君子既得其養,又好其別。曷謂別?曰:貴賤有等,長幼有差,貧富輕重皆有稱者也。」[88]人類群體社會依「禮義之統」始得合理運作,除要能生養人民之外,其可貴處在於有「別」,此「別」乃強調群體社會每個人的職分有別,男女、夫婦、父子、兄弟、朋友、君臣各自有不同的職分。「禮義之統」乃依照不同職分、不同身分去規範人與人間合理合宜的人倫行為規範,區分出君臣、父子、夫婦、兄弟、朋友彼此身分的不同,不同身分對社會家庭的職分也不同,不同身分的對應方式也有所不同,禽獸世界的規範來自情性欲望的滿足,以弱肉強食為主,人倫社會則因有「禮義之統」的人倫規範,使父子、君臣、男女、夫婦皆能得到合理滿足與節制,人倫世界因有禮制規劃故能不爭不鬥,合理順利的運作。

志意致脩,德行致厚,智慮致明,是天子之所以取天下也。政

---

[88] 〔清〕王先謙:《荀子集解》(北京:中華書局,2007年4月),頁347。

令法，舉措時，聽斷公，上則能順天子之命，下則能保百姓，是諸侯之所以取國家也。志行脩，臨官治，上則能順上，下則能保其職，是士大夫之所以取田邑也。循法則、度量、刑辟、圖籍、不知其義，謹守其數，慎不敢損益也；父子相傳，以持王公，是故三代雖亡，治法猶存，是官人百吏之所以取祿職也。孝弟原愨，軥錄疾力，以敦比其事業，而不敢怠傲，是庶人之所以取煖衣飽食，長生久視，以免於刑戮也。(〈榮辱〉)[89]

荀子論人類群體社會官民不同階層：天子、諸侯、士大夫、官人百吏、庶人各有其職分。天子當志學脩身、德行醇厚、智慮清明以理天下之辨，乃得以取天下，荀子論天子強調修身、德行，乃延續孔孟重視仁君德行之傳統，但也多一份智慮清明的理性精神。諸侯當政令公正、舉措合時、聽斷無私、上順天子、下保百姓，此諸侯所以得國家。士大夫當志行合宜、臨官公正，以順行上之所令，乃得保其職，此士大夫所以取田邑。官人百吏則當循法守數、以盡其職，乃所以得其祿職。庶人則當孝悌勤力、不敢怠傲，以取暖衣飽食，以免於刑戮。荀子重視在人類群體社會中辨明不同職分的尊卑與對應，使各盡其職，此乃荀子人倫主張的特色，藉由不同身分、不同職分的辨明使各盡其職，則社會各階層各安其分，人倫社會自能不爭不鬥而和諧相處。

孔子重個人道德仁心之自覺，面對父母、尊長、朋友、師長、國君，發而為孝、悌、忠、信諸德，此乃以道德心為主體發而為道德行為，也期盼人人克己復禮，以建立天下歸仁的道德世界。荀子非反對道德自覺，只是他更強調個人在整個人倫秩序中扮演的角色與責任，或為天子、諸侯、士大夫、官人百吏、庶人等不同身分並規範其職分，以為各身分階層當遵行之規範。

89　〔清〕王先謙：《荀子集解》(北京：中華書局，2007年4月)，頁59。

請問為人君?曰:以禮分施,均遍而不偏。請問為人臣?曰:以禮侍君,忠順而不懈。請問為人父?曰:寬惠而有禮。請問為人子?曰:敬愛而致文。請問為人兄?曰:慈愛而見友。請問為人弟?曰:敬詘而不苟。請問為人夫?曰:致功而不流,致臨而有辨。請問為人妻?曰:夫有禮則柔從聽侍,夫無禮則恐懼而自竦也。此道也,偏立而亂,俱立而治,其足以稽矣。請問兼能之奈何?曰:審之禮也。古者先王審禮以方皇周浹於天下,動無不當也。故君子恭而不難,敬而不鞏,貧窮而不約,富貴而不驕,並遇變態而不窮,審之禮也。(〈君道〉)[90]

此由政治倫理擴及至家庭倫理的建立。齊景公問政於孔子。孔子對曰:「君君,臣臣,父父,子子。」[91]無明確定義君臣父子之職分。孟子「大有為之君,必有所不召之臣」[92],乃為彰顯人臣面對君王當保有獨立人格與推崇人之為貴的性善價值觀。荀子論人倫之辨,則明確定義有為人君者、有為人臣者、有為人父者、有為人子者、有為人兄者、有為人弟者、有為人夫者、有為人妻者當盡之職分。

　　荀子論人倫之辨,是以人類群體社會中的政治層面與家庭層面來辨別每個人所扮演的角色與職分,並由此規範其尊卑貴賤關係,政治層面上有君臣之辨,家庭層面有父子、兄弟、夫妻之辨。人君之職在以禮分施,均遍不偏,即公正無私的分配資源者,人臣之職在以禮侍君,忠順不懈的執行政務者,人父之職在對下寬和施惠有禮,人子之職對父母敬愛致文,人兄之職在對弟慈愛待友友善,人弟之職在對尊長敬詘不苟,人夫之職在致功不流、致臨有辨以有為有守,人妻之職在事夫柔從聽侍、恐懼自竦。

---

90 〔清〕王先謙:《荀子集解》(北京:中華書局,2007年4月),頁232-234。
91 《論語・顏淵》,《十三經注疏》(臺北:藝文印書館,1976年),頁108。
92 《孟子・公孫丑下》,《十三經注疏》(臺北:藝文印書館,1976年),頁73。

荀子試圖為國家、家庭關係中辨明其不同職分的職責所在，制定一套行為規範，即是「審之禮」，有人君之禮、人臣之禮、人父之禮、人兄之禮、人弟之禮、人夫之禮、人妻之禮，即是不同身分有不同的社會與家庭的規範與責任，此即「禮義之統」在人倫社會不同階層的具體展現。荀子展現出來的人倫社會藍圖，明顯與周代建立在「親親」、「尊賢」的封建社會模式不同，荀子「禮義之統」的社會主張是使政治層面與家庭層面，依據其不同身分與職責，分別其尊卑貴賤，使人各盡其分、各盡其職，此乃因應新時代的未來禮義社會模式，此模式不是建立在與王室的血緣關係上，而是依據德行、學養、能力來區別其職分，可謂儒家戰國末期提出的嶄新人倫社會藍圖，有其時代意義。

（三）善顯設人者

荀子「禮義之統」主張人類群體社會需要分工、需要各司其職，才能維持合理的運作，但分工與各司其職的標準並非由君王個人好惡決定，荀子主張當「論德而定次，量能而授官」即由品德與能力這兩方面來決定，可知荀子「禮義之統」並非法家尊君思想，而是立基儒家以德以能為本的傳統，聖人以德以能作為辨別人倫社會擔任不同職分的審核標準，品德上賢、能力卓越者為三公，次之為諸侯，下賢者為士大夫，使各類人才都能為社會盡其力。

> 先王之道，人之隆也，比中而行之。曷謂中？曰：禮義是也。道者，非天之道，非地之道，人之所以道也，君子之所道也。君子之所謂賢者，非能遍能人之所能之謂也；君子之所謂知者，非能遍知人之所知之謂也；君子之所謂辯者，非能遍辯人之所辯之謂也；君子之所謂察者，非能遍察人之所察之謂也；有所止矣。相高下，視墝肥，序五種，君子不如農人；通貨

財，相美惡，辯貴賤，君子不如賈人；設規矩，陳繩墨，便備用，君子不如工人；不卹是非然不然之情，以相薦樽，以相恥怍，君子不若惠施、鄧析。若夫謫德而定次，量能而授官，使賢不肖皆得其位，能不能皆得其官，萬物得其宜，事變得其應，慎墨不得進其談，惠施、鄧析不敢竄其察，言必當理，事必當務，是然後君子之所長也。(〈儒效〉)[93]

此論君子之所長，先王之道即禮義之道，此道即君子之所道，禮義之道乃後天人倫之道。君子之所長非遍能、遍知、遍辯、遍察，乃「夫謫德而定次，量能而授官，使賢不肖皆得其位，能不能皆得其官，萬物得其宜，事變得其應，言必當理，事必當務，是然後君子之所長也」，故「禮義之統」的人倫社會藍圖，其關鍵在君子所制定之人倫之辨，其辨之標準在德、在能，其目標在使賢、不肖各得其位，能與不能皆得其官，農工商賈皆各司其職，此乃君子之所長。

「禮義之統」社會的各司其職，非由國君所授命，乃君子所辨別，依據每人不同之品德、能力，安置每個人在社會上擔任不同之職分，讓人人在人倫社會中有其合理之位置，此乃「顯設」之義。故「禮義之統」可顯設人，即彰顯人之德、之能，以辨明其名位、職分，使各盡其能，頗有〈禮運〉「人盡其材」之意。

在此可看出荀子「禮義之統」重點在人才的辨別與善用，而辨別不同人才的標準非國君之好惡、非富國強兵之需要，乃是君子、大儒依據人民品德與能力的大小高低，並非徒然只是外在身分的劃分，如何依據德與能辨別賢愚不肖的人才，將他們安置在社會不同的職分位置上，使每個人都能發揮他們對社會的貢獻，這是君子、大儒對整個群體社會最重要的使命與價值。

---

93 〔清〕王先謙：《荀子集解》（北京：中華書局，2007年4月），頁121-124。

> 請問為政?曰:賢能不待次而舉,罷不能不待須而廢,元惡不待教而誅,中庸雜民不待政而化。分未定也,則有昭繆也。雖王公士大夫之子孫也,不能屬於禮義,則歸之庶人。雖庶人之子孫也,積文學,正身行,能屬於禮義,則歸之卿相士大夫。故姦言,姦說,姦事,姦能,遁逃反側之民,職而教之,須而待之,勉之以慶賞,懲之以刑罰。安職則畜,不安職則棄。五疾,上收而養之,材而事之,官施而衣食之,兼覆無遺。才行反時者死無赦。夫是之謂天德,是王者之政也。(〈王制〉) [94]

「禮義之統」顯設人之依據在量德、量能,其實際內涵又為何?量德量能之依據在「積文學、正身行、能禮義」,很清楚看出荀子主張確為儒家以人、以德、以能為本的傳統價值,王公士大夫之名位不在王孫、不在身分世襲,而在自身之學養與行為,能積文學、正身行者,雖庶人子孫也會拔擢為卿相大夫;王公士大夫之子孫,不能積文學、身行不正、不行禮義則貶為庶人。

故荀子「禮義之統」在顯設人方面,主張以德、以能為標準,落實在人身就是積文學、正身行、能禮義。這樣的選拔人才標準,完全是儒家道德義、文化義價值觀下的落實,並非以富國強兵或以執行政令為選拔官吏的標準,而是依據人品、能力,使賢、聖、不肖、智、愚、駑鈍之人各得其位,依其職分之輕重高低而分貴賤。

> 有通士者,有公士者,有直士者,有愨士者,有小人者。上則能尊君,下則能愛民,物至而應,事起而辨,若是則可謂通士矣。不下比以闇上,不上同以疾下,分爭於中,不以私害之,若是則可謂公士矣。身之所長,上雖不知,不以悖君;身之所

---

[94] 〔清〕王先謙:《荀子集解》(北京:中華書局,2007年4月),頁148-149。

短，上雖不知，不以取賞；長短不飾，以情自竭，若是則可謂直士矣。庸言必信之，庸行必慎之，畏法流俗，而不敢以其所獨甚，若是則可謂愨士矣。言無常信，行無常貞，唯利所在，無所不傾，若是則可謂小人矣。(〈不苟〉)[95]

人類群體社會是否能依「禮義之統」而行的關鍵，在使每人各司其職、各盡其分，儒者的職責便在於「譎德而定次，量能而授官，使賢不肖皆得其位，能不能皆得其官」，依據每個人的品德與能力來區別其職分，不再是取決於血統或家世，依據各人才德之不同乃有通士、公士、直士、愨士、小人之別。通士者上以尊君、下以愛民，應事通達者稱之。公士者不瞞上不欺下，堅守中道，不求私利者稱之。直士者不求己之長短，惟竭盡於國事者，可謂直士矣。愨士者正言正行，守法自持者，可謂愨士矣。至於言行無常、惟利益之所在，則可謂小人矣。

荀子主張儒者依各人才德之不同，別其為通士、公士、直士、愨士、小人，乃得使其為三公、諸侯、卿大夫、官吏、士、民等，區別其不同之位階與職分，使各司其職、各盡其分。孔子因材施教，最早點出各人才性有所不同，站在教育立場，當依據不同之才性，指點及成就學生不同之能力，成就為不同之人才。惟孔子是站在教育立場，教師的職責只是成就學生成為人才而已。但荀子顯然更進一步站在人類群體社會的需求層面而言，人類群體社會需要各種不同的人才來服務，通士或可為三公，公士或可為諸侯，直士或可為官吏，愨士或可為士，小人即是一般之民，人盡其才各盡其用，皆對社會有所貢獻，皆當予以肯定、當得其榮耀，此乃「禮義之統」的「顯設」之義。

---

[95] 〔清〕王先謙：《荀子集解》（北京：中華書局，2007年4月），頁49-51。

序官：宰爵知賓客、祭祀、饗食犧牲之牢數。司徒知百宗、城郭、立器之數。司馬知師旅、甲兵、乘白之數。脩憲命，審詩商，禁淫聲，以時順脩，使夷俗邪音不敢亂雅，大師之事也。脩隄梁，通溝澮，行水潦，安水臧，以時決塞，歲雖凶敗水旱，使民有所耘艾，司空之事也。相高下，視肥墝，序五種，省農功，謹蓄藏，以時順脩，使農夫樸力而寡能，治田之事也。脩火憲，養山林藪澤草木、魚鱉、百索，以時禁發，使國家足用，而財物不屈，虞師之事也。順州里，定廛宅，養六畜，閒樹藝，勸教化，趨孝弟，以時順修，使百姓順命，安樂處鄉，鄉師之事也。論百工，審時事，辨功苦，尚完利，便備用，使雕琢文采不敢專造於家，工師之事也。相陰陽，占祲兆，鑽龜陳卦，主攘擇五卜，知其吉凶妖祥，傴巫跛擊之事也。脩採清，易道路，謹盜賊，平室律，以時順修，使賓旅安而貨財通，治市之事也。抃急禁悍，防淫除邪，戮之以五刑，使暴悍以變，姦邪不作，司寇之事也。本政教，正法則，兼聽而時稽之，度其功勞，論其慶賞，以時慎脩，使百吏免盡，而眾庶不偷，冢宰之事也。論禮樂，正身行，廣教化，美風俗，兼覆而調一之，辟公之事也。全道德，致隆高，綦文理，一天下，振毫末，使天下莫不順比從服，天王之事也。故政事亂，則冢宰之罪也；國家失俗，則辟公之過也；天下不一，諸侯俗反，則天王非其人也。(〈王制〉)[96]

荀子「禮義之統」主張落實在官制上，正是孔子「富而後教」、管子「衣食足而後知榮辱」的治國官制規劃藍圖。治田獎勵農業生產，虞師鼓勵生養六畜、開發山林水澤，使財用不虞匱乏。司空掌水利工

---

[96]〔清〕王先謙：《荀子集解》（北京：中華書局，2007年4月），頁166-171。

程,使民不困於水旱之災。司徒主城郭、掌器用之數。工師論百工、掌備用。治市主貨財流通、商旅平安。此類官吏可謂保障基本民生所需之官。其次宰爵負責祭祀、外交,司馬掌軍事、兵馬;大師掌雅樂、正夷俗;鄉師在地方勸孝悌、倡教化;傴巫掌占卜陰陽,告吉凶妖祥;司寇掌刑法,使奸邪不作;冢宰掌百官功過慶賞,辟公論禮樂、美風俗、廣教化;天王總理天下。此類官吏可謂國家高級公務員,擔負人類群體社會中國防、外交、司法、宗教、風俗、教育等文化層面的興辦推廣。

(四)善藩飾人者

> 人之生不能無群,群而無分則爭,爭則亂,亂則窮矣。故無分者,人之大害也;有分者,天下之本利也;而人君者,所以管分之樞要也。故美之者,是美天下之本也;安之者,是安天下之本也;貴之者,是貴天下之本也。古者先王分割而等異之也,故使或美,或惡,或厚,或薄,或佚或樂,或劬或勞,非特以為淫泰夸麗之聲,將以明仁之文,通仁之順也。故為之雕琢、刻鏤、黼黻文章,使足以辨貴賤而已,不求其觀;為之鐘鼓、管磬、琴瑟、竽笙,使足以辨吉凶、合歡、定和而已,不求其餘;為之宮室、臺榭,使足以避燥溼、養德、辨輕重而已,不求其外。《詩》曰:「雕琢其章,金玉其相,亹亹我王,綱紀四方。」此之謂也。(〈富國〉)[97]

荀子「藩飾」之意乃由人類社會之「群」與「分」切入,即人類社會之可貴在集合眾人之力而為「群」,但群而能不爭的關鍵在能合理之「分」,故「藩飾」乃由人倫之序立論,「藩飾」的目的不在追逐外在

---

[97] 〔清〕王先謙:《荀子集解》(北京:中華書局,2007年4月),頁179-180。

形式之奢靡，而是在肯定不同分工的價值，強調在辨別不同職分之輕重貴賤而已，故以服裝之雕琢華美以辨位階之高低貴賤，以鐘鼓樂曲之繁簡以辨別事之吉凶歡聚，以宮室臺榭之華美簡樸來彰顯百官德行能力之高下。故曰：「禮者，貴賤有等；長幼有差，貧富輕重皆有稱者也。故天子袾裷衣冕，諸侯玄裷衣冕，大夫裨冕，士皮弁服。德必稱位，位必稱祿，祿必稱用，由士以上則必以禮樂節之，眾庶百姓則必以法數制之。」[98]（〈富國〉）由衣冠形制之異以區別天子、諸侯、大夫、士之職位之差異，重點在務必使「德必稱位，位必稱祿，祿必稱用」，此為荀子「禮義之統」中「藩飾」最重要意義，「德必稱位」即以人品道德為首，由人品之德以配合其貴賤之名位，不同貴賤之名位則必有相稱之用度俸祿，最重要的是彰顯其所稱之名位對社會的貢獻，德高者當位高，位高者其為政必施惠廣大，故曰「美之者，是美天下之本也；安之者，是安天下之本也；貴之者，是貴天下之本也。」天下之本即是合理之「分」，荀子「禮義之統」中「藩飾」正是彰顯群體社會中貴賤、長幼、貧富皆有相稱之位的重要意義。

> 先王聖人為之不然：知夫為人主上者，不美不飾之不足以一民也，不富不厚之不足以管下也，不威不強之不足以禁暴勝悍也，故必將撞大鐘，擊鳴鼓，吹笙竽，彈琴瑟，以塞其耳；必將錭琢刻鏤，黼黻文章，以塞其目；必將芻豢稻粱，五味芬芳，以塞其口。然後眾人徒，備官職，漸慶賞，嚴刑罰，以戒其心。使天下生民之屬，皆知己之所願欲之舉在是于也，故其賞行；皆知己之所畏恐之舉在是于也，故其罰威。賞行罰威，則賢者可得而進也，不肖者可得而退也，能不能可得而官也。若是則萬物得其宜，事變得應，上得天時，下得地利，中得人

---

[98] 〔清〕王先謙：《荀子集解》（北京：中華書局，2007年4月），頁178。

和。(〈富國〉)[99]

「禮義之統」之「藩飾」除彰顯人倫社會中每個人職分尊卑貴賤之不同，背後亦有其治國之術與對人性好惡之觀察，人主不美不飾，不足以統管萬民；不富不厚，不足以統管下屬；不威不強，不足以禁暴勝悍。故禮之「藩飾」在治國之術上也是一種權力的彰顯，藉由鐘鼓琴瑟之華美以震其耳，雕琢刻鏤、黼黻文章以炫其目，藉由芻豢稻粱，五味芬芳，以滿足民之腹之慾，引導人民盡其職分、享其尊榮，另一方面則嚴刑罰，以戒臣民貪利之心，由禮之慶賞引導臣民循禮而行、謹守職分，由嚴刑嚴懲警戒臣民勿起姦心、行姦事，禮之藩飾與法之刑罰，可謂荀子治國理想的一體兩面，惟荀子治國理想仍以「禮義之統」為主，以法之刑罰為輔。

　　上莫不致愛其下，而制之以禮。上之於下，如保赤子，政令制度，所以接下之人百姓，有不理者如豪末，則雖孤獨鰥寡必不加焉。故下之親上，歡如父母，可殺而不可使不順。君臣上下，貴賤長幼，至於庶人，莫不以是為隆正；然後皆內自省，以謹於分。是百王之所以同也，而禮法之樞要也。然後農分田而耕，賈分貨而販，百工分事而勸，士大夫分職而聽，建國諸侯之君分土而守，三公總方而議，則天子共己而止矣。出若入若，天下莫不均平，莫不治辨。是百王之所同，而禮法之大分也。若夫貫日而治平，權物而稱用，使衣服有制，宮室有度，人徒有數，喪祭械用皆有等宜，以是用挾於萬物，尺寸尋丈，莫得不循乎制度數量然後行，則是官人使吏之事也，不足數於大君子之前。故君人者，立隆政本朝而當，所使要百事者誠仁

---

[99] 〔清〕王先謙：《荀子集解》（北京：中華書局，2007年4月），頁186-187。

人也,則身佚而國治,功大而名美,上可以王,下可以霸。(〈王霸〉)[100]

透過「禮義之統」之「藩飾」,使君臣上下,貴賤長幼,至於庶人,皆能得到不同程度的尊重。但「藩飾」之禮的目的不在於追求奢靡、繁文縟節,乃希望透過不同職分的尊重,使臣民「皆內自省,以謹於分」。此具教育及道德自覺內涵,亦是荀子「禮義之統」與法家嚴刑峻法以尊君主張的根本差異。

荀子言藩飾之禮的內容不外乎「權物而稱用,使衣服有制,宮室有度,人徒有數,喪祭械用皆有等宜」,即訂定官民不同職分之禮儀器用規範,但荀子以為此乃官人使吏之事,人君最重要職責是選擇仁人在其位,則身佚而國治,因此「禮義之統」之「藩飾」表現在衣服、宮室、喪祭、械用之禮只是外在形式的不同表現,目的在彰顯每個人在社會職位的貴賤尊卑,但荀子最重要的內涵還是在人,在仁人君子,有德當有其位,當有其用,當有其不同之禮以尊之,這點可以看出荀子承繼孔孟以來以仁、以德為本的先秦儒家傳統。

學者陸建華以為:「戰國末期,復禮的希望愈來愈渺茫,法治似乎比禮治更符合現實需求。面對此境況,荀子禮治比孔子更多地容納法,這突出地表現在荀子以禮與刑為『治之經』,抬高法律的地位,有禮法並重傾向;定禮為『法之大分,類之綱紀』,以法充實禮的涵義。所以,荀子既言『隆禮貴義』,又曰『隆禮至法』,甚至說:『聽政之大分:以善至者待之以禮,以不善至者待之以刑』,明確劃分禮和法的適用範圍。這實質上說明禮、法各有其固有的侷限性,禮法並重、互補乃治國的完備之術。後世儒者責荀子擇而不精,其因正在於此。」[101]

---

100 〔清〕王先謙:《荀子集解》(北京:中華書局,2007年4月),頁220-222。
101 陸建華:〈先秦儒家禮學的演變〉,《中國海洋大學學報》(社會科學版)2003年第2期,頁12。

陸氏由時代背景角度論述荀子禮與法並重的傾向，荀子之「禮義之統」確由社會群體規範的角度切入，多了份強制性而近於法，但其理論依據在個人不同之德與能，使各居其職、各盡其分，以共同維持社會的合理運作，其本質仍具強烈之道德性。

論「禮法之大分」，荀子「禮義之統」與法家嚴刑峻法之別，荀子的「禮義之統」乃在彰顯人倫社會中依照不同才德以執掌不同職分，依其職分之大小分其尊卑貴重之別，「禮義之統」的目的在彰顯人德之尊與才能之異，另配合法令使奸官姦民不敢為非，以維護整個「禮義之統」制度合理的運作。此點與法家以尊君為最高意志，以賞罰作為手段，以嚴刑峻法壓迫個人意志的差異絕然有別。

> 兼并易能也，唯堅凝之難焉。齊能并宋，而不能凝也，故魏奪之。燕能并齊，而不能凝也，故田單奪之。韓之上地，方數百里，完全富足而趨趙，趙不能凝也，故秦奪之。故能并之，而不能凝，則必奪；不能并之，又不能凝其有，則必亡。能凝之，則必能并之矣。得之則凝，兼并無強。古者湯以薄，武王以滈，皆百里之地也，天下為一，諸侯為臣，無他故焉，能凝之也。故凝士以禮，凝民以政；禮脩而士服，政平而民安；士服民安，夫是之謂大凝。以守則固，以征則強，令行禁止，王者之事畢矣。(〈議兵〉) [102]

孔、孟無論及兼併凝聚之道，荀子當戰國征戰兼併劇烈，故如何兼併凝聚成為時代課題，荀子似為未來一統之帝國規劃長治久安之治國藍圖。所謂「兼并易能也，唯堅凝之難」以武力兼併易，如何使所占之地長治久安才難。

---

[102] 〔清〕王先謙：《荀子集解》（北京：中華書局，2007年4月），頁290。

荀子主張「凝士以禮，凝民以政；禮脩而士服，政平而民安；士服民安，夫是之謂大凝。」即以「禮義之統」的養民、教民、人盡其才、各盡其職、各飾其禮的治國理念，如此方能「士服民安」，使民安居樂業，以禮待士，以政安民，此乃為政之本。

三　結論

荀子論「禮」，學界多由〈禮論〉論述，〈禮論〉由人性欲望的合理規範面切入。本文則嘗試由荀子「禮義之統」角度詮釋荀子禮學思想。

荀子「禮義之統」乃由人類群體社會的合理規範面切入，試圖重新審視荀子之禮學主張，過去論荀子「禮義之統」總感乃籠統模糊的概念，本文期盼能較具體展現「禮義之統」的豐富面向：曰善生養人者，善班治人者，善顯設人者，善藩飾人者。此四面向皆由人類群體社會型態，如何合理運作及避免爭逐怨恨的目標而設。

「善生養人者」乃經濟民生層面的合理分配，荀子務實面對人之欲望，主張人當合理的滿足生存所需，這是人類群體社會最基本的合理要求。但並非主張無窮追逐欲望的滿足，荀子一方面主張合理滿足欲望的基本需求，另一方面主張透過後天的學習經典、從師以知禮，以合理滿足與節制欲望，以維繫群體社會的基本衣食問題並避免引發人性的相爭相鬥。故荀子「善生養人者」的主張除了經濟問題的解決也涵蓋教育問題，因欲望永不滿足，需透過後天「學以化性」，乃能使民知「禮義之統」而遵循之。

「善班治人者」乃社會制度的合理規劃層面，如何使群體社會發揮正面之利而不陷於爭鬥之害，使群體能和諧的運作、發揮群策群力的效果。荀子將人類群體社會依不同職分規劃，不再依據周文「親親、尊賢」的血緣功臣關係予以封建，而是依據群體社會的需求，區

別天子、諸侯、官吏、父子、夫婦、子女等不同身分、不同職分的社會制度規劃，若各職分的官吏能各盡其職、秉公辦理，社會自能合理運作。

「善顯設人者」乃合理的選拔人才以擔任不同的職位，為群體社會貢獻能力，透過君子、大儒透過教育來培養人才、檢核人才，依據人品之德與才能之高低，使不同之人才執掌不同之職位，共同維繫整個社會制度的合理運作。

「善藩飾人者」乃禮制與法律的強化與防弊，「藩飾」不在奢靡無度、繁文縟節，而是對不同職位角色的尊重與榮譽，依職分大小難易區分人才之尊貴貴賤，設計不同之禮制以彰顯與區別其差異，使君、臣、士、民各有其禮，使自尊自許，另一方面也透過禮制之尊榮，導民以向善，以法令使姦民不敢為非。學者佐藤氏將之以為：

> 荀子禮治論的整體性特質可歸納為如下兩點：第一，當戰國時代中晚期的齊國稷下的思想家在探討「治亂」問題，包括宇宙秩序中「禮」的角色等問題的思想環境下，荀子將「禮」概念以「治」概念為媒介，間接的與「道」概念做連結，建立了「禮」就是秩序本身的觀點。第二，荀子深感發揮「禮」的功能之關鍵處並不在於宇宙或本體論上的領域，而是相對於天地的「人」的領域。……荀子的禮治論不只是治理某一個國家的抽象的形上、宇宙秩序，而是為了達成整體人類社會的秩序所提出來的論述。[103]

佐藤氏將荀子禮學主張的產生背景與齊國稷下之學做連結，由於稷下學者探討國家治亂問題的學風，荀子禮學思想也由人類社會的興亡與

---

[103] 佐藤將之：《荀學與荀子思想研究：評析、前景、構想》（臺北：萬卷樓圖書公司，2015年12月），頁152。

秩序面切入，另外荀子禮學思想重點不在宇宙或本體論的探討，乃在於人類整體社會合理秩序的探討。縱觀荀子「禮義之統」的四大面向來看，「禮義之統」確實無涉及宇宙論及本體論的探討，乃由整體人類社會的秩序與規範面切入，「善生養人者，善班治人者，善顯設人者，善藩飾人者」最大的共同點即是「人」，荀子「禮義之統」探討層面主要涉及人類群體社會的基本生存、教育、官制、選任、榮辱等層面的規劃、執行與管理，此點與佐藤先生的看法不謀而合。

　　但值得注意者，荀子「禮義之統」的設計者是大儒、是君子，不是為國君、為富國強兵而設，大儒與君子的養成是後天的學習積累、從師從禮，融合傳統文化，又能與時俱進，推陳出新者，故曰大儒、君子，乃習先王之道，法後王之行、審禮義，應事而知所變通者，其苦心設計一套符合人類群體社會需要，能長治久安、合理運作的社會規範。此規範包含資源的合理分配、人類社會各階層的劃分與管理、國家政務的合理安排與執行，大儒規劃「禮義之統」其背後用心更像是孔子「因材施教」理想的擴大與實踐，此乃荀子「禮義之統」理想與法家「法術勢」之道絕不相同之處。學者李正治以為：

> 荀子主「性惡」之論，批駁孟子的「性善」，是孟荀人性論的分野，也因此孟子以禮的價值內在於心，荀子則以禮的價值在外，須由「心能知道」的認知應擇之心識取，同時特別強調整個粲然明備的禮樂典章制度，有其成統成類之理，識此統類之理，才是真正了解禮樂的大儒，同是承認禮的價值，而且都想承認禮樂秩序，但孔孟是相承，荀子則是另一路的發展。[104]

李氏以為「荀子特別強調整個粲然明備的禮樂典章制度，有其成統成

---

[104] 李正治：〈孟子禮根於心型的禮樂思索〉，《鵝湖月刊》第22卷（260），1997月），頁15。

類之理」誠然有見，但「孔孟是相承，荀子則是另一路的發展」，個人不以為然，孔子克己復禮之說，便已開闢內在克己探索、外在復禮表現的二大方向，孟子固然偏向四端之心尋求禮的內在人性依據，但亦有王道、君臣之禮的主張；荀子固偏向探討外在人類群體社會規範的重建，但荀子並不偏離個人道德性的要求，孟荀之學有所偏向，但二家皆為先秦儒學的重要發展，實無所謂「另一路」的說法。

第四章
先秦禮學「天人合德」思想的發展

第一節　緒論

　　先秦禮學「天人合德」思想這一脈絡，其源頭可溯及遠古天命之說，周初因「天命靡常」乃生人文精神的萌芽，孔子罕言性與天道，孔子後學或有感於先秦儒家在天人關係方面論述不足，或有感於道家提出「尊道貴德」的新天命說，〈中庸〉遂提出以「誠」連結天人關係，〈禮運〉更主張以「禮」來「承天之道、治人之情」，重建戰國晚期「天人合禮」的禮學觀。《管子》〈四時〉、〈五行〉以至《呂氏春秋‧十二紀》最終發展成為人君施政一年十二月的治國禮制藍圖，表現先秦禮學「天人合德」思想的豐富內涵。

一　從〈中庸〉到〈禮運〉

　　〈中庸〉承襲周初「天人合德」思想，由「誠」重新詮釋「天人合德」的內涵，以誠體做為天道的價值主體，表現素樸的道德宇宙論思想。〈中庸〉進而闡釋聖人之德，當透過博學、審問、慎思、明辨、篤行，以培養智仁勇三達德，推己以及人，至於君臣、父子、夫婦、昆弟、朋友五達道，表現在「禮儀三百、威儀三千」的生活實踐中，此為聖人「至誠之道」的內涵與表現，可謂由上而下、由天而人的「天人合誠」理論模式。〈禮運〉論「天人合德」思想則由陰陽氣化思想切入，天地之道為大一、天地、陰陽、四時、五行所構成之氣化宇宙論，豐富先秦孔孟以來儒家素樸宇宙論的內涵，建構出先秦儒

家道德宇宙氣化論的初步理論模型，較〈中庸〉的素樸宇宙論又更推進新內容，這部分不能不說是吸收道家、陰陽家的思想所致之新成果。

從先秦「天人合德」角度，可以看到〈中庸〉到〈禮運〉的發展脈絡，孔孟時期對天人關係尚以道德實踐的體悟來陳述，〈中庸〉則提出「誠」的道德價值來會通，並充實人之至誠之道的內涵，透過博學審問的學習，培養三達德，表現五達道，最後表現為「禮儀三百、威儀三千」的聖人之道，以此回應天道之誠。〈禮運〉在「天人合德」的方向上更落實由「禮」來連結，以「禮」來承天之道、治人之情，〈禮運〉以「天人合禮」取代〈中庸〉「天人合誠」之道，聖人制「郊、社、祖廟、山川、五祀、飲食、冠、昏、喪、祭、射、御、朝、聘之禮」以回應「大一、陰陽、四時、五行、身、家、國、天下」之道，此為〈禮運〉「天人合禮」思想最重要的理論架構。

〈禮運〉開宗明義即說明「禮者，承天之道，治人之情」，「禮」本於「大一」之道而生，郊、社、祖廟、山川、五祀之禮即是對應大一、陰陽、四時、五行而設，「禮」對治人之七情以轉化為人倫之十義，故有飲、食、冠、昏、喪、祭、射、御、朝、聘之禮。此處可看出從〈中庸〉周文之禮、「禮儀三百、威儀三千」到〈禮運〉「郊、社、祖廟、山川、五祀、飲食、冠、昏、喪、祭、射、御、朝、聘之禮」的進展，可看出先秦儒家由周文之禮的嚮往與省察，逐漸修正、吸收諸子思想，建構從「天人合德」思想大傳統下，逐步建立富有時代意義，與時俱進的「天人合德」禮學理論的發展脈絡。

二　由《管子》至《呂氏春秋‧十二紀》

《管子》〈四時〉、〈五行〉篇思想來源複雜，其吸收〈夏小正〉月令思想、道家氣化天道論、陰陽家合五行之說、法家賞罰觀念、儒家德治主張諸說而成。〈四時〉、〈五行〉的基本結構乃採〈夏小正〉

以時令順序為主，但其不在「以授民時」的農事上，故不取〈夏小正〉十二月的方式，而採春夏秋冬四季呈現。其次，〈四時〉、〈五行〉篇雖有氣化天道觀，但不取道家天道的主體，強調「順時」觀念將陰陽二氣落實在四時節令之流轉上，另吸收「五行」之名以為四時之德，以為施政依據，吸收法家賞罰之術，卻不強調以「法」為尚，吸收儒家日用常行之祭祀、修禮、興學等活動，融會而成「刑德說」的政治主張。

《管子》「刑德說」融合道家天道論、法家賞罰之道及儒家德治主張而成，乃藉天道以論人道，由刑、德二政以綱紀國家，先條理天地萬物之自然規律，以陰陽二氣與五行之德表其自然規律，再將此自然規律應用在人君之施政，提出春夏以德惠施民為主，秋冬以斷刑致罰為主，春、夏、秋、冬各以五政施令，乃成「刑德」之說，以配合四時施政的「天人合德」的政治理論，若不按時節施政便生災異之說。〈四時〉、〈五行〉之說，最直接的影響便是《呂氏春秋·十二紀》。在《呂氏春秋·十二紀》中「四時」成為十二紀，「五政」拓展為人君施政的十二月令，建立起更龐大的政治理論，使「法天地」的政治思想，達到高峰。

《呂氏春秋·十二紀》的禮學思想，吸收戰國末年陰陽五行思想，試圖重新建立「天」與「人」的新連結，「禮」成為溝通「天」與「人」的重要橋梁，它是在天人同氣一體理論之下的禮制產物，重新連結上古以來天與人以「禮」相連的古老傳統，卻以戰國末年興起的陰陽五行思想加以詮釋，乃繼周文之後禮學思想的重要發展。

《呂氏春秋·十二紀》禮學思想本於「法天地」，天地之道其內涵為陰陽二氣消長、五行之德更替，人道當循天地之道而行，以此制禮作樂規劃治國藍圖，其禮學思想內容可分：「敬天之禮」、「祈地之禮」與「人道之禮」三部分，以應「上揆之天，下驗之地，中審之人」之說。「敬天之禮」多順應陰陽五行之說，「祈地之禮」則多彰顯

勸農之意,「人道之禮」則以教孝、教學、教戰為先,表現融會先秦諸子之學的特色,可顯戰國末期禮學思想的多元發展,也對漢代禮學思想如董仲舒「天人相應」說有其深遠影響。

第二節 〈中庸〉到〈禮運〉的禮學思想發展 ——由「天人合德」思想角度切入[1]

一 前言

周人有感殷人崇奉鬼神依舊亡國的歷史教訓,乃興「天命靡常」觀念,進而領悟文王之德之純,終得天命之佑,開啟周初人文意識的覺醒。文、武、周公繼以制禮作樂,建立君君、臣臣、父父、子子之人倫有序的周文社會,直至平王東遷,君臣之序破壞,禮崩樂壞日甚,孔子倡「克己復禮曰仁」是想由「君子之德」重振周文禮樂崩壞之失落,君子之德本質在「仁」的道德性,君子之德下手處在「博學於文、約之以禮」,「博學於文」強調對古代文獻的學習與傳承,屬知識性開展,「約之以禮」強調內在道德自覺與外在事理判斷,屬實踐性合宜表現,故孔子禮學思想內涵不僅具承繼周文的文化義,還有生命道德表現的德性義在其中。

君子之德可謂周初文王之德的進一步擴展,但文王之德在周初也隱含上應天命的形上意義,惟孔子對「性與天道」部分較偏道德體悟講,故子貢有「不可得而聞之嘆」,[2]〈中庸〉承襲周初文王之德上應

---

[1] 本文依作者二○二二年九月發表於《孔孟學報》第100期(頁1-24)〈論〈中庸〉到〈禮運〉的禮學思想發展——由天人合德思想角度切入〉一文再修改。

[2] 徐復觀:「孔子是通過他個人下學而上達的工夫,才實證到性與天命的合一。所以性與天道,對於孔子,還是他個人的事實地存在,孔子似乎還沒有把它客觀化出來,加以觀念的銓表,所以子貢才有『不可得而聞』之嘆。」參見《中國人性論史》(臺北:臺灣商務印書館,1969年),頁162-163。

天命的天人思想，企圖重新由「誠」連結天人關係，由「誠」重新賦予禮樂以道德義與天命義，可謂孔孟義理之學的進一步發展。[3]

二 〈中庸〉「天人合誠」的禮學思想

（一）「攝德歸誠、天人合誠」思想新意

〈中庸〉強調正是孔子隱而不發的「性與天道」部分，〈中庸〉論天地之道曰：「天地之道，可壹言而盡也。其為物不貳，則其生物不測。天地之道，博也厚也，高也明也，悠也久也。今夫天，斯昭昭之多，及其無窮也，日月星辰繫焉，萬物覆焉。今夫地，一撮土之多，及其廣大，載華嶽而不重，振河海而不洩，萬物載焉。今夫山，一拳石之多，及其廣大，草木生之，禽獸居之，寶藏興焉。今夫水，一勺之多，及其不測，黿鼉蛟龍魚鱉生焉，貨財殖焉。《詩》曰：『維天之命，於穆不已！』蓋曰天之所以為天也。『於乎不顯！文王之德之純！』蓋曰文王之所以為文也，純亦不已。」[4]此與《易傳》「生生之謂易」[5]、「夫乾，其靜也專，其動也直，是以大生焉。夫坤，其靜也翕，其動也闢，是以廣生焉。廣大配天地，變通配四時，陰陽之義配日月，易簡之善配至德。」[6]的天人觀相近，其中尚無陰陽五行思想滲入，可謂早期素樸宇宙論模式。天地之道博、厚、高、明、悠、

---

[3] 高柏園：「〈中庸〉之重天道性命等形上學問題之討論是較孔孟所討論者為多，然而〈中庸〉的思想發展卻是明顯地繼承孔孟而來。……〈中庸〉重禮儀威儀，重治天下之九經，並以仁知為性之德，此皆是孔孟義理之發展。換言之，〈中庸〉之重天道義之發揮，極可能是對道家形上思想之『回應。』《中庸形上思想》（臺北：東大圖書公司，1990年），頁69-70。

[4] 《禮記·中庸》，《十三經注疏》（臺北：藝文印書館，1976年），第5冊，頁896-897。

[5] 《周易·繫辭上》，《十三經注疏》（臺北：藝文印書館，1976年），第1冊，頁149。

[6] 《周易·繫辭上》，《十三經注疏》（臺北：藝文印書館，1976年），第1冊，頁149-150。

久、廣大、生養萬物,正如文王具廣大、謙卑、生養眾民之德,文王之德回應天地之德,乃「天人合德」思想型態,乃〈中庸〉所承繼周初之人文精神。

但〈中庸〉將此「天人合德」思想賦予新意曰「誠」,所謂「誠者,天之道也;誠之者,人之道也。誠者不勉而中,不思而得,從容中道,聖人也。誠之者,擇善而固執之者也。博學之,審問之,慎思之,明辨之,篤行之。」[7]天之道為「誠」之表現,人之道乃至誠之道的上達,天人合德於「誠」,此乃〈中庸〉詮釋文王之德的新意。

關於「誠」之為德,《尚書・太甲下》曰:「鬼神無常享,享于克誠。」[8]知「誠」之本意當與祭祀之誠敬有關,〈中庸〉擴大引申為天道價值本體曰「誠」,天道因「誠」而生生不息、生養萬物,誠之者曰人道,人道當回應天地之誠道,人道之德的內涵為博學、審問、慎思、明辨、篤行以為善,是為人道之誠,故〈中庸〉乃將「文王之德」收攝於天道「誠」之價值中,可謂「攝德歸誠」理論型態。

〈中庸〉首句曰「天命之謂性,率性之謂道,修道之謂教。」[9]故天道誠體賦予人身曰「性」,率性而行誠德曰「道」,使人自覺以行誠德曰「教」,實則一也。

> 自誠明,謂之性;自明誠,謂之教。誠則明矣,明則誠矣。唯天下至誠,為能盡其性;能盡其性,則能盡人之性;能盡人之性,則能盡物之性;能盡物之性,則可以贊天地之化育;可以贊天地之化育,則可以與天地參矣。其次致曲。曲能有誠,誠則形,形則著,著則明,明則動,動則變,變則化。唯天下至

7　《禮記・中庸》,《十三經注疏》(臺北:藝文印書館,1976年),第5冊,頁894。
8　《尚書・太甲下》,《十三經注疏》(臺北:藝文印書館,1976年),第1冊,頁119。
9　《禮記・中庸》,《十三經注疏》(臺北:藝文印書館,1976年),第5冊,頁879。

誠為能化。[10]

此由誠體落實於人身，吾人自覺與否而言，惟天下至誠者知天人合誠之道，故率性而行，由立己以立人、成己以成物，以相應天地生生化育萬物之誠道，此如文王之德者、如聖人之行者。其次，由教法使自覺者，透過聖人之教使人自覺誠體之德，如七十二弟子者，此為致曲之類，透過「博學於文、約之以禮」，亦能變化氣質，以達誠道之德。故曰「君子誠之為貴。誠者非自成己而已也，所以成物也。成己，仁也；成物，知也。性之德也，合外內之道也，故時措之宜也。故至誠無息。不息則久，久則徵，徵則悠遠，悠遠則博厚，博厚則高明。博厚所以載物也，高明所以覆物也，悠久所以成物也。博厚配地，高明配天，悠久無疆。如此者，不見而章，不動而變，無為而成。」[11]此由人道以論至誠之道之上達，故「誠」乃合天人、內外、成己、成人、成物之道也。〈中庸〉承襲周初「天命靡常、文王之德之純」的「天人合德」思想，而以「誠」取代天命內涵，天道生生之德為「誠」，「誠」落實於人身曰「性」，使人自覺性體之誠曰教，可以說〈中庸〉以「誠」重新詮釋天與人的連結，是為「攝德歸誠，天人合誠」的「天人合德」思想型態。

（二）「親親之殺，尊賢之等，禮所生也」

> 子曰：「無憂者其惟文王乎！以王季為父，以武王為子，父作之，子述之。武王纘大王、王季、文王之緒，壹戎衣而有天下，身不失天下之顯名；尊為天子，富有四海之內。宗廟饗之，子孫保之。武王末受命，周公成文、武之德，追王大王、

---

10 《禮記·中庸》，《十三經注疏》（臺北：藝文印書館，1976年），第5冊，頁894-895。
11 《禮記·中庸》，《十三經注疏》（臺北：藝文印書館，1976年），第5冊，頁896。

王季，上祀先公以天子之禮。斯禮也，達乎諸侯、大夫及士、庶人。父為大夫，子為士，葬以大夫，祭以士。父為士，子為大夫，葬以士，祭以大夫。期之喪，達乎大夫；三年之喪，達乎天子；父母之喪，無貴賤，一也。」[12]

此論周文王、武王、周公之功業。周公承襲文王、武王之德以制禮法，周王室祭祀先王以天子之禮；制葬祭之制，葬用死者之爵，祭用生者之祿；又訂諸侯、大夫、士、庶人喪服之期，定父母之喪三年，天子以至於庶人一也之制。此論「禮」數則收錄於〈中庸〉，個人以為絕非如徐氏所言乃「禮學家所雜入」便率爾屏除之[13]，實則有深意焉！孔子在此推尊文王之德，追述周公制禮乃承文武之德，上至天子之禮，下及諸侯、士、大夫、庶人之禮，使上下有別、人倫有序、喪祭有分，惟父母三年之喪天下一也，蓋〈中庸〉借孔子之言追述周文之禮之美，其淵源乃承繼文、武之德而生。

子曰：「武王、周公，其達孝矣乎！夫孝者：善繼人之志，善述人之事者也。春秋修其祖廟，陳其宗器，設其裳衣，薦其時食。宗廟之禮，所以序昭穆也；序爵，所以辨貴賤也；序事，所以辨賢也；旅酬下為上，所以逮賤也；燕毛，所以序齒也。踐其位，行其禮，奏其樂，敬其所尊，愛其所親，事死如事生，事亡如事存，孝之至也。郊社之禮，所以事上帝也；宗廟之禮，所以祀乎其先也。明乎郊社之禮、禘嘗之義，治國其如示諸掌乎！」[14]

---

12 《禮記·中庸》，《十三經注疏》（臺北：藝文印書館，1976年），第5冊，頁885。
13 徐復觀以為「十六章、十七章、十八章、十九章都與〈中庸〉本文無關，這是由禮家所雜入到裡面去的。」參見〈第五章　從命到性──中庸的性命思想〉，《中國人性論史》（臺北：臺灣商務印書館，1969年），頁106。
14 《禮記·中庸》，《十三經注疏》（臺北：藝文印書館，1976年），第5冊，頁886-887。

前言周公制葬祭喪服之制乃承繼文、武之德，此則由孝親敬長之心，發而為宗廟禘、嘗、郊、社之禮。宗廟之禮：昭穆乃序其先祖之次以別遠近，子孫於太廟亦別其子姓、兄弟、群昭、群穆而不失其倫；序爵則依公、侯、卿、大夫之爵位以別其貴賤；序事則依其能而各司其職事，旅酬時賓弟子、兄弟之子各舉觶於長者而眾相酬，並逮及賤者，使各申其敬；祭祀結束舉行燕禮，則依毛髮之色以別其長幼，以序其長幼，其意涵乃孝子之心的表現，所謂「敬其所尊，愛其所親，事死如事生，事亡如事存」，此皆孝心之發而為宗廟、禘嘗之禮，表現貴賤、尊卑、長幼之序，至於郊、社之禮，郊者祭天，社者祭地，則是擴及對天、地之感念敬畏對應之禮。

此可觀周文之禮的大架構，乃由孝心所發，對應天地鬼神與人倫之序的禮學大架構，郊社之禮對應天地，宗廟之禮對應先祖，在行禮過程表現人倫社會之尊卑貴賤。下則哀公問政孔子的回答，可以看得更清楚。

哀公問政。子曰：「文、武之政，布在方策，其人存則其政舉；其人亡則其政息。人道敏政，地道敏樹。夫政也者，蒲盧也。故為政在人，取人以身，脩身以道，脩道以仁。仁者人也，親親為大；義者宜也，尊賢為大。親親之殺，尊賢之等，禮所生也。在下位不獲乎上，民不可得而治矣！故君子不可以不脩身；思脩身，不可以不事親；思事親，不可以不知人；思知人，不可以不知天。天下之達道五，所以行之者三，曰：君臣也，父子也，夫婦也，昆弟也，朋友之交也，五者天下之達道也。知仁勇三者，天下之達德也，所以行之者一也。或生而知之，或學而知之，或困而知之，及其知之，一也；或安而行

之，或利而行之，或勉強而行之，及其成功，一也。」[15]

哀公問政，孔子以文、武之政對應之，可見孔子心中為政典範正是周文之政，而周文之政核心在「人」，此「人」非一般人，乃具「文王之德」之人，故為政之要在「人君之成德」，人君成德的內涵包括修身、事親、知人、知天，何以為政要知天？所謂「修身以道，修道以仁」，「道」屬天，「仁」屬人，人須由行仁方能達道，行仁的內涵即是修身、事親、治人，此為文王之德，此為人之至誠之道，惟有如此方能達道，此為知天的內涵，為政正是要彰顯「天人合德」的價值內涵。

「修身以道」天道價值內涵是「誠」，此即以「誠」修身，「誠」落實在人道即是智仁勇三達德，此即人君修身的內涵。「修道以仁」乃言人君之德在以「仁」回應天道之「誠」，人君之德在修身方面即培養智、仁、勇三達德，三達德發而為親親之仁、尊賢之義，親親之親疏遠近、尊賢之貴賤尊卑，乃生周文之禮，周文之禮的表現正是君臣、父子、夫婦、昆弟、朋友之行，是謂天下五達道。

統言之，〈中庸〉論文、武之政在修身，在培養智、仁、勇三達德，發而為事親、知人，所行在君臣、父子、夫婦、昆弟、朋友之五達道，此乃周文之禮之所生，故周文之禮實是人道回應天道之展現，故曰「五達道」。朱熹注：「達道雖人所共由，然無是三德，則無以行之；達德雖人所共得，然一有不誠，則人欲間之，而德非其德矣。程子曰：『所謂誠者，只是誠實此三者。三者之外，更別無誠。』」[16]天

---

[15] 《禮記・中庸》，《十三經注疏》（臺北：藝文印書館，1976年），第5冊，頁887-888。此條亦見於《孔子家語・哀公問政》惟文字小異，關於《孔子家語》一書，前賢論述甚多，此段個人以為當是《孔子家語》抄錄〈中庸〉之文再整理。可參見徐其寧：〈從「孔子家語」到《孔子家語》：《孔子家語》成書過程考〉，國立政治大學中國文學系編印：《第九屆漢代文學與思想國際學術研討會論文集》（臺北：國立政治大學中國文學系，2014年8月），頁115-154。

[16] 〔宋〕朱熹：《四書章句・中庸章句》（臺北：大安出版社，1986年），頁29。

道價值內涵在「誠」，落實於人君曰智仁勇三達德，表現於事親、知人曰君臣、父子、夫婦、昆弟、朋友五達道，培養三達德，實踐五達道，正是人道至誠之表現，正是文、武之政建構人倫有序周文社會背後「天人合德」的價值內涵。

由個人之親疏遠近，乃有君臣、父子、夫婦、昆弟、朋友之人倫有序的社會，由政治之職分異同乃生治天下國家之九經：修身，尊賢，親親，敬大臣，體群臣，子庶民，來百工，柔遠人，懷諸侯。

> 子曰：「好學近乎知，力行近乎仁，知恥近乎勇。知斯三者，則知所以脩身；知所以脩身，則知所以治人；知所以治人，則知所以治天下國家矣。凡為天下國家有九經，曰：脩身也，尊賢也，親親也，敬大臣也，體群臣也，子庶民也，來百工也，柔遠人也，懷諸侯也。脩身則道立，尊賢則不惑，親親則諸父昆弟不怨，敬大臣則不眩，體群臣則士之報禮重，子庶民則百姓勸，來百工則財用足，柔遠人則四方歸之，懷諸侯則天下畏之。齊明盛服，非禮不動，所以脩身也；去讒遠色，賤貨而貴德，所以勸賢也；尊其位，重其祿，同其好惡，所以勸親親也；官盛任使，所以勸大臣也；忠信重祿，所以勸士也；時使薄斂，所以勸百姓也；日省月試，既廩稱事，所以勸百工也；送往迎來，嘉善而矜不能，所以柔遠人也；繼絕世，舉廢國，治亂持危，朝聘以時，厚往而薄來，所以懷諸侯也。凡為天下國家有九經，所以行之者一也。」[17]

修身以智仁勇為內涵，智仁勇的途徑在好學、力行、知恥，此處吸收好學、力行、知恥等學習與實踐思想內涵，故智仁勇三達德乃合內在

---

[17] 《禮記・中庸》，《十三經注疏》（臺北：藝文印書館，1976年），第5冊，頁888-889。

自覺與外在學習、理論與實踐兼備,惟此方能成就君子之德,成君子之德乃以德治人,由己發而為尊賢、親親、敬大臣、體群臣、子庶民、來百工、柔遠人、懷諸侯,是由修身以至於治天下國家,因此〈中庸〉以為文、武之政、周文之美,始於修身,終而為治天下國家,實則正是人文至誠之道的極致表現,此可視作〈中庸〉對周文的省察與重新詮釋,似亦可窺見〈大學〉「修、齊、治、平」思想的淵源。

(三)「禮儀三百,威儀三千」、「苟不至德、至道不凝」

> 大哉,聖人之道!洋洋乎發育萬物,峻極于天。優優大哉!禮儀三百,威儀三千,待其人然後行。故曰苟不至德,至道不凝焉。故君子尊德性而道問學,致廣大而盡精微,極高明而道中庸。溫故而知新,敦厚以崇禮。是故居上不驕,為下不倍;國有道,其言足以興,國無道,其默足以容。《詩》曰:「既明且哲,以保其身。」其此之謂與![18]

前文引「天之所以為天也。文王之所以為文也,純亦不已。」[19]乃將天地之道與文王之德相應而言,此段或言子思讚美孔子之德乃聖人之道,聖人之道正如文王之德,足以相應天地洋洋發育萬物之「誠」,孔子聖人之道的表現就在「禮儀三百、威儀三千」的實踐,故曰「苟不至德,至道不凝焉」,唯有至德之至誠,方足以回應天道誠體之價值,可以說〈中庸〉是將文王之德擴大為聖人之道,再落實為君子之德,即名位不必如文王之尊貴,只要人有其德皆可成就君子之德,故曰「待其人然後行」,即天道之價值須待人的生命內涵為「至德」者,乃得以表現「至道」之價值,此乃〈中庸〉承襲周初「天人合

---

18 《禮記・中庸》,《十三經注疏》(臺北:藝文印書館,1976年),第5冊,頁897-898。
19 《禮記・中庸》,《十三經注疏》(臺北:藝文印書館,1976年),第5冊,頁897。

德」觀念而衍生,只是擴大文王之德的對象,重新闡釋「文王之德」的內涵,提出「誠」做為「天人合德」的價值本體,提出唯有「人」具至誠之德乃得合一於至誠之道,此曰「聖人之道」。

聖人之道的表現即是「禮儀三百、威儀三千」,前言周公承襲文武之德而制禮作樂,實為「天人合誠」落實於人倫社會的表現,落實在聖人之道、君子之德而言,其日用生活「禮儀三百、威儀三千」的生活儀節,就是「至道之凝」的具體呈現,其內涵包括智仁勇三達德的培養,博學審問慎思明辨篤行的積累,擴而大之便是修身、親親、尊賢、治天下國家的具體儀節與表現,故「禮儀三百、威儀三千」不僅止於禮儀意涵,其亦兼具天道誠體的價值,而具形上價值義。

〈中庸〉論君子生命內涵曰「君子尊德性而道問學,致廣大而盡精微,極高明而道中庸。溫故而知新,敦厚以崇禮。」由「天人合誠」角度詮釋之,便合情合理,乃合內外、上下、天人、理論與實踐而為一體,惟前賢之論述多偏「尊德性、致廣大、極高明」的道德形上學講,個人以為〈中庸〉不僅止於形上學的建構,重點更在「道問學,盡精微,道中庸」形而下的實踐表現上,由形而下中庸之道以上達天道誠體,此乃合上下、天人之深意,故「中庸之道」其表現正是「敦厚以崇禮」,故「禮儀三百、威儀三千」乃〈中庸〉論「天人合誠」具體的實踐與完成。

(四)小結

面對春秋禮崩樂壞的變局,孔子試圖透過君子之仁,「克己復禮」以重新貫注「禮儀三百、威儀三千」的禮樂精神,藉由君子之仁重新賦予周文之禮,以重塑君子之德的價值內涵,重振周文人文精神的傳統。〈中庸〉則由「攝德歸誠、天人合誠」的新詮釋,上承周初「天人合德」的天人傳統,試圖由天命誠體連結人文至誠之道,重振周文「天人合德」精神傳統,〈中庸〉開啟先秦儒家禮學思想「天人

合誠」的理論架構,雖然在論述上沒有那麼系統化、理論化,又散見於分段的篇章中,但其中天地之道、人文之道,至誠之道,最後歸結於「禮儀三百、威儀三千」的「天人合誠」禮學思想理論,實已見其雛形,逮至〈禮運〉篇方理論大備,而〈中庸〉實具先驅地位。

三 〈禮運〉「禮者,承天之道,治人之情」

(一)禮者,承天之道

> 孔子曰:「夫禮,先王以承天之道,以治人之情。故失之者死,得之者生。《詩》曰:『相鼠有體,人而無禮;人而無禮,胡不遄死?』是故夫禮,必本於天,殽於地,列於鬼神,達於喪、祭、射、御、冠、昏、朝、聘。故聖人以禮示之,故天下國家可得而正也。」[20]

鄭玄注:「聖人則天之明,因地之利,取法度於鬼神以制禮,下教令也,既又祀之,盡其敬也,教民嚴上也。鬼者精魂所歸,神者引物而出,謂祖廟、山川、五祀之屬。」此論禮本於天地,禮之所據乃天地之道,不再將禮之所據上溯夏商周三代,也不再追溯文武周公制禮作樂,直接上溯天地之道與禮作連結,以天地之道作為禮之所據,禮之對象在治人之情,禮之作用在條理人之性情、在安頓天地、山川、鬼神與人文世界的秩序、使國家、天下正常運行。故禮法天地,通鬼神,治人情,聖人因之以制禮,遂作喪、祭、射、御、冠、昏、朝、聘等人倫之儀節,以安頓天下國家,禮乃成為「天」與「人」最重要的連結,此為〈禮運〉禮學思想之大綱領,「禮」本於天而施於人,乃明確站在「禮」的立場論述天人關係、體用關係的思想模式。

---

[20] 《禮記・禮運》,《十三經注疏》(臺北:藝文印書館,1976年),第5冊,頁414。

夫禮必本於大一，分而為天地，轉而為陰陽，變而為四時，列而為鬼神。其降曰命，其官於天也。夫禮必本於天，動而之地，列而之事，變而從時，協於分藝，其居人也曰養，其行之以貨力、辭讓、飲食、冠、昏、喪、祭、射、御、朝、聘。[21]

「禮必本於大一」，「大一」即「太一」，《楚辭・九歌》有「東皇太一」之名，王逸注：「太一，星名，天之尊神，祠在楚東，以配東帝，故云東皇。」[22]《史記・天官書》曰：「中宮天極星，其一明者，太一常居也。」張守節正義曰：「泰一，天帝之別名也。」[23] 故「太一」之名源於楚地，本星名，乃天神之最尊者。《莊子・天下》論「關尹、老聃之學」曰：「以本為精，以物為粗，以有積為不足，澹然獨與神明居，古之道術有在於是者。關尹、老聃聞其風而悅之，建之以常無有，主之以太一，以濡弱謙下為表，以空虛不毀萬物為實。」[24] 成玄英疏：「太者，廣大之名，一以不二為稱，言大道曠蕩，無不制圍，括囊萬有，通而為一，故謂之太一也。」「太一」在關尹、老聃之學被推尊為天道本體。至於《呂氏春秋》曰：「太一出兩儀，兩儀出陰陽，陰陽變化，一上一下，合而成章，渾渾沌沌，離而復合，合而復離，是謂天常。天地車輪，終則復始，極則復反，莫不咸當，日月星辰，或疾或徐，日月不同，以盡其行，四時代興，或暑或寒，或短或長，或柔或剛，萬物所出，造於太一，化於陰陽，萌芽始震，凝寒以形。」[25] 又云：「道也者，至精也，不可為形，不可為

---

21 《禮記・禮運》，《十三經注疏》（臺北：藝文印書館，1976年），頁438-439。
22 《楚辭・九歌》（臺北：大方出版社，1979年6月），頁34。
23 〔漢〕司馬遷：《史記・天官書》（臺北：藝文印書館，1962年，據武英殿影印本），頁509。
24 〔晉〕郭象注；〔唐〕成玄英疏：《南華真經注疏・天下》（北京：中華書局，1998年），頁615。
25 陳奇猷：《呂氏春秋校釋》（臺北：華正書局，1988年），頁255。

名，彊為之謂之太一。」[26]高誘注：「太一，道也」、「兩儀，天地也」。呂氏「太一」思想吸收道家天道本體觀，又吸收陰陽家之說，成為太一、兩儀、陰陽、日星、四時、萬物，建構為自然氣化宇宙論，但此時未見由「禮」角度論之。

《荀子·禮論》曰：「禮有三本：天地者，生之本；先祖者，類之本；君師者，治之本。」又曰：「凡禮，始乎梲，成乎文，終乎悅校。故至備，情文俱盡；其次，情文代勝；其下復情以歸大一也。」[27]梁啟雄曰：「《大戴禮記解詁》：『復，反也。復情以歸太一，為反本修古不忘其初者也。』」[28]荀子言「禮」本於天地、先祖、君師，乃論「禮」之「反本貴始」，即天地乃生之始，先祖乃人之始，君師乃教化之始，此或荀子有感戰國禮衰更甚，遂上溯「禮」於「大一」以「反本貴始」，重建「禮」之天人意涵，荀子可謂首度將「大一」思想與「禮」做連結者，惜無進一步論述其內涵，或荀子所重在人道，在「禮義之統」的提倡。

《禮記·禮運》論「禮必本於大一」，可謂承襲荀子論禮「反本貴始」之說的發展，「大一」為天道本體，天地、陰陽、四時、鬼神為其內涵，天地乃大一之開闢，陰陽乃氣之噓吸消長，二氣消長遂生四時變換，其生化之肇機曰神，生化之消散歸藏曰鬼，是天地、陰陽、四時、鬼神皆「大一」變化而生，遂有高下、尊卑、剛柔、生殺、幽冥之別，故「大一」乃天道之本體，天地、陰陽、四時、鬼神乃大一之道所化生天地之規律，上溯「禮」之根源於「大一」，使「禮」的論述依據不同於孔子所謂夏商周三代之禮的因革損益傳承義、不同於孟子論「仁義禮智本於心之四端」的性善義，也不同於荀子論「禮義之統」的外在規範義，而使「禮」具有「大一之道」的形

---

26 陳奇猷：《呂氏春秋校釋》（臺北：華正書局，1988年），頁256。
27 〔清〕王先謙：《荀子集解·禮論》（北京：中華書局，1981年），頁235。
28 梁啟雄：《荀子簡釋·禮論》（臺北：木鐸出版社，1988年9月），頁256-259。

上義,對提升「禮」的形上價值不言可喻。

> 天秉陽,垂日星;地秉陰,竅於山川。播五行於四時,和而后月生也。是以三五而盈,三五而闕。五行之動,迭相竭也,五行、四時、十二月,還相為本也;五聲、六律、十二管,還相為宮也;五味、六和、十二食,還相為質也;五色、六章、十二衣,還相為質也。[29]

天以陽氣而垂日星,地持陰氣凝為風雨霜露,天地相交,陰陽消長,乃成四時之運行,乃聚五行之材質,陰陽五行流轉感通乃生化萬物。〈禮運〉以「大一」本體,分天地,陰陽二氣運行,以成四時、五行,以生化萬物,此宇宙論模式和《管子‧四時》、《呂氏春秋‧十二紀》所述天道結合陰陽五行以為人文制度之化成的氣化宇宙觀思想模式相似[30]。但〈禮運〉天道論模式顯然較為簡略,它無上述諸篇將天帝、方位、屋室、服色、施政等等,作鉅細靡遺的附會,只粗取大一、天地、陰陽、五行、四時以成萬物之規律與人文世界之五聲、六律、十二管;五味、六和、十二食;五色、六章、十二衣做比附,即天道之規律化為人道音樂、飲食、服色之制,表現天道與人道之相應,說明〈禮運〉受到戰國天人相應思想影響。但〈禮運〉天人相應的重點不在造就人文世界鉅細靡遺的日用制度,乃強調聖人順應天地之道以制禮作樂這一部分。

> 故聖人作則,必以天地為本,以陰陽為端,以四時為柄,以日星為紀,月以為量,鬼神以為徒,五行以為質,禮義以為器,

---

[29] 《禮記‧禮運》,《十三經注疏》(臺北:藝文印書館,1976年),頁432。
[30] 可參看賴昇宏:〈論呂氏春秋十二紀的禮學思想〉,《人文研究學報》第51卷第2期(2017年10月1日),頁1-18。

人情以為田，四靈以為畜。」[31]

孫希旦曰：「以天地為本者，道之大原出於天，聖人之所效法，莫非天地之道也。」[32]聖人制禮作則必法天地之道，故人文禮制必配合天地、陰陽、日月、鬼神、五行、禮義、人情、四靈之畜，故曰「以天地為本，故物可舉也；以陰陽為端，故情可睹也；以四時為柄，故事可勸也；以日星為紀，故事可列也；月以為量，故功有藝也；鬼神以為徒，故事有守也；五行以為質，故事可復也；禮義以為器，故事行有考也；人情以為田，故人以為奧也；四靈以為畜，故飲食有由也。」[33]聖人以天地為政教之本，以陰陽探人情好惡，以四時日月記事之列，以五行為材質，以鬼神為事守，以人情為田，以禮義為器，以群物為畜，以生養教化萬民為意。王夫之云：「言先王本天道以治人情，故禮行政立而無不宜也。」[34]此為《禮記‧禮運》「法天地」思想模式。

故先王患禮之不達於下也，故祭帝於郊，所以定天位也；祀社於國，所以列地利也；祖廟所以本仁也，山川所以儐鬼神也，五祀所以本事也。故宗祝在廟，三公在朝，三老在學。王前巫而後史，卜筮瞽侑皆在左右，王中心無為也，以守至正。[35]故禮行於郊，而百神受職焉，禮行於社，而百貨可極焉，禮行於祖廟而孝慈服焉，禮行於五祀而正法則焉。故自郊社、祖廟、山川、五祀，義之脩而禮之藏也。[36]

---

[31] 《禮記‧禮運》，《十三經注疏》（臺北：藝文印書館，1976年），第5冊，頁435。
[32] 〔清〕孫希旦：《禮記集解‧禮運》（臺北：文史哲出版社，1990年8月），頁612。
[33] 《禮記‧禮運》，《十三經注疏》（臺北：藝文印書館，1976年），第5冊，頁436。
[34] 〔明〕王夫之：《禮記章句上‧禮運》（臺北：廣文書局，1967年7月），頁508。
[35] 《禮記‧禮運》，《十三經注疏》（臺北：藝文印書館，1976年），第5冊，頁437-438。
[36] 《禮記‧禮運》，《十三經注疏》（臺北：藝文印書館，1976年），第5冊，頁438。

此論郊、社、祖廟、山川、五祀之祭的由來。「大一」之道包括天地、陰陽、四時、五行，鬼神之內涵，聖人法天地而制郊、社、祖廟、山川、五祀之祭，郊以祭天，社以祭地，祖廟以祭先人，山川以祭山川之神，五祀乃歲祭門、竈、中霤、戶、行諸神之事，故聖人法天地之道制禮作樂，乃有郊、社、祖廟、山川、五祀之禮制，故郊、社、祖廟、山川、五祀之禮實為天地之道落實在人文世界的表現，此〈禮運〉論「禮」上溯於「大一」之道，設郊、社、祖廟、山川、五祀之祭禮，以對應大一、天地、陰陽、四時、五行之道，故「禮」乃依據天地之道而設，「禮」為天道與人道的連結與表現。

（二）禮者，治人之情

孔子曰：「克己復禮為仁」（〈顏淵〉），孟子曰：「辭讓之心，禮之端也」（〈公孫丑上〉），二家論「禮」皆針對人情之安頓而言，〈禮運〉論「禮」除「承天之道」外，也是「治人之情」，〈禮運〉論「人」甚具特色。

> 人者，其天地之德，陰陽之交，鬼神之會，五行之秀氣也。[37]
> 人者，天地之心也，五行之端也，食味、別聲、被色而生者也。[38]

鄭玄注：「言人兼此，氣性純也。」鄭氏由「氣」與「性」論之，但「氣」與「性」究指何物？無詳論。孫希旦注：「天地之心，謂天地所主宰以生物者也，即上文『天地之德』也。人物各得天地之心以生，而惟人之知覺稟其全，故天地之心獨於人具之，而物不得與焉。

---

[37]《禮記・禮運》，《十三經注疏》（臺北：藝文印書館，1976年），頁432。
[38]《禮記・禮運》，《十三經注疏》（臺北：藝文印書館，1976年），頁434。

五行之性不可見，自人稟之，以為仁義禮知信，然後其端緒可見也。五味、六和，物不能備也，而人則盡食之；五聲六律，物不能辨也，而人則能別之；五色六章，物不能全也，而人則兼備之。天地之心，五行之端，溯其有生之初，而言其稟義理之全。食味別聲被色而生，據其既生之後，而言其得形氣之正也。」[39]孫氏論人稟「義理之全」與「形氣之正」其說甚備。

〈禮運〉論「人」兼性理義與形氣義而言，「天地之心」即「天地之德」，天地以生養萬物為德，人物皆稟天地之心而生，惟人得其知覺之全，能食味、別聲、被色，故人得形氣之正；又唯人知仁義禮智信之理，故又稟義理之全。此說結合荀子「食色之性」與孟子「性善」合而論人之形氣與性理兼具，甚具時代特色。〈禮運〉論「人」強調人稟受天道之德以為性，此承襲文王之德以上應天命的傳統「天人合德」思想，但又注意到人之形體感官層面，由陰陽以成形，內具五行之秀氣，此乃吸收戰國陰陽五行思想，食味、別聲、被色，是重視人感官之能與情欲好惡，可謂受荀子思想影響。故〈禮運〉論人上承天地之德、內具仁義禮智之性，又由陰陽五行氣化成形以具形體感官情性，兼具性理道德義與形氣感官之能，表現〈禮運〉論人的理想性與務實性。

> 何謂人情？喜怒哀懼愛惡欲七者，弗學而能。何謂人義？父慈、子孝、兄良、弟弟、夫義、婦聽、長惠、幼順、君仁、臣忠十者，謂之人義。講信脩睦，謂之人利。爭奪相殺，謂之人患。故聖人之所以治人七情，脩十義，講信脩睦，尚辭讓，去爭奪，舍禮何以治之？飲食男女，人之大欲存焉；死亡貧苦，人之大惡存焉。故欲惡者，心之大端也。人藏其心，不可測度也；美

---

[39] 〔清〕孫希旦：《禮記集解・禮運》（臺北：蘭臺書局，1973年），頁612。

惡皆在其心,不見其色也,欲一以窮之,舍禮何以哉?[40]

《左傳》昭公廿五年已有「民有好惡、喜怒、哀樂,生于六氣」之說[41],杜預注:「此六者,皆稟陰陽、風雨、晦明之氣。」乃由天地六氣以論人之六情,已開啟先秦由天地氣化以論人情之思想雛形。荀子亦云天生六情,〈天論〉曰:「天職既立,天功既成,形具而神生。好惡、喜怒、哀樂臧焉,夫是之謂天情;耳、目、鼻、口、形,能各有接而不相能也,夫是之謂天官;心居中虛,以治五官,夫是之謂天君。」[42]荀子以人之心、性、情得自於天,故以「好惡、喜怒、哀樂」為「天情」,「耳、目、鼻、口、形」感官為「天官」,心為天情、天官之主宰謂「天君」,人之心、性、情皆本於天,但荀子未申論其是否得於六氣或陰陽五行?此略而不論。《荀子‧性惡》又曰:「從人之性,順人之情,必出於爭奪,合於犯分亂理,而歸於暴。故必將有師法之化,禮義之道,然後出於辭讓,合於文理,而歸於治。」[43]荀子認為天生六情無法改變,但放縱人之六情,必流於爭奪暴亂,此乃人文社會紛爭之源,故必待後天聖人「師法之化,禮義之道」,主張透過勸學、循禮義之道而行,人世乃治。

〈禮運〉論「七情」與「十義」之說實近於荀子,荀子言先天情性須待聖人「師法之化,禮義之道」,〈禮運〉可謂將「師法之化,禮義之道」具體明確為「父慈、子孝、兄良、弟弟、夫義、婦聽、長

---

40 《禮記‧禮運》,《十三經注疏》(臺北:藝文印書館,1976年),第5冊,頁431。
41 「民有好惡、喜怒、哀樂,生于六氣,是故審則宜類,以制六志。哀有哭泣,樂有歌舞,喜有施舍,怒有戰鬥;喜生於好,怒生於惡。是故審行信令,禍福賞罰,以制死生。生,好物也;死,惡物也。好物,樂也;惡物,哀也。哀樂不失,乃能協于天地之性,是以長久。」《左傳》,《十三經注疏》(臺北:藝文印書館,1976年),頁891。
42 〔清〕王先謙:《荀子集解‧天論》(北京:中華書局,1981年),頁309。
43 〔清〕王先謙:《荀子集解‧性惡》(北京:中華書局,1981年),頁434。

惠、幼順、君仁、臣忠」之「十義」以申說人文義理，並擴展至於父子、兄弟、夫婦、長幼、君臣等人倫之序，惟荀子雖主張人之好惡喜怒哀樂之六情來自先天，但切割天道與人道，強調天有天之自然之道、人有人之禮義之道，天人有別，強調當重建人之「禮義之統」以遵循乃治。

〈禮運〉吸收「大一」陰陽氣化之說，重新詮釋天道與人道，人既具天地之德、又因陰陽氣化之故而具駁雜之七情，即人之性理與形氣皆來自天地氣化之道，人之性理表現即為「父慈、子孝、兄良、弟弟、夫義、婦聽、長惠、幼順、君仁、臣忠」之「十義」，至於當如何將「七情」化作「十義」，則須「聖王脩義之柄、禮之序，以治人情。故人情者，聖王之田也。脩禮以耕之，陳義以種之，講學以耨之，本仁以聚之，播樂以安之。」[44]孫希旦注：「人情不治則荒穢，脩禮以治人情，猶農夫用耒耜以耕，所以墾闢荒穢也。然為禮而不合乎義，則無以各適乎事之宜，故必陳之以義，然後大小多寡各適其宜，猶耕者之因地宜而播種也。然非明乎其理，則於義之是非或不能辨，故必講之以學。以去其非而存其是，猶耕者之耨，所以去稂莠而長嘉禾也。然非去人欲，存天理，則其所講者終非己有。故必本之於仁，然後德存於心而實有諸己，猶耕者之穫而聚之於家也。然非有以進之於安，則其所本者未必不終失之，故必播之以樂，歌詠以永其趣，舞蹈以暢其機，然後所存者洽而可以不失。猶耕者之既穫而食，免於勤苦而得其安美也。」[45]孫氏以「禮」為人情墾闢荒穢，以「義」為事之宜，以「學」存天理、去人欲，以「仁」存於心而實有諸德，以「樂」心洽而無失。先王脩禮義以治人情，陳義講學，為善歸仁，播樂安民，人情乃治，遂建成後天人文禮樂之道。

---

44 《禮記・禮運》，《十三經注疏》（臺北：藝文印書館，1976年），第5冊，頁439。
45 〔清〕孫希旦：《禮記集解・禮運》（臺北：蘭臺書局，1973年），頁618。

〈禮運〉由天道氣化以論人,由陰陽之交以論人情,由治人情以論禮義之道。「禮」乃在條理氣化之七情,使喜怒哀樂好惡之情,發為合宜的外在禮義之行。「義」為判斷如何合宜的標準,「學」則是客觀認識與講求事物之理的過程,「仁」則是內在性理感發與道德實踐之主體,「樂」則是道德實踐所發歡欣之情,透過仁、學、義、禮、樂的過程,始為成德之君子。

　　故曰:「禮也者,義之實也。協諸義而協,則禮雖先王未之有,可以義起也。義者藝之分、仁之節也,協於藝,講於仁,得之者強。仁者,義之本也,順之體也,得之者尊。」[46]王夫之注:「反復推原,聖王修德以行禮之本,而極之於仁。蓋仁者,大一之縕,天地陰陽之和,人情大順之則,而為禮之所自運,此一篇之樞要也。」[47]王氏論「禮」本於「仁」,仁本於「大一」,乃承天地之德,內在人情之中有人情之則,亦為聖人制禮之據,故曰「人者,天地之心也」。[48]聖人感天地之氣化,以仁為心,以樂安情,以義為斷,學以為善去惡,然後制禮以為行,乃成後天人文禮樂之道。若說〈大學〉格物、致知、誠意、正心、修身、齊家、治國、平天下,乃建立儒者由內而外、由身而家、國、天下的儒者格局,則〈禮運〉論「禮」其內涵為「義」、「學」、「仁」、「樂」可謂先秦禮學內在思維系統化思想的重要成就。

　　聖人制禮作樂的通盤思考過程:乃感大一之道,順陰陽五行氣化之理,上稟天地之德,自覺天地之心,體察喜怒哀懼好惡之七情,透過「學」以考察認識外在事物之變化,自覺「仁」的感通不忍,合內外理出「義」的明辨判斷,最後將喜怒哀懼好惡之七情,轉發為「父慈、子孝、兄良、弟弟、夫義、婦聽、長惠、幼順、君仁、臣忠」之「十義」,制作為郊、社、祖廟、五祀之禮,表現為飲、食、冠、

---

[46]《禮記・禮運》,《十三經注疏》(臺北:藝文印書館,1976年),第5冊,頁439。
[47]〔明〕王夫之:《禮記章句上・禮運》(臺北:廣文書局,1967年),頁515。
[48]《禮記・禮運》,《十三經注疏》(臺北:藝文印書館,1976年),第5冊,頁434。

昏、喪、祭、射、御、朝、聘之禮，乃得父子、兄弟、夫婦、長幼、君臣之「樂」之歡悅，此為聖人制禮作樂之思考過程與宗旨。

> 故禮義也者，人之大端也，所以講信脩睦而固人之肌膚之會、筋骸之束也。所以養生送死事鬼神之大端也。所以達天道順人情之大竇也。[49]
> 四體既正，膚革充盈，人之肥也。父子篤，兄弟睦，夫婦和，家之肥也。大臣法，小臣廉，官職相序，君臣相正，國之肥也。天子以德為車、以樂為御，諸侯以禮相與，大夫以法相序，士以信相考，百姓以睦相守，天下之肥也。是謂大順。大順者，所以養生送死、事鬼神之常也[50]

孫希旦注：「蓋大順即順天道，達人情之意，諸侯以下，以禮相與，以法相斂，以信相考，以睦相守，即講信修睦之事，四體既正，膚革充盈，則是所謂『固肌膚之會、筋骸之束』者又有進矣。獨養生送死、事鬼神之意未顯，故舉此以結之。」[51]孫氏言先王制禮乃承天道，以治人情。天生人情，先王制禮亦順天道而行，故禮亦出自於天，以和人情之喜怒哀樂，是「天、禮、人情」三者本一體無間，「禮」實是連結天道與人情之重要關鍵。

〈禮運〉論「禮」從天道氣化義論「禮」之起源，以禮本於「大一」，聖人法天地、陰陽、五行、四時，以為飲食、冠昏、喪祭、射御、朝覲之禮，此乃承先秦「天人合德」傳統，自孔子、孟子、荀子以來，在文化義、人性論、社會規範義論「禮」之外，另闢「禮」的氣化宇宙義思想模式，即「禮」本於天道而為人道之大端，乃由天地

---

49 《禮記‧禮運》，《十三經注疏》（臺北：藝文印書館，1976年），第5冊，頁439。
50 《禮記‧禮運》，《十三經注疏》（臺北：藝文印書館，1976年），第5冊，頁440。
51 〔清〕孫希旦：《禮記集解‧禮運》（臺北：蘭臺書局，1973年），頁620。

陰陽四時五行之理而作飲、食、冠、昏、喪、祭、射、御、朝、覲之禮，始於個人飲食行止修身之禮，擴為父子、兄弟、夫婦之禮，再擴為君臣朝覲之禮，最後使天下百姓和睦之禮，此曰「大順」。

故「禮者，治人之情」所論不在糾結於人之性善性惡與否？〈禮運〉以為性善性惡皆受之於天，七情與十義皆天之所予，重要是透過「禮」的實踐，將七情表現為十義，「禮」的實踐需要透過「學」、「仁」、「義」的學習明辨的過程轉化為「禮」，方能為「樂」，不僅要能立己以修身，更要立己而及人，擴及家、國、天下皆由「禮」而安樂順導之，此乃飲、食、冠、昏、喪、祭、射、御、朝、聘之禮制作的人倫社會最重要的意義，但飲、食、冠、昏、喪、祭、射、御、朝、聘之禮絕不是一成不變的外在規範，它須時時透過「學」、「仁」、「義」的過程因革損益、與時俱進，所謂「雖先王未之有，可以義起也。」

（三）小結

〈禮運〉「禮者，承天之道」的禮學宇宙論思想，其吸收大一、天地、陰陽、四時、五行思想建立的宇宙論型態，豐富充實了先秦孔孟對道德宇宙論思想理論的不足，但此理論模式似偏向道家、陰陽家自然義的氣化宇宙論，與傳統孔、孟論天道的強烈道德義似有不同[52]，〈禮運〉的確沒有太強調「大一之道」的道德內涵部分，此或其不足之處。但觀「人者，天地之德」、「人者，天地之心」、「禮義以為器」可知「大一之道」若無道德性，當何以為「天地之德」、「禮義為器」？故〈禮運〉「大一之道」並非如道家或陰陽家之自然氣化宇宙論，「大一之道」可謂承襲〈中庸〉「誠者天之道」的發展，本身即具

---

[52] 子曰：「天何言哉？四時行焉，百物生焉，天何言哉？」（〈陽貨〉）孟子曰：「盡其心者，知其性也。知其性，則知天矣。」（〈盡心上〉）面對天道形上意涵，孔孟二人皆具有強烈道德實踐的超越體悟，惟較欠缺理論化陳述。

道德內涵之主體,當可無疑。

　　故〈禮運〉「禮本大一」其天人內涵仍是以道德性作為價值主體,此與先秦孔孟道德傳統是相承不輟的,只是它也吸收陰陽五行思想的氣化內涵,表現天地之道的複雜性與變動性,此與《管子·四時》、《呂氏春秋·十二紀》以天地自然規律為主體,而人文世界從之配之為附屬,人當順應天道而行,仍是不同的天人思想模式。

　　「禮者,治人之情」論人曰「人者,其天地之德,陰陽之交,鬼神之會,五行之秀氣」乃吸收陰陽五行思想論人之內涵,人之內涵包含性理義與形氣義,性理義乃肯定惟人受之於天,稟仁義禮智信之理,此乃傳統「天人合德」思想的延續,形氣義則指人亦受氣化成形,內具感官之能與欲惡之情。此論人之內涵可謂孔孟提倡君子之德的進一步發展,〈禮運〉承襲孔孟論人強調道德性理義的傳統,但也兼論人之感官好惡之私情部分,甚具時代意義。

　　〈禮運〉論「禮」分兩部分陳述:

　　一、「禮」在天道論部分,孔孟論「禮」的天道論意義,多由道德實踐的超越體悟去陳述,如孔子「天何言哉」、孟子「盡心知性知天」之類,皆欠缺理論化的陳述,〈禮運〉論「禮本於大一」,大一之道的內涵有天地、陰陽、四時、五行之消長變化,聖人法天地之道而制禮作樂,乃設郊、社、祖廟、山川、五祀之禮制,雖然這只是簡略附會,但郊、社、祖廟、山川、五祀之禮制正本於「大一」之道的天地、陰陽、鬼神、五行之理,「禮」正是「大一之道」至「人文之道」的表現,「天人合德」於「禮」,此乃〈禮運〉論「禮」的天道論意義,理論化陳述。

　　二、「禮」在人文部分,就個人而言,「禮」乃是將人之形氣層「七情」轉化為性理層「十義」最重要的關鍵,〈禮運〉還深入論述「禮」須透過「仁」、「學」、「義」的自覺感通認識明辨乃得為「禮」而「樂」的個人「肌膚之會、筋骸之束」的修身過程,就人倫之禮而

言，由個人修身之禮發而為父子、兄弟、夫婦等齊家之禮，再擴而為君臣相正治國之禮，最後制為天子、諸侯、大夫、士、百姓和睦相守之天下之禮，即所謂飲、食、冠、昏、喪、祭、射、御、朝、聘之禮，即為「大順」之道，此為「禮」的人文意義。

〈禮運〉論「禮」「承天之道、治人之情」，乃先秦禮學「天人合德」思想下的理論成就，其承襲周初「天人合德」思想，又吸收戰國陰陽五行之說，既保留「天人合德」的道德性，也表現天地之道與人文之道的複雜性，另一方面也重新省察制禮作樂的內涵，肯定「仁」、「學」、「義」、「禮」、「樂」的知識學習與判斷事理的重要性，更強調「禮」須與時俱進、因革損益的合宜性，最後得出郊、社、祖廟、山川、五祀之禮；飲、食、冠、昏、喪、祭、射、御、朝、聘等諸禮制的必要性，可謂荀子〈禮論〉之後的重要發展，實為先秦儒家禮學思想理論的重要進展。

四 從〈中庸〉到〈禮運〉的禮學發展

（一）從「誠體」到「大一」

〈中庸〉承襲周初「天人合德」思想，由「誠」重新詮釋「天人合德」的內涵，以誠體作為天道的價值主體，由天之高、地之深表現天道之德具有高明、博厚、廣大、悠久諸德性，表現素樸的道德宇宙論思想，文王之德乃具高明、廣大、謙卑、生養萬民之德，以論文王之德相合於天地之德，以論人之至誠之道。〈中庸〉進而闡釋君子之德，當透過博學、審問、慎思、明辨、篤行，以培養智仁勇三達德，推己以及人，至於君臣、父子、夫婦、昆弟、朋友五達道，表現在「禮儀三百、威儀三千」的生活實踐中，此為君子「至誠之道」的內涵與表現，可謂由上而下、由天而人的天人合誠理論模式。故〈中

庸〉承「天人合德」思想傳統而詮釋以「誠」之新意，表現「天人合誠」的道德義、知識義、實踐義的深廣內涵。

〈禮運〉論「天人合德」思想則由陰陽氣化思想切入，天地之道為大一、天地、陰陽、四時、五行所構成之氣化宇宙論，豐富了先秦孔孟以來儒家素樸宇宙論的內涵，建構出先秦儒家道德宇宙氣化論的初步理論模型，較〈中庸〉的素樸宇宙論又一進展，這部分不能不說是吸收道家、陰陽家的思想所致。其次，〈禮運〉論人曰「人者天地之德，陰陽之交，鬼神之會，五行之秀氣」，人與萬物皆來自於陰陽五行氣化之所生，故人與天地在形質上具有其一體性，但〈禮運〉不強調天人形質義的一體性，而是強調人具「天地之德」、「天地之心」的道德價值，此表現〈禮運〉仍是承襲先秦孔孟以來延續的「天人合德」思想大傳統，以天人合於道德性為本質，只是〈禮運〉也注意到天道陰陽氣化不測、人道七情駁雜的複雜變動性。

因此從先秦「天人合德」角度，可以看到〈中庸〉到〈禮運〉的發展脈絡，孔孟時期對天人關係尚以道德實踐的體悟來陳述，〈中庸〉則提出「誠」的道德價值來會通，並充實人之至誠之道的內涵，透過博學審問的學習，培養三達德，表現五達道，最後表現為「禮儀三百、威儀三千」的聖人之道，以此回應天道之誠。〈禮運〉則是在「天人合德」的方向上吸收道家、陰陽家思想，建構成大一、陰陽、四時、五行的氣化世界模型，天道內容更見其具體系統化，人道的部分則兼論人之性理義與形氣義，性理義仍是延續人道之道德主體，但形氣義則表現人之七情的駁雜性，〈禮運〉在「天人合德」的主張上更落實由「禮」來連結，以「禮」來承天之道、治人之情，〈禮運〉是以「天人合禮」來取代〈中庸〉「天人合誠」之道，聖人制「郊、社、祖廟、山川、五祀、飲食、冠、昏、喪、祭、射、御、朝、聘之禮」以回應「大一、陰陽、四時、五行、身、家、國、天下」之道，此為〈禮運〉「天人合禮」思想最重要的理論架構。

(二)從「禮儀三百、威儀三千」到「郊、社、祖廟、山川、五祀、飲食、冠、昏、喪、祭、射、御、朝、聘之禮」

由「禮」的角度論，〈中庸〉論「禮」尚強調文、武、周公制禮作樂之功，以「親親之殺、尊賢之等」作為「禮」之所生，由孝親之心，推擴及君臣、父子、夫婦、昆弟、朋友五達道，而人至誠之道表現在「禮儀三百、威儀三千」，所謂「苟不至德，至道不凝」，至道的表現正是「禮儀三百、威儀三千」，因此〈中庸〉論「禮」不僅具德性義，且隱含天道形上價值義在其中。

〈禮運〉則明確站在「禮」的立場論述其重要性，在〈中庸〉篇中「禮儀三百、威儀三千」的隱含義，在〈禮運〉篇明確建立起「天人合禮」的禮學架構，〈禮運〉開宗明義即說明「禮者，承天之道，治人之情」，「禮」本於「大一」之道而生，郊、社、祖廟、山川、五祀之禮即是對應大一、陰陽、四時、五行而設，「禮」對治人之七情以轉化為人倫之十義，故有飲、食、冠、昏、喪、祭、射、御、朝、聘之禮。此處可看出，從〈中庸〉周文之禮、「禮儀三百、威儀三千」到〈禮運〉「郊、社、祖廟、山川、五祀、飲食、冠、昏、喪、祭、射、御、朝、聘之禮」的進展，可看出先秦儒家由周文之禮的嚮往與省察，逐漸修正、吸收諸子思想，建構從「天人合德」思想大傳統下，逐步建立富有時代意義，與時俱進的「天人合德」禮學理論的發展脈絡。

由儒家道德宇宙論角度，〈中庸〉及〈易傳〉可謂先秦儒家道德宇宙論的理論先驅，下開兩漢氣化宇宙論思想，直至北宋周濂溪始結合〈中庸〉與〈易傳〉建構完成屬於儒家式的道德宇宙論體系。就禮學思想角度而言，〈中庸〉「天人合誠」表現儒家早期素樸道德宇宙論模型，隱含「禮儀三百、威儀三千」以天道「誠體」的形上道德內

涵，可視為先秦儒家禮學道德宇宙論的先驅，直至〈禮運〉篇吸收道家、陰陽家思想，才初步建構完成儒家「天人合禮」氣化宇宙論禮學思想模型，對兩漢禮學思想的發展影響深遠。

第三節　天人合德的國家禮制新藍圖
　　　　──從《管子》〈四時〉、〈五行〉至《呂氏春秋・十二紀》[53]

一　前言

　　《管子》〈四時〉、〈五行〉篇思想的來源複雜，吸收〈夏小正〉月令思想、道家氣化天道論、陰陽家合五行之說、法家賞罰觀念、儒家德治主張諸說而成。《管子》〈四時〉、〈五行〉之說，最直接的影響便是《呂氏春秋・十二紀》。在《呂氏春秋・十二紀》中「四時」成為十二紀，「五政」拓展為人君施政的十二月令，建立成更龐大的政治理論，使「法天地」的政治思想達到高峰。

二　《管子》〈四時〉、〈五行〉論「刑德說」

（一）由「陰陽」、「五行」論四時之德

　　《管子・四時》乃承《大戴禮記・夏小正》月令的發展，如〈夏小正〉論正月云：

---

[53] 本文依作者二〇一七年十一月發表於《人文研究學報》第51卷第2期（頁1-18），〈論《呂氏春秋・十二紀》的禮學思想〉一文再修改。

	天象	鳥獸	蟲魚	草木	農事	王事
正月	時有俊風寒日滌凍塗鞠則見初昏參中斗柄縣在下	雁北鄉雉震呴田鼠出獺獻魚鷹則為鳩雞桴粥	啟蟄魚陟負冰	囿有見韭采芸柳稊梅、杏、杝桃則華	農緯厥耒農率均田初服於公田	初歲祭耒始用䵃

〈夏小正〉乃為較原始的〈月令〉資料，它翔實的紀錄正月中的天象變化、鳥獸、蟲魚、草木及相應之農事與王事，此〈月令〉資料的目的，顯然是在農事，正印證《尚書·堯典》「歷象日月星辰，敬授人時。」[54]之說，至於天象節令、日月星辰的變化，只是客觀的紀錄，還沒有發展出背後運行的理論說法。

《管子·四時》篇則將〈夏小正〉十二月的天文自然界的客觀紀錄，簡化為春夏秋冬四季而有進一步的發展。今將其內容整理製表如下：

季節	方位	主	氣	相生	德	事	政	災
春	東	星	風	木、骨	喜嬴	其事號令，修除神位，謹禱獘梗，宗正陽，治隄防，耕芸樹藝。正津梁，修溝瀆，甃屋行水，解怨赦罪，通四方。	春三月以甲乙之日發五政：一政、曰論幼孤，舍有罪。二政、曰賦爵列，授祿位。三政、曰凍解修溝瀆，復亡人。四政、曰端險阻，修封	春行冬政則雕，行秋政則霜，行夏政則欲。

---

54 《尚書·堯典》（十三經注疏，臺北：藝文印書館，1976年），第1冊，頁19。

季節	方位	主	氣	相生	德	事	政	災
春							疆，正千伯。五政、曰無殺麑夭，毋騫華絕芋。五政苟時，春雨乃來。	
夏	南	日	陽	火、氣	施舍修樂	其事號令，賞賜賦爵，受祿順鄉，謹修神祀，量功賞賢，以動陽氣。九暑乃至，時雨乃降，五穀百果乃登，此謂日德。	是故夏三月以丙刃之日發五政：一政、曰求有功發勞力者而舉之。二政、曰開久墳，發故屋，辟故筍，以假貸。三政、曰令禁扇去笠毋扱免，除急漏田廬。四政、曰求有德賜布施於民者而賞之。五政、曰令禁置設禽獸，毋殺飛鳥，五政苟時，夏雨乃至。	夏行春政則風，行秋政則水，行冬政則落。
	中央	土		土生皮肌膚	土德實輔四時	其德和平用均，中正無私。實輔四時，春贏育，夏養		

第四章 先秦禮學「天人合德」思想的發展 ❖ 239

季節	方位	主氣	相生	德	事	政	災
				入出，以風雨節土益力	長，秋聚收，冬閉藏。大寒乃極，國家乃昌，四方乃服，此謂歲德。日掌賞，賞為暑，歲掌和，和為雨。		
秋	西	辰	陰	金、甲	憂哀、靜正、嚴順，居不敢淫佚，	其事號令，毋使民淫暴，順旅聚收，量民資以畜聚，賞彼群幹，聚彼群材，百物乃收，使民毋怠。所惡其察，所欲必得。我信則克。此謂辰德。辰掌收，收為陰。	秋三月以庚辛之日發五政：一政、曰禁博塞，圉小辯，鬥譯踞。二政、曰毋見五兵之刃。三政、曰慎旅農，趣聚收。四政、曰補缺塞圻。五政、曰修牆垣，周門閭，五政苟時，五穀皆入。	秋行春政則榮，行夏政則水，行冬政則耗。
冬	北	月	寒	水、血	淳越溫怒周密	其事號令，修禁徙民，令靜止。地乃不泄。斷刑致罰，無赦有罪，以符陰氣。大寒乃至，甲兵乃強，五穀乃熟，國家乃昌，四方乃備，此謂月	冬三月以壬癸之日發五政：一政、曰論孤獨，恤長老。二政、曰善順陰，修神祀，賦爵祿，授備位。三政、曰	冬行春政則泄，行夏政則雷，行秋政則旱。

季節	方位	主	氣	相生	德	事	政	災
冬						德。月掌罰，罰為寒，	效會計，毋發山川之藏。四政、曰捕姦遁，得盜賊者有賞。五政、曰禁徙、止流民、圉分異。五政苟時，冬事不過，所求必得，所惡必伏，	

　　觀察《管子・四時》可知其對自然界的星象蟲魚鳥獸的紀錄大為減少，取而代之者，為因應節候變化的人事措施與施政，是由〈夏小正〉時的不違農事，漸轉為宗教祭祀、工事興作與生活作息的配合，其中特別強調的部分，便是政治施政方面，故春夏秋冬四時皆有因時施行之五政，違者甚至有災異降臨之殃。因此〈四時〉篇可說是藉由不違農事的〈月令〉紀錄轉變為作為政治施政的指導，實則成為一種政治主張，深具時代意義。

　　值得注意者，〈四時〉篇不重自然界的紀錄，轉而以方位、陰陽、五行來詮釋節候背後的變化。故論「春」云：「東方曰星，其時曰春，其氣曰風。風生木與骨，其德喜嬴，而發出節時。」[55]房玄齡註：「東方陰陽之氣和雜之時，故為星。時物蠢而生也。陽動而陰寒為風也。木為風而發暢。春德喜悅長嬴，為發生之節也。」此非客觀性的歲時紀錄，而是在解釋為何有春之節令，何以春時草木滋生？此

---

[55] 黎翔鳳撰，梁運華整理：《管子校注・四時》（北京：中華書局，2006年），頁842。

乃試圖建立理論以解釋歲時節令之狀。故以星德主春,其氣為風,其德主生,故物蠢而生。其云春氣曰風,夏氣曰陽,秋氣曰陰,冬氣曰寒,乃以陰陽氣化消長學說來解釋節令之變化。

> 是故陰陽者,天地之大理也;四時者,陰陽之大經也;刑德者,四時之合也。刑德合於時則生福,詭則生禍。[56]

房玄齡註:「天地用陰陽為生成,陰陽更用於四時之間為緯也。」老莊以陰陽二氣解釋宇宙之氣化聚散生物,即「天地之大理」,故陰陽二氣對氣化宇宙論而言,乃天道的內涵,二氣之聚散乃生物之過程。〈四時〉篇更將陰陽二氣之消長,以詮釋歲時節令之流變。此可謂是陰陽氣化思想的進一步應用,從天道論落實到節氣之變。此說影響深遠,《呂氏春秋·十二紀》、《淮南子·時則訓》、《禮記·月令》皆承其說,而各有所取。

「五行」也被用來詮釋四時之德,春:「其氣曰風。風生木與骨」,夏:「其氣曰陽,陽生火與氣」,秋:「其氣曰陰,陰生金與甲」,冬:「其氣曰寒,寒生水與血」,春生草木故以木德,夏氣燥熱故以火德,秋以陰凝故以金德,冬以嚴寒故以水德,其比附之跡可循,惟「四時」配「五行」尚漏土德,無法完全搭配。為配合五行之全,乃於夏之後,另立一中央土以補之。故〈四時〉篇乃建立以「陰陽」配合「五行」詮釋節令變換與主德之理論,但土德的設計難免牽強,不可不謂為理論缺陷。故〈五行〉篇乃修正為將木、火、土、金、水五行之德,平均分配在一年之中,如此則各德當令七十二日,其云:

---

[56]〔清〕黎翔鳳撰,梁運華整理:《管子校注·四時》(北京:中華書局,2006年),頁838。

日至,睹甲子木行御,天子出令,命左右士師內御,總別列爵,論賢不肖士吏,賦秘,賜賞於四境之內,發故粟以田數。出國衡,順山林,禁民斬木,所以愛草木也。然則冰解而凍釋,草木區萌,贖蟄蟲卵菱,春辟勿時,苗足本。不癘雛鷇,不夭麑䴠麂,毋傅速。亡傷繼襟,時則不凋,七十二日而畢。睹丙子,火行御,天子出令,命行人內御。令掘溝澮津舊塗,發臧任君賜賞,君子修游馳以發地氣,出皮幣,命行人修春秋之禮於天下,諸侯通,天下遇者兼和。然則天無疾風,草木發奮,鬱氣息。民不疾而榮華薺,七十二日而畢。睹戊子,土行御,天子出令,命左右司徒內御,不誅不貞,農事為敬。大揚惠言,寬刑死,緩罪人。出國司徒令,命順民之功力以養五穀,君子之靜居,而農夫修其功力極。然則天為粵宛,草木養長,五穀蕃實秀大,六畜犧牲具。民足財,國富,上下親,諸侯和,七十二日而畢。睹庚子,金行御,天子出令,命祝宗選禽獸之禁,五穀之先熟者,而薦之祖廟與五祀,鬼神饗其氣焉,君子食其味焉。然則涼風至,白露下,天子出令,命左右司馬衍組甲厲兵,合什為伍以修於四境之內。諛然告民有事,所以待天地之殺斂也。然則晝炙陽,夕下露,地競環,五穀鄰熟,草木茂實,歲農豐,年大茂,七十二日而畢。睹壬子,水行御,天子出令,命左右使人內御御其氣,足則發而止,其氣不足,則發攔瀆盜賊,數剝竹箭,伐檀柘,令民出獵禽獸,不釋巨少而殺之,所以貴天地之所閉藏也。然則羽卵者不段,毛胎者不牘,孕婦不銷棄,草木根本美,七十二日而畢。[57]

房玄齡註:「春當九十日,而今七十二日而畢者,則季月十八日屬土位

---

[57] 〔清〕黎翔鳳撰,梁運華整理:《管子校注・五行》(北京:中華書局,2006年),頁868-879。

故也。」黎翔鳳案:「甲子木,丙子火,庚子金,壬子水,各七十二日。凡三百六十日為一歲,四時以五行配,祇有此數。」可知這樣的設計,完全是為了配合五行之故,只是自然的規律為四時,今強行減去各季節十八日,以為土德之日,似有未洽。故後世之《呂氏春秋・十二紀》、《淮南子・時則訓》均未採行其說,而將土德獨立處理。

「五行」原始本為物質義,鄒衍始將陰陽消長與「五行」之德結合,以解釋朝代興替之事,《管子》更將「五行」附會上節氣與方位,所謂「東方曰星,其時曰春,其氣曰風。風生木與骨」、「南方曰日,其時曰夏,其氣曰陽,陽生火與氣」、「西方曰辰,其時曰秋,其氣曰陰,陰生金與甲」、「北方曰月,其時曰冬,其氣曰寒,寒生水與血」。[58] 故《管子》已初步將「五行」配合「陰陽」,應用在政治主張上。至《呂氏春秋・十二紀》將「五行」再進一步擴大搭配五帝、五神、五蟲、五音、五數、五味、五臭、五味、五物、五德等,使「五行」超越了基本的物質性,也不再是工作執掌,而成為一種分類的原則。[59]

陰陽二氣之消長,乃在解釋四季之流轉,「五行」之德則為了衍申人事的因應:

(春)其德喜嬴,而發出節時,其事號令,修除神位,謹禱獎梗,宗正陽,治隄防,耕芸樹藝。正津梁,修溝瀆,甃屋行水,解怨赦罪,通四方。[60]

(夏)其德施舍修樂,其事號令,賞賜賦爵,受祿順鄉,謹修神祀,量功賞賢,以動陽氣。[61]

---

58 《管子》(臺北:國立編譯館,2002年2月),「新編諸子叢書」,頁961。
59 鄺芷人:〈第五章 五行與樂律〉,《陰陽五行及其體系》(臺北:文津出版社,1998年),頁23。
60 〔清〕黎翔鳳撰,梁運華整理:《管子校注・四時》(北京:中華書局,2006年),頁842。
61 〔清〕黎翔鳳撰,梁運華整理:《管子校注・四時》(北京:中華書局,2006年),頁846。

中央曰土,土德實輔四時入出,以風節土益力,土生皮肌膚,其德和平用均,中正無私。[62]

(秋)其德憂哀、靜正、嚴順,居不敢淫佚,其事號令,毋使民淫暴,順旅聚收,量民資以畜聚,賞彼群幹,聚彼群材,百物乃收,使民毋怠。所惡其察,所欲必得,我信則克,此謂辰德。[63]

(冬)其德淳越溫怒周密,其事號令,修禁徙民,令靜止,地乃不泄。斷刑致罰,無赦有罪,以符陰氣,大寒乃至,甲兵乃強,五穀乃熟,國家乃昌,四方乃備,此謂月德。月掌罰,罰為寒。[64]

房玄齡註:「春德喜悅長贏,為發生之節。」、「陽氣主仁,故行恩賞以助之。」「土無不載,無不生,故和而用均也。」「秋氣悽惻,故以憂恤哀憐為德。」「冬時花葉凋落,唯報幹存焉,故以淳質為德。」春德以木,草木滋蕃,故當解怨赦罪;夏德以火,陽氣主仁,故以施捨修樂、賞賜論功;中央以土,無不載無不生,當中正無私;秋氣以金德,天地以肅,當靜正嚴順,討伐有罪;冬氣嚴寒,水德當令,其德溫怒,當斷刑致罰,無赦有罪。

四時配以「五行」之德,實乃受老莊「法天地」思想影響的進一步具體落實,老莊云:「道法天地」尚屬玄思之道契與人生境界的上達。但《管子‧四時》篇則成為具體的條目,春當法其生機之木,夏當法其長養之火,土當法其無不載之和,秋當法其悽惻哀憐之情,冬

---

62 〔清〕黎翔鳳撰,梁運華整理:《管子校注‧五行》(北京:中華書局,2006年),頁867。

63 〔清〕黎翔鳳撰,梁運華整理:《管子校注‧四時》(北京:中華書局,2006年),頁851。

64 〔清〕黎翔鳳撰,梁運華整理:《管子校注‧四時》(北京:中華書局,2006年),頁854。

當法其肅殺刑罰之義，是法天地四時之自然情狀，而分別以木、火、土、金、水五行之德命之，由五行之德再進一步引申擴大其生活作息，此可謂承〈夏小正〉之月令以指導農事的傳統，擴大為建立陰陽五行的天道理論，以指導人道生活規範的企圖，可謂是陰陽五行氣化思想在政治施政上的落實。

（二）五德生五政──刑德說

《管子·四時》由「五行」之德的理論，再進一步提出「五政」之說，針對君王的因時施政，提出其政治主張：

> 是故春三月以甲乙之日發五政：一政曰論幼孤，舍有罪；二政曰賦爵列，授祿位；三政曰凍解修溝瀆，復亡人；四政曰端險阻，修封疆，正千伯；五政曰無殺麑夭，毋蹇華絕芋。五政苟時，春雨乃來。[65]
> 夏三月以丙丁之日發五政：一政曰求有功、發勞力者而舉之。二政曰開久墳，發故屋，辟故竆，以假貸。三政曰令禁扇去笠，毋扱免，除急漏田廬。四政曰求有德、賜布施於民者而賞之。五政曰令禁置設禽獸，毋殺飛鳥。五政苟時，夏雨乃至也。[66]
> 秋三月以庚辛之日發五政：一政曰禁博塞，圉小辯，鬥譯跽。二政曰毋見五兵之刃。三政曰慎旅農，趣聚收。四政曰補缺塞坏。五政曰修牆垣，周門閭，五政苟時，五穀皆入。[67]
> 冬三月以壬癸之日發五政：一政曰論孤獨，恤長老。二政曰善

---

[65]〔清〕黎翔鳳撰，梁運華整理：《管子校注·四時》（北京：中華書局，2006年），頁843。

[66]〔清〕黎翔鳳撰，梁運華整理：《管子校注·四時》（北京：中華書局，2006年），頁847。

[67]〔清〕黎翔鳳撰，梁運華整理：《管子校注·四時》（北京：中華書局，2006年），頁851。

順陰，修神祀，賦爵祿，授備位。三政曰效會計，毋發山川之藏。四政曰捕姦遁、得盜賊者有賞。五政曰禁遷徙、止流民、圉分異。五政苟時，冬事不過，所求必得，所惡必伏。[68]

「五政」的設計，當是順應五行之德而來，其內容包括：農事、祭祀、工事、施政、禽獸等，範圍廣泛，基本上皆因時順事而為。如農事方面：春贏育、夏養長、秋聚收、冬閉藏，此承〈夏小正〉「不違農時」的傳統而來。工事方面：春修溝瀆封疆，夏求有勞之功，秋修牆垣門閭，冬則閉藏。施政方面：春則護幼孤，赦有罪，以順生氣，夏則求賢德，賜布施以助盛陽之養，秋則禁博塞，圉小辯，勿見五兵之刃，冬則恤孤獨長老，捕姦遁、得盜賊。物種方面：春主生氣，故無殺麑夭，毋蹇華絕芉；夏則盛陽為養，故令禁置設禽獸，毋殺飛鳥，冬主閉藏，故毋發山川之藏。

五政之施皆順其當季之氣化之理，即春、夏多施德行惠，擴及人之幼弱物與護禽獸之生養；秋、冬天地肅殺則法刑罰以正。故其施政乃主「刑德說」。

「刑德說」乃承自陰陽五行氣化天道主張而來，藉天道之五德以論人道之施政，由陰陽二氣與五行之德表現天道之理，再將此理應用在人君之施政，即春、夏之德當以德惠施民為主，秋、冬之德當以促民收聚，斷刑致罰為主，春、夏、秋、冬各以五政施令，乃成「刑德」之說，並配合「災異」之說以貫徹的政治主張。

道生天地，德出賢人，道生德，德生正，正生事。是以聖王治天下，窮則反，終則始。德始於春，長於夏；刑始於秋，流於

---

68 〔清〕黎翔鳳撰，梁運華整理：《管子校注・四時》（北京：中華書局，2006年），頁855。

冬。刑德不失，四時如一，刑德離鄉，時乃逆行。作事不成，必有大殃。月有三政，王事必理，以為久長。不中者死，失理者亡。國有四時，固執王事。四守有所，三政執輔。[69]

房玄齡註：「法道則成德也，德脩則理自正，正直則事幹，皆順時而成，故如一。」此言聖王之治天下，乃法道而為德，以德理事，而乃順天道之四時流行而施政，故春夏施德賞賜，秋冬以刑罰禁姦，故天道與人道如一，國乃長久。

三　《呂氏春秋‧十二紀》的國家禮制藍圖

（一）前言

《呂氏春秋‧十二紀》乃承《大戴禮記》〈夏小正〉與《管子》〈四時〉篇的基礎，吸收戰國末年陰陽家思想建立「法天地」[70]的禮學藍圖。近代學者徐復觀云：「《呂氏春秋‧十二紀》紀首，正吸收了夏小正及周書的周月、時訓，加以整理，而另發展了鄒衍的思想，以此為經，再綜合了許多因素及政治行為，以組織成『同氣』的政治理想的系統。」[71]秦相呂不韋召集賓客作《呂氏春秋》，自有其政治目的，《呂氏春秋‧十二紀》本為帝王治國而作，以「法天地」作為立國

---

69 〔清〕黎翔鳳撰，梁運華整理：《管子校注‧四時》（北京：中華書局，2006年），頁857。

70 《呂氏春秋集釋上‧季冬紀‧序意》：「蓋聞古之清世，是法天地。凡〈十二紀〉者，所以紀治亂存亡也，所以知壽天吉凶也。上揆之天，下驗之地，中審之人，若此則是非可不可無所遁矣。天曰順，順維生；地曰固，固維寧；人曰信，信維聽。三者咸當，無為而行。」許維遹：《呂氏春秋集釋》（北京：中華書局，2009年9月），頁274。

71 徐復觀：《兩漢思想史》（臺北：臺灣學生書局，1974年5月），頁14。

藍圖[72]，此可見呂不韋之卓識。他知秦國不能徒以征伐治國，故為秦帝國得天下後預作準備，敬天地山川神祇，勸民農桑，勸學尊師，重視教戰，歲末君民同樂的治國方向。惜乎呂氏晚期失勢客死，始皇與二世剛愎不能用，一味窮兵黷武，終至滅亡，其用心也遂湮滅。

（二）法天、地、人之禮

老子云：「人法地，地法天，天法道，道法自然」[73]，主張人當少私寡欲，法天道之自然無為以修身。《呂氏春秋・十二紀》云：「人之與天地也同，萬物之形雖異，其情一體也，故古之治身與天下者，必法天地也。」[74]乃由個人修養擴及治國主張，治國亦當依天道而行，並依此原則建構其「法天地」的禮制設計，以為秦帝國治國之綱要，故「法天地」可謂《呂氏春秋・十二紀》禮學思想的基礎。《呂氏春秋・十二紀》禮學思想內容可分：「敬天之禮」、「祈地之禮」與「人道之禮」三部分，以呼應「上揆之天，下驗之地，中審之人」[75]之說。以下分述之：

1 敬天之禮

此部分乃敬順天地節氣變化而生之禮，包括「祈穀之禮」、四時「節氣前齋戒之禮」、「迎節氣之禮」、「儺禮」、「雩禮」、「秋嘗之禮」、「冬烝之禮」等敬天諸禮。

---

72 「維秦八年，歲在涒灘，秋，甲子朔，朔之日，良人請問十二紀。文信侯曰：『嘗得學黃帝之所以誨顓頊矣，爰有大圜在上，大矩在下，汝能法之，為民父母。蓋聞古之清世，是法天地。凡十二紀者，所以紀治亂存亡也，所以知壽夭吉凶也。上揆之天，下驗之地，中審之人，若此則是非可不可無所遁矣。……』」許維遹：《呂氏春秋集釋上・季冬紀》（北京：中華書局，2009年9月），頁273-274。

73 王卡點校：《老子道德經河上公章句》（北京：中華書局，1960年8月），頁102。

74 許維遹：《呂氏春秋集釋上・仲春紀・情欲》（北京：中華書局，2009年9月），頁45。

75 許維遹：《呂氏春秋集釋上・季冬紀・序意》（北京：中華書局，2009年9月），頁274。

「祈穀」乃孟春時天子於南郊祭天以祈穀豐收之禮,「是月也,天子乃以元日祈穀于上帝。」[76]祭天地在郊故稱郊,祭天之禮,啟蟄南郊祭上帝祈穀。《禮記‧月令》鄭玄注:「謂以上辛郊祭天也。」孫希旦云:「歲事莫重於農,故孟春即祈之於上帝,仲春又祈之於社稷。先上帝,次社稷,尊卑之序也。」[77]此乃孟春天子南郊祭天以祈穀豐收之禮。

「節氣前齋戒」之禮,立春、立夏、立秋、立冬前三日,天子齋戒自潔以迎節氣之來,祈求天道氣化順暢,以佑民福。其云:

「先立春三日,太史謁之天子曰:『某日立春,盛德在木。』天子乃齋。」[78]

「先立夏三日,太史謁之天子曰:『某日立夏,盛德在火。』天子乃齋。」[79]

「先立秋三日,大史謁之天子,曰:『某日立秋,盛德在金。』天子乃齋。」[80]

「先立冬三日,太史謁之天子,曰:『某日立冬,盛德在水。』天子乃齋。」[81]

「節氣前三日」天子齋戒的儀式與內容無詳述,但可參〈十二紀〉「夏至」與「冬至」天子守齋之禮。「夏至」「日長至,陰陽爭,死生分。君子齋戒,處必揜,身欲靜無躁,止聲色,薄滋味,退嗜慾,定

---

[76] 許維遹:《呂氏春秋集釋上‧孟春紀》(北京:中華書局,2009年9月),頁9-10。
[77] 〔清〕孫希旦:《禮記集解上‧月令》(臺北:文史哲出版社,1990年8月),頁415。
[78] 許維遹:《呂氏春秋集釋上‧孟春紀》(北京:中華書局,2009年9月),頁8。
[79] 許維遹:《呂氏春秋集釋上‧孟夏紀》(北京:中華書局,2009年9月),頁85。
[80] 許維遹:《呂氏春秋集釋上‧孟秋紀》(北京:中華書局,2009年9月),頁155-156。
[81] 許維遹:《呂氏春秋集釋上‧孟冬紀》(北京:中華書局,2009年9月),頁216。

心氣，百官靜，事無刑，以定晏陰之所成。」[82]「冬至」「是月也，日短至。陰陽爭，諸生蕩。君子齋戒，處必弇，身必寧，去聲色，禁嗜欲，安形性，事欲靜，以待陰陽之所定。」[83]「齋戒」之禮與氣化思想有關，夏至陽氣至盛，陰氣漸起，冬至陰氣至盛，陽氣漸起，陰陽二氣相爭未定，故君子守靜、寡欲、止聲色，以待陰陽二氣相爭之定，此乃「夏至」、「冬至」齋戒之禮。節氣來臨前三日與夏至、冬至齋戒之禮或同，乃配合陰陽氣化消長而設，四時將變，節氣將來，太史告之國君，天子守齋以待天地氣化之變，皆屬敬天畏天之表現。

「迎節氣之禮」乃立春、立夏、立秋、立冬之時，天子與群臣迎節氣之禮，天子領三公九卿諸侯大夫於東、南、西、北四郊，備禮迎節氣到來。

> 立春之日，天子親率三公九卿諸侯大夫以迎春於東郊。還，乃賞公卿諸侯大夫於朝。[84]
> 立夏之日，天子親率三公九卿大夫以迎夏於南郊，還，乃行賞，封侯慶賜，無不欣說。[85]
> 立秋之日，天子親率三公九卿諸侯大夫以迎秋於西郊。還，乃賞軍率武人於朝。[86]
> 立冬之日，天子親率三公九卿大夫以迎冬於北郊。還，乃賞死事，恤孤寡。[87]

「迎節氣之禮」乃配合五行之德而設，天子迎春於東郊，春以木德為

---

[82] 許維遹：《呂氏春秋集釋上・仲夏紀》（北京：中華書局，2009年9月），頁106-107。
[83] 許維遹：《呂氏春秋集釋上・仲冬紀》（北京：中華書局，2009年9月），頁241。
[84] 許維遹：《呂氏春秋集釋上・孟春紀》（北京：中華書局，2009年9月），頁8。
[85] 許維遹：《呂氏春秋集釋上・孟夏紀》（北京：中華書局，2009年9月），頁85。
[86] 許維遹：《呂氏春秋集釋上・孟秋紀》（北京：中華書局，2009年9月），頁156。
[87] 許維遹：《呂氏春秋集釋上・孟冬紀》（北京：中華書局，2009年9月），頁216。

主,以東方為正位,以青為正色,以太皞為帝,以句芒為神,以戶為祀,祭以脾為先。天子居明堂東向,載青旂、衣青衣、服青玉,食麥與羊。立夏之日,天子迎夏於南郊,乃以火德為主,以南方為正,其帝炎帝。其神祝融,其祀灶。祭先肺,天子居明堂南向,衣赤衣,服赤玉,食菽與雞。立秋之日,天子迎秋於西郊,盛德在金,以西方為正,其帝少皞。其神蓐收,其祀門。祭先肝,天子居明堂西向,載白旂,衣白衣,服白玉。立冬之日,天子迎冬於北郊,盛德在水,以北方為正,其帝顓頊。其神玄冥。其祀行。祭先腎,天子居明堂北向,乘玄輅,駕鐵驪,載玄旂,衣黑衣,服玄玉,食黍與彘。

五行之德乃連結天道與人事,天道四時五德更代,人事亦當有所呼應,表現在人道乃有方位、居室、服色、飲食、祭祀、口味等相配,甚至施政之方向,春政木德以生養為主,夏政火德以禮樂教化為勸,秋政金德則以教戰刑獄為戒,冬政水德則以收藏憐恤為念,表現天人相應思想。

「儺禮」乃為春、秋節氣將終,送畢節氣而設。季春時「國人儺,九門磔禳,以畢春氣。」高誘注:「命國人儺,索宮中區隅幽闇之處,擊鼓大呼,驅除不祥,如今之正歲逐除是也。」[88]仲秋「天子乃儺,禦佐疾,以通秋氣。」高誘注:「儺,逐疫除不祥也。佐疾謂療也,儺以止之也。以通達秋氣,使不壅閉」[89];季冬則「命有司大儺,旁磔,出土牛,以送寒氣。」高誘注:「大儺,逐盡陰氣,為陽導也。」[90]季春行「儺禮」由國人進行,以畢春氣;仲秋行「儺禮」由天子主持,乃祈使秋氣暢達;季冬行「儺禮」則由天子命有司進行「大儺」之禮,以送寒氣。可知「儺禮」承「迎節氣」而設,有迎則有送,以防陰陽不盡或太盛不滯而為災,遂舉行「儺禮」以順導節氣而盡。

---

[88] 許維遹:《呂氏春秋集釋上・季春紀》(北京:中華書局,2009年9月),頁64。
[89] 許維遹:《呂氏春秋集釋上・仲秋紀》(北京:中華書局,2009年9月),頁176-177。
[90] 許維遹:《呂氏春秋集釋上・季冬紀》(北京:中華書局,2009年9月),頁259。

「雩禮」乃恐仲夏陽氣過盛而旱，天子遂行雩祭以求雨，雨出名山大川，故亦祀名山大川百源，以祈穀實。其云：「命有司為民祈祀山川百原，大雩帝，用盛樂。乃命百縣，雩祭祀百辟卿士有益於民者，以祈穀實。農乃登黍。」鄭玄注：「陽氣盛而當旱，山川百源，能興雲雨者也。雩，吁嗟求雨之祭。」[91]此為雩祭之禮。

「秋嘗之禮」季秋天子饗上帝，嘗宗廟。饗者，祀上帝於明堂。嘗者，宗廟之秋祭也。其云：「是月（季秋）也，大饗帝，嘗，犧牲，告備于天子。合諸侯。制百縣。為來歲受朔日。」[92]秋收之節，祭祀上天乃感天之所賜，感念宗廟庇佑，並頒布來歲之曆。

「冬烝之禮」孟冬農事畢收，天子諸侯與其群臣大飲酒，祭祀天地四時之神，其云：「是月（孟冬）也，大飲烝，天子乃祈來年于天宗。」[93]「天宗」乃天地四時之神，年終之際乃獻饗天地四時之神以感念一年之收成，祭祀後與群臣飲酒慰勞，與民休息，以祈來年。

《呂氏春秋‧十二紀》「敬天之禮」部分：「祈穀」乃祭天以祈求豐收，「秋嘗」、「冬烝」則感念天地之賜，皆源於古禮[94]，有敬畏感恩上天之遺意，其餘皆與「節氣」消長更替有關，節氣來臨前三日的齋戒，迎節氣之禮，送節氣之「儺禮」，陽氣過盛而祈雨之「雩禮」皆是，可知《呂氏春秋‧十二紀》深受戰國以後陰陽氣化思想影響。

2 祈地之禮

《呂氏春秋‧十二紀》有關「祈地之禮」，包括祭祀山林川澤社稷之禮，天子率群臣躬耕帝籍之田，后妃齋戒勸桑之禮，雩祭祀名山

---

91 許維遹：《呂氏春秋集釋上‧仲夏紀》（北京：中華書局，2009年9月），頁105。
92 許維遹：《呂氏春秋集釋上‧季秋紀》（北京：中華書局，2009年9月），頁195-196。
93 許維遹：《呂氏春秋集釋上‧孟冬紀》（北京：中華書局，2009年9月），頁218。
94 《左傳‧襄公七年》：「夫郊祭后稷，以祈農事，是故啟蟄而郊，郊而後耕。」《十三經注疏》（臺北：藝文印書館，1976年），頁517。

大川百源,冬烝祀公社后土諸禮。

孟春,天子命有司祭祀山林川澤之禮,孟春「乃修祭典,命祀山林川澤,犧牲無用牝。禁止伐木,無覆巢,無殺孩蟲胎夭飛鳥,無麛無卵,無聚大眾,無置城郭,揜骼霾髊。」[95]祭祀山林川澤以佑嘉苗,禁屠宰犧牲,禁止伐木,無傷蟲胎鳥卵,乃順木德之惠,無傷生氣,無害萌幼。仲春時「擇元日,命人社」,高誘注「社稷后土,所以為民祈穀也。」[96]乃天子命有司祭祀土地之神,以祈五穀豐收之禮。

孟春,天子祈穀上帝,擇日親率群臣躬耕帝籍之田,其云:「(孟春)天子親載耒耜,措之參于保介之御間,率三公九卿諸侯大夫躬耕帝籍田,天子三推,三公五推,卿諸侯大夫九推。反,執爵于太寢,三公九卿諸侯大夫皆御,命曰勞酒。」[97]「帝籍」乃天子所耕之田,收穫以供宗廟祭祀之用。孟春天子親率三公九卿諸侯大夫親載耕耜,推耜入土,躬耕籍田,雖只象徵性的天子三推耜、三公五推、卿諸侯大夫九推,鄭玄云:「明已勸農」[98]乃天子率群臣以身作則,彰顯勸農之意。

季春至季夏乃蠶事之月,后妃重之,季春「后妃齋戒,親東鄉躬桑,禁婦女無觀。省婦使,勸蠶事,蠶事既登,分繭稱絲效功,以共郊廟之服,無有敢墮。」[99]孟春天子躬耕,季春后妃躬桑,正彰顯農桑為衣食之本,天子后妃以身作則。蠶事由季春以至孟夏,其云「蠶事既畢,后妃獻繭。乃收繭稅,以桑為均,貴賤少長如一,以給郊廟之祭服。」[100]后妃躬桑養蠶所織之衣,乃供祭天之郊與祭祖之廟所服之祭服。

---

95 許維遹:《呂氏春秋集釋上·孟春紀》(北京:中華書局,2009年9月),頁11。
96 許維遹:《呂氏春秋集釋上·仲春紀》(北京:中華書局,2009年9月),頁34。
97 許維遹:《呂氏春秋集釋上·孟春紀》(北京:中華書局,2009年9月),頁9。
98 〔清〕孫希旦:《禮記集解上·月令》(臺北:文史哲出版社,1990年8月),頁416。
99 許維遹:《呂氏春秋集釋上·孟春紀》(北京:中華書局,2009年9月),頁63。
100 許維遹:《呂氏春秋集釋上·孟夏紀》(北京:中華書局,2009年9月),頁87。

仲夏，天子行「雩祭」以求雨，除告天帝以求雨之外，亦祀名山大川百源，以祈穀實。[101]

孟冬，天子行「冬烝」之禮，與群臣大飲酒，除祭祀天地四時之神以感念一年之收成外，亦殺生獻饗公社，后土，門閭先祖之神，其云「大割，祠于公社及門閭」[102]以慶歲終。

「祈地之禮」包括祈福社稷山川百源，以祈農作，天子躬耕帝籍之田，后妃躬桑，天子行「雩禮」祭祀山川百源，「冬烝」獻饗公社后土，其禮多與古代農業社會型態有關，維繫農業社會最重要條件：農時、土地、水源、農民、作物等，正是「祈地之禮」對應的主題。

3 人道之禮

人道乃呼應天道而設，包括四時祭祀先祖之禮，「高禖」以求嗣之禮，崇教興學以祀先師之禮，田獵教戰之禮，冬烝犒賞群臣之禮皆屬之。四時祭祀先祖之禮，如下：

> （仲春）天子乃獻羔開冰，先薦寢廟。[103]
> （季春）薦鮪于寢廟，乃為麥祈實。[104]
> （孟夏）農乃升麥。天子乃以彘嘗麥，先薦寢廟。[105]
> （仲夏）農乃登黍，是月也，天子乃以雛嘗黍，羞以含桃，先薦寢廟。[106]

---

101 「命有司為民祈祀山川百原，大雩帝，用盛樂。乃命百縣，雩祭祀百辟卿士有益於民者，以祈穀實。農乃登黍。」鄭玄注：「陽氣盛而當旱，山川百源，能興雲雨者也。雩，吁嗟求雨之祭。」許維遹：《呂氏春秋集釋上·仲夏紀》（北京：中華書局，2009年9月），頁105。
102 許維遹：《呂氏春秋集釋上·孟冬紀》（北京：中華書局，2009年9月），頁218。
103 許維遹：《呂氏春秋集釋上·仲春紀》（北京：中華書局，2009年9月），頁36。
104 許維遹：《呂氏春秋集釋上·季春紀》（北京：中華書局，2009年9月），頁60。
105 許維遹：《呂氏春秋集釋上·孟夏紀》（北京：中華書局，2009年9月），頁87。
106 許維遹：《呂氏春秋集釋上·仲夏紀》（北京：中華書局，2009年9月），頁105。

第四章　先秦禮學「天人合德」思想的發展 ❖ 255

（孟秋）是月也，農乃升穀。天子嘗新，先薦寢廟。[107]

（仲秋）以犬嘗麻，先祭寢廟。[108]

（季秋）是月也，天子乃以犬嘗稻，先薦寢廟。[109]

（孟冬）大飲蒸，天子乃祈來年于天宗。大割，祠于公社及門閭。饗先祖五祀，勞農夫以休息之。[110]

（季冬）是月也，命漁師始漁，天子親往，乃嘗魚，先薦寢廟。[111]

四時祭祀先祖之禮，幾遍及十二月令：其內容以當令之物為獻，春獻羔、鮪；夏薦麥、黍、櫻桃、雛雞、豬；秋獻稷、麻、稻、犬；冬獻魚。天子嘗新前，先獻祭於祖廟，高誘云：「先寢廟，孝之至」[112]。《禮記・祭義》云：「祭不欲數，數則煩，煩則不敬。祭不欲疏，疏則怠，怠則忘。是故君子合諸天道：春禘秋嘗。霜露既降，君子履之，必有悽愴之心，非其寒之謂也。」[113]此由君子孝親之心以論祭祀之義，以孝子感四時之變，必有悽愴之心，必有思親之意，古遂設春禘秋嘗四時祭祖之祭。《呂氏春秋・十二紀》擴而大之，當一月令之變，乃以當令時物以祭先祖，天子表率，以示天下以孝之意。

春德主「生」，仲春時天子率后妃嬪御舉行「高禖」之禮以求嗣，其云：「是月也，玄鳥至。至之日，以太牢祀于高禖。天子親往，后妃率九嬪御，乃禮天子所御，帶以弓韣，授以弓矢于高禖之前。」[114]

---

107 許維遹：《呂氏春秋集釋上・孟秋紀》（北京：中華書局，2009年9月），頁156。
108 許維遹：《呂氏春秋集釋上・仲秋紀》（北京：中華書局，2009年9月），頁177。
109 許維遹：《呂氏春秋集釋上・季秋紀》（北京：中華書局，2009年9月），頁199。
110 許維遹：《呂氏春秋集釋上・孟冬紀》（北京：中華書局，2009年9月），頁218。
111 許維遹：《呂氏春秋集釋上・季冬紀》（北京：中華書局，2009年9月），頁259。
112 〔清〕孫希旦：《禮記集解上・月令》（臺北：文史哲出版社，1990年8月），頁445。
113 〔清〕孫希旦：《禮記集解上・祭義》（臺北：文史哲出版社，1990年8月），頁1207。
114 許維遹：《呂氏春秋集釋上・仲春紀》（北京：中華書局，2009年9月），頁34-35。

《禮記・月令》:「禖者,祺神。謂先帝始制為嫁娶之禮者,蓋伏羲也。高禖之禮,祀天於南郊,而以禖神配之。」[115]「高禖」乃求子之禮,擇仲春行之以祈求子嗣,乃相應春時生生之木德之故。《周禮・媒氏》云:「中春之月,令會男女。於是時也,奔者不禁。」[116]此乃相應春德生生之說而設。

《呂氏春秋・十二紀》重視「敬學」與「尊師」,云:「君子之學也,說義必稱師以論道,聽從必盡力以光明。」[117]又云:「天子入太學,祭先聖,則齒嘗為師者弗臣,所以見敬學與尊師也。」[118]其論「學」本天性而發,所謂「天生人也,而使其耳可以聞,不學,其聞不若聾;使其目可以見,不學,其見不若盲;使其口可以言,不學,其言不若爽;使其心可以知,不學,其知不若狂。故凡學,非能益也,達天性也。能全天之所生而勿敗之,是謂善學。」[119]「學」乃人之天性,「學」可擴展人耳目心知,以實現天性之全。學當有所對象,故提倡「尊師」。其云:「神農師悉諸,黃帝師大撓,帝顓頊師伯夷父,帝嚳師伯招,帝堯師子州支父,帝舜師許由,禹師大成贄,湯師小臣,文王、武王師呂望、周公旦,齊桓公師管夷吾,晉文公師咎犯、隨會,秦穆公師百里奚、公孫枝,楚莊王師孫叔敖、沈尹巫,吳王闔閭師伍子胥、文之儀,越王句踐師范蠡、大夫種。此十聖人六賢者,未有不尊師者也。今尊不至於帝,智不至於聖,而欲無尊師,奚由至哉?此五帝之所以絕,三代之所以滅。」[120]可知「尊師」乃尊帝王之師。

---

115 〔清〕孫希旦:《禮記集解上・月令》(臺北:文史哲出版社,1990年8月),頁425。
116 《周禮・地官司徒》,《十三經注疏》(臺北:藝文印書館,1976年),第3冊,頁217。
117 許維遹:《呂氏春秋集釋上・仲夏紀》(北京:中華書局,2009年9月),頁105。
118 許維遹:《呂氏春秋集釋上・孟夏紀・誣徒》(北京:中華書局,2009年9月),頁96。
119 許維遹:《呂氏春秋集釋上・孟夏紀・尊師》(北京:中華書局,2009年9月),頁93。
120 許維遹:《呂氏春秋集釋上・孟夏紀・尊師》(北京:中華書局,2009年9月),頁91-92。

《呂氏春秋・十二紀》強調習樂習舞教育，國子自孟春始學，天子公卿大夫親往考核，孟春「是月也，命樂正入學習舞。[121]」仲春「上丁，命樂正，入舞舍采，天子乃率三公九卿諸侯親往視之。中丁，又命樂正，入學習樂。」[122]季春「是月之末，擇吉日，大合樂，天子乃率三公九卿諸侯大夫親往視之。」[123]高誘注：「命樂官正率卿大夫之子入學官習舞也。出入學官，必禮先師，置采帛於前，以贊神也。」孟夏「乃命樂師習合禮樂」。[124]季秋「命樂正入學習吹」。[125]季冬「命樂師大合吹而罷」[126]。故國子學習舞樂是一年不間斷的。《呂氏春秋・十二紀》論「樂」理論完備，言「樂」立基於人心，影響可及於一代之盛衰。其云：

> 凡音者，產乎人心者也。感於心則蕩乎音，音成於外而化乎內，是故聞其聲而知其風，察其風而知其志，觀其志而知其德。盛衰、賢不肖、君子小人皆形於樂，不可隱匿，故曰樂之為觀也深矣。土弊則草木不長，水煩則魚鱉不大，世濁則禮煩而樂淫。鄭、衛之聲，桑閒之音，此亂國之所好，衰德之所說。流辟誂越慆濫之音出，則滔蕩之氣、邪慢之心感矣；感則百奸眾辟從此產矣。故君子反道以修德，正德以出樂，和樂以成順。樂和而民鄉方矣。[127]

萬物莫不有聲，音聲本自人心而發，感於心於內，發而為音於外，故

---

121 許維遹：《呂氏春秋集釋上・孟春紀》（北京：中華書局，2009年9月），頁11。
122 許維遹：《呂氏春秋集釋上・仲春紀》（北京：中華書局，2009年9月），頁36-37。
123 許維遹：《呂氏春秋集釋上・季春紀》（北京：中華書局，2009年9月），頁63。
124 許維遹：《呂氏春秋集釋上・孟夏紀》（北京：中華書局，2009年9月），頁85。
125 許維遹：《呂氏春秋集釋上・季秋紀》（北京：中華書局，2009年9月），頁195。
126 許維遹：《呂氏春秋集釋上・季冬紀》（北京：中華書局，2009年9月），頁259。
127 許維遹：《呂氏春秋集釋上・季夏紀・制樂》（北京：中華書局，2009年9月），頁143。

聞音而知其心，知其心乃知其志，知其志乃見其德，故知音乃能知人，觀人之德，觀一地之俗乃知一地之人心，故音能感人其心，知一地之俗，觀一國之政。故樂淫則世濁，發慆濫之音，則滔蕩之氣、邪慢之心出矣。故君子修德正心乃得音正樂和，民則感而化其邪慢之氣。天子「命樂師習合禮樂」實有其教化臣民之意，〈適音〉篇云：「先王之制禮樂也，非特以歡耳目、極口腹之欲也，將以教民平好惡、行理義也。」[128]「禮樂」非歡耳目口腹之欲，乃使民節制其好惡，導正其行為，進而移風易俗，此乃《呂氏春秋・十二紀》重視禮樂，敬學，尊師之深意。

季秋天子行田獵教戰之禮，秋時盛德在金，殺氣浸盛，草木黃落，農事乃促民積聚收斂，農事備收。天子施政以刑獄征伐為主，孟秋選士厲兵，以征不義，季秋天子乃教以田獵，其云：「是月（季秋）也，天子乃教於田獵，以習五戎。」[129]天子著戎服，教民熟習弓、矢、殳、矛、戈、戟等兵器，熟習車徒行列，辨別旗物號令，申嚴禁令。田獵所得，天子乃命掌祀之官，祭禽於四方之神。

孟冬冬烝之禮，農事畢收，天子諸侯與其群臣大飲酒，祭祀祖先以祈福，殺生獻饗天地四時日月星辰之神，公社，后土，門閭先祖之神，祭祀後乃與民飲酒相互慰勞，使民休息，以祈來年之豐收，最後畢行山川百源闢土之祭祀，以至歲終，是合天地、鬼神、天子、群臣同歡之禮。

《呂氏春秋・十二紀》的禮學思想，可由天道、地道、人道三個層面來涵攝，天道乃順應四時陰陽節氣之消長，地道乃祈農作桑蠶祈雨之祭，人道則配合天地之道而設，四時節令祭祀，高禖求子，興學尊師以習禮樂，教民田獵，秋嘗冬烝感恩慰勞之禮等，天道、地道、

---

128 許維遹：《呂氏春秋集釋上・仲夏紀・適音》（北京：中華書局，2009年9月），頁117。

129 許維遹：《呂氏春秋集釋上・仲秋紀》（北京：中華書局，2009年9月），頁197-198。

人道雖屬不同位階卻彼此休戚相關，而以陰陽五行之德貫通其中，以順應天時，耕耘地利，致力人和，建構完整之禮樂規劃，此乃《呂氏春秋・十二紀》「法天地」以制禮作樂的規劃藍圖。

（三）由《管子・四時》至《呂氏春秋・十二紀》——「法天地」的國家禮制新藍圖

《管子》〈四時〉、〈五行〉篇思想的來源複雜，吸收〈夏小正〉月令思想、道家氣化天道論、陰陽家合五行之說、法家賞罰觀念、儒家德治主張諸說而成。〈四時〉、〈五行〉的基本結構乃採〈夏小正〉以時令順序為主，但其不在「以授民時」的農事上，故不取〈夏小正〉十二月的方式，而採春夏秋冬四季呈現。其次，〈四時〉、〈五行〉篇雖有氣化天道觀，但不取道家天道的主體，而強調「順時」的觀念，乃將陰陽二氣落實在四時節令之流轉上，另吸收「五行」之名以為四時之德，以為施政的依據，吸收法家賞罰之術，卻不強調以「法」為尚，吸收儒家日用常行之祭祀、修禮、興學等活動，融會而成「刑德說」的政治主張。

《管子》〈四時〉、〈五行〉之說，最直接的影響便是《呂氏春秋・十二紀》。在《呂氏春秋・十二紀》中「四時」成為十二紀，「五政」拓展為人君施政的十二月令，建立成更龐大的政治理論，使「法天地」的政治思想達到高峰。

《呂氏春秋》禮學思想乃順「法天地」思想而生，天地之道乃陰陽二氣之消長，木火土金水五德之輪轉，人道當配合天道而行。故節氣將臨，天子自潔乃行守齋之禮，節氣至乃設迎送之禮，春時木德主生養乃行郊社祈穀、高禖求嗣之禮，夏時火德當位乃祭先師，行禮樂以教民，行雩禮以祈雨，秋時金德主殺乃有教戰田獵、豐收饗神之禮，冬時水德主藏乃行蒸嘗禮以饗臣民，以祈來年。《呂氏春秋・十二紀》諸禮之規劃乃為因應陰陽五行之德，「禮」是人道配合天道的表現，

「禮」成為天與人之間的橋樑,「禮」落實其「合天地人」思想主張。

在敬天之禮方面的特色是順應其「法天地」之說,新增節氣來臨前的齋戒之禮、迎節氣之禮,以為慎重。吸收周禮郊祀之禮加以發揚,以尊崇天地之貴,吸收「儺禮」以送畢節氣,但卻是由陰陽消長與五行更替之說以詮釋,重建天道為最高權威,為天子公卿大夫之所敬畏,再以祖先宗廟配之,於是天子之所懼乃有天地與祖先。此處可見《呂氏春秋》試圖重建遠古天地鬼神信仰的權威,只是以戰國末之陰陽五行思想賦予新意,可謂吸收道家的天道權威與陰陽家思想內涵,或呂氏有以尊天敬祖之道取代帝王權威的用心。

在祈地之禮方面,天子率領公卿躬耕勸農,祭祀山林川澤,主持雩祭;后妃率嬪妃婦女採桑養蠶以供祭祀,試圖恢復古代君王為民祈穀,彰顯以農立國之意。

在人道之禮方面,其施政原則為天地之道依陰陽消長而行,人道則依五行之德而施,故吸收周禮春礿、夏禘、秋嘗、冬烝之說,但將其安置於春夏秋冬四時節氣來臨前的齋戒與迎節氣之後,有先尊天而後敬祖之意。春德主生,乃行「高禖」之禮以求子嗣;勸農力田,不妨農時。秋德主殺,則練兵教戰,乃主義戰。天地之生人也主學,故一年四時,天子公卿時至太學視導,國子祭祀先賢先聖,強調「敬學」與「尊師」,以應天地之德,建立「天人相應」的禮制規範,使人道之行能相應天地之道。

《呂氏春秋・十二紀》禮學思想本於「法天地」,天地之道其內涵為陰陽二氣消長、五行之德更替,人道當循天地之道而行,以此制禮作樂規劃治國藍圖,其禮學思想內容可分:「敬天之禮」,「祈地之禮」與「人道之禮」三部分,以應「上揆之天,下驗之地,中審之人」之說。「敬天之禮」多順應陰陽五行之說,「祈地之禮」則多彰顯勸農之意,「人道之禮」則以教孝、教學、教戰為先,表現融會先秦諸子之學的特色,並對漢代「天人相應」思想有深遠影響。

第五章
先秦「天人合德」思想另一脈絡發展

第一節 緒論

先秦「天人合德」思想另一脈絡發展，第一篇主要論述先秦道家從老子、莊子以至淮南子對禮學的批判，第二篇則論述《禮記·禮運》論「人」的重要意義，表現先秦禮學思想的多元呈現。

一 由老子、莊子至淮南子對儒家禮學的批判

老子學說乃「尊道貴德」模式，老子價值主體在「道」，體察天地萬物之道而行乃為人之玄德，此老子主張人當順「道」而行，自然無為，回歸道體之自然，回歸玄德之純樸，方為根本之道。故老子對「仁」、「義」、「禮」的批判，所謂「失道而後德，失德而後仁，失仁而後義，失義而後禮。夫禮者，忠信之薄也，而亂之首也。」〈第三十八章〉[1]實是針對當時周文喪失道體本質而發，老子有感於「德」、「仁」、「義」、「禮」諸德目喪失道體之內涵，即個人生命失去對道體之明覺，徒存其名言形式的虛矯之弊而言。

莊子及其後學皆對儒家禮樂儀節的虛偽矯情採批判態度，主張天地之道為尊，循天地氣化之常道而行，安時處順，才是有道之士，莊

---

[1] 高明：《帛書老子校注》（北京：中華書局，2002年），頁1-6。

子及後學認為禮樂制度乃因時而制，因地而設，不當拘守三代之禮，不當拘執鄒、魯之禮，三年之喪當發乎真情，當量力而為，不當強人所不及。《淮南子》在禮學思想上承襲老莊批判儒家禮教虛矯的作法，主張禮當因時因地而制，但《淮南子》較具特色的是進一步提出屬於黃老之學「因性制禮，化民反性」的禮學主張。

《淮南子》主張「因民之所好而節之」，[2]人君當體察天地人之道，用「參、五」之道以制禮，在成家、成國、成官的三大目標上，以立父子、君臣、夫婦、長幼、朋友之五禮，分職以治，分財以衣食，立學校以教，使民順性而知節以好禮，以化民成俗，返性於初，所謂「隨自然之性而緣不得已之化」，[3]《淮南子》制禮樂乃是要使衰世之民能返性於初，以回歸於「樸」。

《淮南子》禮學主張仍延續先秦道家理想，其收攝禮樂思想實是化民反性的一種途徑，回歸天地一氣的天道人德，此乃《淮南子》禮樂思想甚具特色，有其重大學術意義。惜乎後隨淮南王謀反一案及漢武帝獨尊儒術的歷史發展，遂湮沒於歷史洪流中。

二 《禮記‧禮運》論「人」的思想意義

《禮記‧禮運》由氣、性而論人，大一天道，陰陽氣化為人物之根源主體，氣為人物形質之內涵，以氣之聚散解釋人物生死之歸向，以五行之秀氣凸顯人之形質與心神之合，由人情之條理詮釋仁義禮智信之德義，由氣之一體流行論人道之兼善天下，此乃其論人之諸義。

《禮記‧禮運》上承儒家重禮之傳統，吸收道家與陰陽家之天道

---

2 劉文典：《淮南鴻烈集解‧泰族訓》（臺北：文史哲出版社，1992年），頁670。
3 劉文典：《淮南鴻烈集解‧本經訓》（臺北：文史哲出版社，1992年），頁252。

思想，建立氣化宇宙的天道架構，再重新詮釋禮樂的精神，使儒家禮樂之說，能再貫注新的生命力。其次，在心性論方面，「五行之秀氣」論人之形性，形性中有喜怒哀樂之情，可表現仁義禮智之性，禮樂之道雖為聖人所制作，卻亦為人情之本有，可以說《禮記·禮運》所論之心性內涵，雖受荀子思想較深，卻不否定人情中本有之善性，可謂是融合荀子「性惡」、「勸學」、孟子「性善」說的特色，即《禮記·禮運》所謂「美惡皆在其心」[4]使儒家心性論的發展有新意，乃由先秦荀子之「性惡」，孟子之「性善」，化而為「情性說」，乃在喜怒哀樂之情中論仁義禮智信之性。此說影響及於漢儒，

故《禮記·禮運》之論人，乃以天地為源，以萬物為懷，以鬼神為敬，以生而為人為貴，慎人情之喜怒哀樂，勤講學，行善道，學禮樂之道，以為身之所立，己立而後及人，以至於天下人，是為人道之貴。故始從天道之德論，由陰陽五行之交，萬物之生，鬼神之變。再論人道之所立，從人之所生、人之所學，以成就禮樂之道，再擴及家、國、天下，以回應天道之德。是由天論人，再由人上達天的體系。《易·乾傳》云：「夫大人者，與天地合其德，與日月合其明，與四時合其序，與鬼神合其吉凶。先天而天弗違，後天而奉天時。」[5]亦有此義。

---

4 〔清〕阮元：《禮記》，《十三經注疏》（臺北：藝文印書館，1976年），第5冊，頁431。
5 〔清〕阮元：《周易》，《十三經注疏》（臺北：藝文印書館，1976年），第1冊，頁17。

第二節　從《老子》、《莊子》到《淮南子》對儒家禮學的批判與意義[6]

一　老、莊對儒家禮學的批判

（一）老子——失道而後禮

《老子》論「禮」之處不多[7]，老子對「仁」、「義」、「禮」諸德目，多採批判角度論之：

> 上德不德，是以有德；下德不失德，是以無德。上德無為而無以為；上仁為之而無以為；上義為之而有以為。上禮為之而莫之應也，則攘臂而扔之。失道而後德，失德而後仁，失仁而後義，失義而後禮。夫禮者，忠信之薄也，而亂之首也。（第三十八章）[8]

《韓非子・解老》曰：「失道而後失德，失德而後失仁，失仁而後失義，失義而後失禮。」韓非此說可輔助說明《老子》此章義涵。即人心與「道」同化則不失「德」，人心離「道」其「德」乃失其主體，

---

[6] 本文依作者二〇一八年十二月發表於《諸子學刊》第17期（頁189-205），〈論《淮南子》對《莊子》在禮學思想方面的闡發〉一文再修改。

[7] 陳鼓應以為：「《老子》談到禮的地方並不多，卻有其特殊的哲學意涵，並反映著深刻的時代意義。《老子》第三十一章提到喪禮，但所談的並不是喪禮的儀節，而是藉喪禮表達對戰爭為人類帶來慘烈災難時流露內心戒懼審慎的哀戚心情。《老子》另外在第三十八章提到禮，是將它和仁義與道德並舉列論。前者藉禮表現了老子對時代悲劇的悲憫之情及深厚的人道關懷；後者論禮，則表達了老子貫通形上之道與形下之禮義，以求其無為而治的治道理想正常運作於現實社會中。」陳鼓應：〈先秦道家之禮觀〉，《漢學研究》第18卷第1期（2000年6月），頁3。

[8] 高明：《帛書老子校注》（北京：中華書局，2002年），頁1-6。

惟存個人之私意,是謂「失德」;從個人私意出發,則仁心僅為私意而失其愛物、養物之心,是謂「失仁」;失去愛養萬物之仁心,亦不能公正判斷事理之宜,是謂「失義」,失去合宜之義以為判斷依據,必不能適切表現合宜之行為,是謂「失禮」。故「失道而後德,失德而後仁,失仁而後義,失義而後禮」,乃言失去道體內涵必為虛矯之「德」、「仁」、「義」、「禮」。老子並非反對「德」、「仁」、「義」、「禮」諸德目,老子乃就「德」、「仁」、「義」、「禮」諸德目喪失道體之內涵,即個人生命失去對道體之明覺,徒存其名言形式的虛矯之弊而言。

　　學者陳鼓應先生以為「38章有二層重要的意義,一是在於描繪道家行仁為義要合乎人性之自然,如『鳥行而無彰』,不必大事喧嘩,如『擊鼓而求亡子』,其次是作為世界本原的『道』蘊含著一切生機,『仁』、『義』、『禮』皆共同地根源於孕育它們的母體『道』之中,意即道德與仁義禮之間具有一種連鎖的關係。一旦根源的母體發生失離的情況,就會產生環環相扣的連鎖反應。此即所謂『失道而失德,失德而後失仁,失仁而後失義,失義而後失禮』。」[9]聖人與道化則自然無為而不自以為德,是為「上德」,時時以德盛為念乃有為為之,是謂「下德」,故上仁者有意為「仁」,上義者刻意為「義」,上禮者執意為「禮」,人莫之應則攘臂而扔之,此皆「德」、「仁」、「義」、「禮」失去道體之覺之弊。故曰:「大道廢,安有仁義;智慧出,安有大偽;六親不和,安有孝慈;國家昏亂,安有貞臣。」(第十八章)[10]老子實有感於大道廢、私智出、親不和、國昏亂,乃生仁義、孝慈、忠臣之名言虛偽,發而為感憤之詞。

　　陳鼓應先生認為「在老子的想法,在最好的狀態,仁義禮都蘊含在大道中,不用特異去標舉,也不用將道德行為外化出來。老子所以

9　陳鼓應:〈先秦道家之禮觀〉,《漢學研究》第18卷第1期(2000年6月),頁5。
10　高明:《帛書老子校注》(北京:中華書局,2002年),頁310-311。

正言若反地發話，乃基於人倫道德之日漸淪喪，『攘臂而扔之』在老子時代已是相當普遍的現象，這種現象反映的是在那禮崩樂壞的年代，禮失去了內在的情質，外化不僅流於形式，而且華而不實地相率以偽，同時演為強民就範的工具，38章所謂『夫禮者，忠信之薄，而亂之首。』並非對禮的否定，而是對那時代的動亂發出沉痛的呼喚，反映在周文凋敝的歷史背景下，如何來重建社會人倫，這是對一個時代的重大課題進行的深刻反省。」[11]陳氏以為老子是面對周文凋敝的歷史背景，針對當時「仁」、「義」、「禮」相率以偽的沉痛呼喚，並非對「仁」、「義」、「禮」本身的否定。

老子由「尊道貴德」思考模式切入，老子價值主體在「道」，「道」包含天地之道與自我之德的明覺，故體察天地萬物之道而行乃為人之玄德，此老子主張人當順「道」而行，自然無為，以此批判儒家「仁」、「義」、「禮」失道而生之弊。

（二）莊子對「禮」的批判

1 反對虛矯之禮

莊周（約西元前369-286年），與梁惠王、齊宣王同時。[12]莊子思想主旨並非在「禮」，〈內〉篇論禮意本於人性，〈外〉〈雜〉篇多批判儒家「禮」虛偽之弊，以凸顯「道」與「自然」[13]的重要。

---

11 陳鼓應：〈先秦道家之禮觀〉，《漢學研究》第18卷第1期（2000年6月），頁7。
12 「莊子者，蒙人也，名周。周嘗為蒙漆園吏，與梁惠王、齊宣王同時。其學無所不闚，然其要本歸於老子之言。故其著書十餘萬言，大抵率寓言也。作漁父、盜跖、胠篋，以詆訿孔子之徒，以明老子之術。」〔漢〕司馬遷：《史記・老莊申韓列傳》（臺北：藝文印書館，1962年，據武英殿影印本），頁859。
13 「太史公曰：老子所貴道，虛無，因應變化於無為，故著書辭稱微妙難識。莊子散道德，放論，要亦歸之自然。」〔漢〕司馬遷：《史記・老莊申韓列傳》（臺北：藝文印書館，1962年，據武英殿影印本），頁863。

子桑戶、孟子反、子琴張三人相與友,曰:「孰能相與於无相與,相為於无相為?孰能登天遊霧,撓挑無極;相忘以生,无所終窮?」三人相視而笑,莫逆於心,遂相與為友。莫然有閒而子桑戶死,未葬。孔子聞之,使子貢往侍事焉。或編曲,或鼓琴,相和而歌曰:「嗟來桑戶乎!嗟來桑戶乎!而已反其真,而我猶為人猗!」子貢趨而進曰:「敢問臨屍而歌,禮乎?」二人相視而笑曰:「是惡知禮意!」[14]

莊子妻死,惠子弔之,莊子則方箕踞鼓盆而歌。惠子曰:「與人居,長子老身,死不哭亦足矣,又鼓盆而歌,不亦甚乎!」莊子曰:「不然。是其始死也,我獨何能無概然!察其始而本无生,非徒无生也而本无形,非徒无形也而本无氣。雜乎芒芴之間,變而有氣,氣變而有形,形變而有生,今又變而之死,是相與為春秋冬夏四時行也。人且偃然寢於巨室,而我噭噭然隨而哭之,自以為不通乎命,故止也。」[15]

〈大宗師〉論子桑戶之喪與〈至樂〉篇莊子妻死皆表現莊子面對喪禮的態度,〈大宗師〉明白直斥代表儒家的子貢「惡知禮意」,莊子〈知北遊〉曰:「人之生,氣之聚也;聚則為生,散則為死。若死生為徒,吾又何患!」[16]由氣化思想解釋生死情狀,由大道觀之,氣聚則生,氣散則死,故大道無損,氣化則有別,人往往囿於一己生命之氣化聚散,故悲泣難捨。氣聚為生,氣散為死,生死如四時,乃自然之行,故言「而已反其真」。桑戶雖死,實則返歸造化之真,故孟子反、子琴張主張當知造化之情,順生命之自然生死,不強為世俗之禮,才是真知禮意者,是以不悲而歌,乃以「順道」與「返真」作為

---

[14] 〔清〕郭慶藩:《莊子集釋》(臺北:莊嚴出版社,1984年10月),頁264-267。
[15] 〔清〕郭慶藩:《莊子集釋》(臺北:莊嚴出版社,1984年10月),頁614-615。
[16] 〔清〕郭慶藩:《莊子集釋》(臺北:莊嚴出版社,1984年10月),頁733。

「禮」之內涵。

　　學者林明照以為「莊子『臨尸而歌』、『鼓盆而歌』式的喪禮,將禮是虛靈身心自適展現的意義,更往天地的境界提升,而這表達了如此的『禮意』……顯出莊子由道之天地一氣的意涵來詮釋禮樂。」[17] 林氏由天地一氣的宇宙論視角來詮釋莊子「臨尸而歌」、「鼓盆而歌」的非禮行為。學者劉丰以為「莊子這裡所說的『禮意』,雖然看似超越了人的日常之情,是『無情』,但莊子的本意是與儒家的『世俗之禮』對比,因此放在莊子的思想中來看,這實際上是一種擺脫了各種外在的束縛,是人的真實情感流露的自然之禮。」[18] 劉氏則強調莊子所主張的「禮意」乃針對儒家只重形式儀節之禮的批判,莊子不否定「禮」,他肯定發自「人的真實情感流露的自然之禮」,批判儒家無真性情,徒具繁文縟節的形式之禮。〈大宗師〉不反對「禮」,反對的是虛矯之「禮」,面對生死主張要由造化之自然以消解人情之悲,對人性主張要「貴真」,認為「強哭不哀,強怒不威,強親不和」,此為「真禮意」,批判虛矯之禮,以其不真也。

2　禮乃一時之制不足為據

　　《莊子》外篇則表現較強烈批判儒家之「禮」,以為天道才是永恆,禮樂之道乃一時之制而已,不可以執一時之禮制作為永恆之常道。〈漁父〉曰:

　　　　真者,精誠之至也。不精不誠,不能動人。故強哭者雖悲不

---

[17]「莊子『臨尸而歌』、『鼓盆而歌』式的喪禮,將禮是虛靈身心自適展現的意義,更往天地的境界提升,而這表達了如此的『禮意』,……這也意顯出莊子由道之天地一氣的意涵來詮釋禮樂。」林明照:〈第三章　老子的禮樂反思〉,《先秦道家的禮樂觀》(臺北:五南圖書出版公司,2007年9月),頁138。

[18] 劉丰:《先秦禮學思想與社會的整合》(北京:中國人民大學出版社,2003年),頁115。

哀,強怒者雖嚴不威,強親者雖笑不和。真悲无聲而哀,真怒未發而威,真親未笑而和。真在內者,神動於外,是所以貴真也。其用於人理也,事親則慈孝,事君則忠貞,飲酒則歡樂,處喪則悲哀。忠貞以功為主,飲酒以樂為主,處喪以哀為主,事親以適為主,功成之美,无一其跡矣。事親以適,不論所以矣;飲酒以樂,不選其具矣;處喪以哀,无問其禮矣。禮者,世俗之所為也;真者,所以受於天也,自然不可易也。故聖人法天貴真,不拘於俗。(〈漁父〉)[19]

〈漁父〉強調「貴真」,「法天貴真」乃其重要的價值觀,「真者,所以受於天也,自然不可易也」,發乎真情乃能動人。針對儒家之禮已淪為世俗之強制規範,婚禮當具六禮之備,喪禮更有居喪之禁,嚴守三年之喪等硬性強迫的規範,最為莊子後學所詬病,所謂強哭不哀,強怒不威,強親不和,以其不真也,非發乎性情之真也。故〈漁父〉對儒家之禮的批判,乃針對儒家之禮的虛偽而發。

〈秋水〉曰:「昔者堯、舜讓而帝,之噲讓而絕;湯、武爭而王,白公爭而滅。由此觀之,爭讓之禮,堯、桀之行,貴賤有時,未可以為常也。梁麗可以衝城,而不可以窒穴,言殊器也;騏驥驊騮,一日而馳千里,捕鼠不如狸狌,言殊技也;鴟鵂夜撮蚤,察毫末,晝出瞋目而不見丘山,言殊性也。故曰:蓋師是而无非,師治而無无亂乎?是未明天地之理,萬物之情者也。是猶師天而无地,師陰而無陽,其不可行明矣。然且語而不舍,非愚則誣也。帝王殊禪,三代殊繼。差其時,逆其俗者,謂之篡夫;當其時,順其俗者,謂之義之徒。默默乎河伯!女惡知貴賤之門,小大之家!」[20]言天地萬物殊技、殊器,以何為正?政治上堯、舜、湯、武,或爭或讓,乃順其時

---

19 〔清〕郭慶藩:《莊子集釋》(臺北:莊嚴出版社,1984年10月),頁1032。
20 〔清〕郭慶藩:《莊子集釋》(臺北:莊嚴出版社,1984年10月),頁580。

之所為，非可以視為天下之常道。帝王非皆以禪讓為正，三代亦莫有傳承之意，唯有「當其時，順其俗」而已，〈秋水〉對儒家倡禪讓政治與三代之禮持批判態度。

〈天運〉云：「故夫三皇五帝之禮義法度，不矜於同而矜於治。故譬三皇五帝之禮義法度，其猶柤梨橘柚邪！其味相反而皆可於口。故禮義法度者，應時而變者也。」[21]三皇五帝之禮義法度皆異，皆可使天下大治，故禮義法度本順時而為、應時而變之價值觀。

〈馬蹄〉強烈批判禮樂之生乃聖人之過，其曰：「夫至德之世，同與禽獸居，族與萬物並，惡乎知君子小人哉！同乎無知，其德不離；同乎無欲，是謂素樸；素樸而民性得矣。及至聖人，蹩躠為仁，踶跂為義，而天下始疑矣；澶漫為樂，摘僻為禮，而天下始分矣。故純樸不殘，孰為犧尊！白玉不毀，孰為珪璋！道德不廢，安取仁義！性情不離，安用禮樂！五色不亂，孰為文采！五聲不亂，孰應六律！夫殘樸以為器，工匠之罪也；毀道德以為仁義，聖人之過也。」[22]其論上古至德，民性素樸，禮樂不用，此與老子之說相近，惟對於聖人制禮樂仁義之事的看法不同，〈馬蹄〉對後世禮樂之生採否定批判角度，以為禮樂之起乃屈折人身，扭曲人性，使民爭利欺詐，甚至以為「毀道德以為仁義，聖人之過」。

二 《淮南子》對儒家禮樂的批判與意義

《淮南子》乃淮南王劉安集門下賓客合著而成[23]，班固《漢書．

---

21 〔清〕郭慶藩：《莊子集釋》（臺北：莊嚴出版社，1984年10月），頁514-515。
22 〔清〕郭慶藩：《莊子集釋》（臺北：莊嚴出版社，1984年10月），頁336。
23 「天下方術之士多往歸焉。於是遂與蘇飛、李尚、左吳、田由、雷被、毛被、伍被、晉昌等八人，及諸儒大山、小山之徒，共講論道德，總統仁義，而著此書。」劉文典：《淮南鴻烈集解‧高誘序》（臺北：文史哲出版社，民國81〔1992〕年），頁2。

藝文志》歸「雜家」[24]，高誘以其思想近老子[25]，近代學者或以為道家[26]，至一九七三年長沙馬王堆漢墓帛書出土，今日學者乃以《淮南子》為漢初黃老思想集大成者[27]。可知《淮南子》與《莊子》思想上的密切關係。

《莊子》重「道」輕「禮」，禮學思想非所重。《淮南子》重「道」兼重「禮」，以下由氣化思想，論禮樂之生，批判儒家之禮，因性而制禮等四大面向，探討《淮南子》對《莊子》在禮學思想上所做的闡發與意義。

（一）仁義禮樂者，可以救敗，而非通治之至

> 古之人，同氣於天地，與一世而優遊。當此之時，無慶賀之利，刑罰之威，禮義廉恥不設，毀譽仁鄙不立，而萬民莫相侵欺暴虐，猶在於混冥之中。逮至衰世，人眾財寡，事力勞而養不足，於是忿爭生，是以貴仁。仁鄙不齊，比周朋黨，設詐諝，懷機械巧故之心，而性失矣，是以貴義。陰陽之情，莫不有血氣之感，男女群居雜處而無別，是以貴禮。性命之情，淫而相脅，以不得已則不和，是以貴樂。是故仁義禮樂者，可以

---

24 〔漢〕班固：《漢書·藝文志》（臺北：鼎文書局，1997年10月），頁1742。
25 〔漢〕高誘：「(淮南子) 其旨近老子，淡泊無為，蹈虛守靜，出入經道。」《淮南子注釋·序》（臺北：華聯出版社，1968年5月）月），頁1。
26 熊鐵基以為「新道家」，見熊氏：《秦漢之際新道家略論稿》（上海：上海人民出版社，1984年），頁104-119。陳德和則名為「淮南道家」，並說它最合乎司馬談〈論六家要旨〉中道家「因陰陽之大順，采儒墨之善，撮名法之要」之要件者。見陳氏：《淮南子的哲學》（嘉義：南華管理學院，1999〔民國88〕年），頁195。
27 陳麗桂：「其實，除了黃老帛書、《管子》四篇和申、慎、韓諸人的著作之外……下迄《呂氏春秋》和《淮南子》，黃老道家思想理論益臻完備，終於在前漢七十年的政治上實際操作成功，其具體的理論結晶便是兼具集黃老思想與西漢學術思想大成雙重身分的《淮南子》二十一篇。」《戰國時期的黃老思想》（臺北：聯經出版事業公司，1991年），頁4。

救敗，而非通治之至也。夫仁者，所以救爭也；義者，所以救失也；禮者，所以救淫也；樂者，所以救憂也。(〈本經訓〉)[28]

〈本經訓〉論上古同氣於天地，禮義不設，逮至衰世，人心機巧，禮樂乃起而救敗，此文重點：一、「同氣於天地」乃氣化思想天地一氣的主張，上古人本形、氣、神兼具，人與天地同德同樸，渾然同化，無須慶賞刑罰，禮義不設。二、衰世人眾財寡，無以為養，故忿爭乃生，民懷機巧，乃有仁義之生；男女雜處，民相淫樂，乃有禮樂之防。仁義禮樂的產生，乃為救治衰世人心而起。三、〈本經訓〉肯定仁義禮樂在衰世的作用，雖然仁義禮樂比不上太古人心之樸，但卻是衰世不得已的救敗之方。

〈本經訓〉對仁義禮樂之起的看法，不同於《莊子‧馬蹄》以仁義禮樂乃聖人之過的強烈否定說法，人心不古的禍首乃是衰世之生，是因時代演進，衍生人口增加而生產不足的問題。〈本經訓〉主張衰世之生才是人心不古的禍源，仁義禮樂乃因應衰世人心而生，不得不有的因應，其論仁義禮樂之產生與莊子後學已有顯著不同。

道者，物之所導也；德者，性之所扶也；仁者，積恩之見證也；義者，比于人心而合於眾適者也。故道滅而德用，德衰而仁義生。故上世體道而不德，中世守德而弗壞也，末世繩繩乎唯恐失仁義。君子非仁義無以生，失仁義，則失其所以生；小人非嗜欲無以活，失嗜欲，則失其所以活。故君子懼失仁義，小人懼失利。觀其所懼，知各殊矣。(〈謬稱訓〉)[29]

〈謬稱訓〉由上世、中世、末世論道、德、仁、義之內涵：「道」為

---

28 劉文典：《淮南鴻烈集解‧本經訓》(臺北：文史哲出版社，1992年)，頁250-251。
29 劉文典：《淮南鴻烈集解‧謬稱訓》(臺北：文史哲出版社，1992年)，頁319。

最高主體,上世之人體道;「德」乃人性之內涵,中世之人守德;「仁」為人心之積恩,施恩之所積,末世之人以仁義為繩;「義」乃群、己之所適行。上古之民體道純樸,中世之民守德不失,末世之民乃以仁義與嗜欲之別區分君子、小人。

〈謬稱訓〉對道、德、仁、義的詮釋與〈本經訓〉類似,「道」對「體」而言,「德」對「性」而言,「仁」對「積恩之行」而言,「義」對「人心、事理」而言,故道、德、仁、義非層層下落的關係,道、德、仁、義實是同質異層的關係。上世之人與道同化,中世之人守德施仁為貴,末世之人則堅守仁義而不敢失,故道、德、仁、義實是因時代演進所造成的偏向所致,道、德、仁、義的本質沒變,是人心隨時代而有所偏狹,道、德、仁、義實是因應時代人心的變異,不得已的自守與因應。

〈本經訓〉與〈謬稱訓〉對仁義禮樂的看法相近,即仁義禮樂的產生不是敗壞人心的禍源,人類文明的日益演進,才是造成人心衰敗的原因,仁義禮樂乃應衰世之人心而設,乃是救敗之方,為通達大道之治不得已的途徑,這樣看待仁義禮樂的角度,與戰國晚期莊子後學的批判態度已有很大轉變。

(二) 今世失禮義之本

夫禮者,所以別尊卑,異貴賤;義者,所以合君臣、父子、兄弟、夫妻、朋友之際也。今世之為禮者,恭敬而忮;為義者,布施而德。君臣以相非,骨肉以生怨,則失禮義之本也,故構而多責。……古者,民童蒙不知東西,貌不羨乎情,而言不溢乎行。其衣致暖而無文,其兵戈銖而無刃,其歌樂而無轉,其哭哀而無聲。鑿井而飲,耕田而食。無所施其美,亦不求得。親戚不相毀譽,朋友不相怨德。及至禮義之生,貨財之貴,而詐偽萌興,非譽相紛,怨德竝行。於是乃有曾參、孝己之美,

而生盜蹠、莊蹻之邪。故有大路龍旂，羽蓋垂綏，結駟連騎，則必有穿窬拊楗，抽箕踰備之姦；有詭文繁繡，弱緆羅紈，必有菅屩跐踦，短褐不完者。故高下之相傾也，短脩之相形也，亦明矣。(〈齊俗訓〉)[30]

〈齊俗訓〉分古之民，禮義之生，今世之禮三階段：古之民鑿井而飲，耕田而食，民樸而美；後世禮義之生，雖有曾參之孝，亦有盜蹠、莊蹻之邪；今世之禮更失禮義之本，以至「君臣以相非，骨肉以生怨，則失禮義之本也」。〈齊俗訓〉雖亦有上古為貴的主張，但亦肯定「禮者，所以別尊卑，異貴賤；義者，所以合君臣、父子、兄弟、夫妻、朋友之際也。」禮義對社會人倫的規範作用，此與〈本經訓〉、〈謬稱訓〉對禮義之生的看法基本一致。

〈齊俗訓〉論「禮」上古無所用、中古禮以規範人倫，與〈本經訓〉、〈謬稱訓〉主張相同。惟〈齊俗訓〉特別點出「今世之禮」的問題，上古乃至德之世，中世、衰世不得已而用禮義，今世更甚，君臣相非，骨肉相怨，連禮義之本都守不住。〈齊俗訓〉主張今世當先回復禮義之本，先恢復君臣、父子、兄弟、夫婦、朋友之禮，再進一步回歸上古之樸，對禮義的看法表現較〈本經訓〉、〈謬稱訓〉對禮義的肯定更積極。

莊子外篇對禮樂批判否定的看法，禮樂之生，聖人之起，是造成人心爭利、欺詐橫行的禍源，主張要回復上古之樸。但《淮南子》對禮樂之生看法不同，雖然《淮南子》也認同上古是至德之世，無所用禮，但衰世「人眾財寡，事力勞而養不足，於是忿爭生」遂有禮樂之起，以規範君臣、父子、夫婦之序，《淮南子》視禮樂較為正面，肯定禮樂是因衰世人心敗壞而生，乃救敗之方，故當今之世當先回復禮樂之本，才能更進一步回復人心之樸。

---

[30] 劉文典：《淮南鴻烈集解‧齊俗訓》(臺北：文史哲出版社，1992年)，頁343。

(三) 禮因時、地而制

> 古之制，婚禮不稱主人，舜不告而娶，非禮也。立子以長，文王舍伯邑考而用武王，非制也。禮三十而娶，文王十五而生武王，非法也。夏后氏殯於阼階之上，殷人殯於兩楹之間，周人殯於西階之上，此禮之不同者也。有虞氏用瓦棺，夏后氏堲周，殷人用槨，周人牆置翣，此葬之不同者也。夏后氏祭于闇，殷人祭于陽，周人祭於日出以朝，此祭之不同者也。堯《大章》，舜《九韶》，禹《大夏》，湯《大濩》，周《武象》，此樂之不同者也。故五帝異道而德覆天下；三王殊事而名施後世。此皆因時變而制禮樂者。譬猶師曠之施瑟柱也，所推移上下者無寸尺之度，而靡不中音，故通于禮樂之情者能作音，有本主於中，而以知榘彠之所周者也。魯昭公有慈母而愛之，死為之練冠，故有慈母之服。陽侯殺蓼侯而竊其夫人，故大饗廢夫人之禮。先王之制，不宜則廢之。末世之事，善則著之，是故禮樂未始有常也。(〈氾論訓〉) [31]

〈氾論訓〉藉夏商周三代殯禮、葬禮、祭禮，用樂的不同，呈現三代禮樂的差異性，主張「禮無定制，因時而變」，禮樂沒有永恆性，只有因時而制宜的特殊性，此亦從時代變遷來呈現禮樂的變動性。〈齊俗訓〉云：「所謂禮義者，五帝三王之法籍風俗，一世之跡也。譬若芻狗土龍之始成，文以青黃，絹以綺繡，纏以朱絲，尸祝袀袨，大夫端冕，以送迎之。及其已用之後，則壤土草薊而已。夫有孰貴之！故當舜之時，有苗不服，於是舜修政偃兵，執干戚而舞之。禹之時，天下大雨，禹令民聚土積薪，擇丘陵而處之。武王伐紂，載尸而行，海內未定，故不為三所之喪始。禹遭洪水之患，陂塘之事，故朝死而暮

---

[31] 劉文典：《淮南鴻烈集解‧氾論訓》（臺北：文史哲出版社，1992年），頁423-426。

葬。此皆聖人之所以應時耦變,見形而施宜者也。……夫以一世之變,欲以耦化應時,譬猶冬被葛而夏被裘。夫一儀不可以百發,一衣不可以出歲。儀必應乎高下,衣必適乎寒暑。是故世異則事變,時移則俗易。故聖人論世而立法,隨時而舉事。尚古之王,封于泰山,禪于梁父。七十餘聖,法度不同,非務相反也,時事異也。」[32]〈齊俗訓〉主「世異則事變,時移則俗易」,〈氾論訓〉主「因時變而制禮樂」,皆與莊子後學〈秋水〉、〈天運〉主張禮制應時而變的看法一致。

> 魯國服儒者之禮,行孔子之術。地削名卑,不能親近來遠。越王勾踐劗髮文身,無皮弁搢笏之服,拘罷拒折之容,然而勝夫差於五湖,南面而霸天下,泗上十二諸侯皆率九夷以朝。胡、貉、匈奴之國,縱體拖髮,箕倨反言,而國不亡者,未必無禮也。楚莊王裾衣博袍,令行乎天下,遂霸諸侯。晉文君大布之衣,牂羊之裘,韋以帶劍,威立於海內。豈必鄒、魯之禮之謂禮乎!(〈齊俗訓〉)[33]

〈齊俗訓〉主張禮樂因時而生,也因地而異,魯國行孔子之道卻日衰;越王勾踐無儒服,無禮容,卻霸天下;胡貉匈奴蠻夷之國,國亦不亡;楚莊王裾衣博袍,令行天下;晉文君大布之衣,威立海內諸例,以證鄒、魯之禮非唯一之禮,此乃要打破儒家以鄒、魯之禮為宗的主張。《莊子》中未見以鄒魯之禮為批判對象[34],多針對儒家禮樂拘

---

32 劉文典:《淮南鴻烈集解‧齊俗訓》(臺北:文史哲出版社,1992年),頁359-361。
33 劉文典:《淮南鴻烈集解‧齊俗訓》(臺北:文史哲出版社,1992年),頁355-356。
34 《莊子》中論鄒魯之士,惟見於〈天下〉篇,其云:「其在於《詩》《書》《禮》《樂》者,鄒、魯之士搢紳先生多能明之。《詩》以道志,《書》以道事,《禮》以道行,《樂》以道和,《易》以道陰陽,《春秋》以道名分。其數散於天下而設於中國者,百家之學時或稱而道之。」按:對鄒魯之士並無批判之意。〔清〕郭慶藩撰:《莊子集釋》(臺北:莊嚴出版社,1984年10月),頁1067。

泥形式與違背天性而發。〈氾論訓〉主張「禮，因時而制」，強調五帝異道、三王殊事，禮當因時而制，不可拘泥於傳統，可謂承《莊子》後學所論。〈齊俗訓〉「禮，豈必鄒、魯之禮之謂禮」，反對禮的地域侷限性，主張禮不僅要因時而制，更當因地而設，不必拘守以鄒魯之禮為正，可謂針對儒家之禮的進一步批判。

（四）三年之喪，以偽輔情

〈齊俗訓〉云：「夫三年之喪，是強人所不及也，而以偽輔情也。三月之服，是絕哀而迫切之性也。夫儒、墨不原人情之終始，而務以行相反之制，五縗之服，悲哀抱於情，葬薶稱於養，不強人之所不能為，不絕人之所能已，度量不失於適，誹譽無所由生。」[35]強制性規定「三年之喪」不考慮個別性，是強人之所難，乃「以偽輔情」遂主張當悲哀發於真情，葬親當稱於個人之財力。儒家主厚葬久喪，墨家主薄葬，皆違背人情之實，乃矯情虛偽之行。

〈齊俗訓〉並非反對「禮」或「三年之喪」，它批判的是「偽」，主張的是「情」與「稱」。「情」對人性言，「稱」對個人財力言，故〈齊俗訓〉主張的是禮當發乎真情，儀節器物上要量力而為，相稱個人的情況而為，批判的是矯俗干名，繁文縟節，奢華鋪張的虛榮與虛偽。

《淮南子》諸篇對儒家之禮的批判，可看出多承《莊子》後學而來，反對禮的永恆性，主張禮為一時之制，當因時而異，也主張當尊重各地的特殊性，不當以鄒、魯之禮為正，最重要者是，禮當本乎真心，發乎天性，不要強人之所難，違背人性而虛偽。對儒家之禮的批判，《淮南子》諸篇與《莊子》後學是一致的。

---

35 劉文典：《淮南鴻烈集解·齊俗訓》（臺北：文史哲出版社，1992年），頁356。

（五）因性制禮，化民反性

1 禮樂必有其質，乃為之文

《淮南子》〈本經訓〉云：

> 凡人之性，心和欲得則樂，樂斯動，動斯蹈，蹈斯蕩，蕩斯歌，歌斯舞，歌舞節則禽獸跳矣。人之性，心有憂喪則悲，悲則哀，哀斯憤，憤斯怒，怒斯動，動則手足不靜。人之性，有侵犯則怒，怒則血充，血充則氣激，氣激則發怒，發怒則有所釋憾矣。故鐘鼓管簫，干鍼羽旄，所以飾喜也；衰絰苴杖，哭踊有節，所以飾哀也；兵革羽旄，金鼓斧鉞，所以飾怒也。必有其質，乃為之文。[36]

〈本經訓〉從人之本性切入，人喜則歌舞，憂戚則悲，氣激則怒，動其心性自然手舞足蹈，禮樂遂因應而生，所謂「必有其質，乃為之文」，禮樂的產生乃為表現人性中的喜、怒、哀、樂而生，故禮樂本於人性。「質」指人性之喜怒哀怒，「文」指鐘鼓管簫之儀節。故禮樂的表現不徒然只是形式，或虛應故事，禮樂的表現必有來自人性之真性情為基礎。〈本經訓〉反對的是無其質而徒具其文的禮樂形式。

> 夫三年之喪，非強而致之，聽樂不樂，食旨不甘，思慕之心未能絕也。晚世風流俗敗，嗜慾多，禮義廢，君臣相欺，父子相疑，怨尤充胷，思心盡亡，被衰戴絰，戲笑其中，雖致之三年，失喪之本也。[37]

---

[36] 劉文典：《淮南鴻烈集解・本經訓》（臺北：文史哲出版社，1992年），頁265-266。

[37] 劉文典：《淮南鴻烈集解・本經訓》（臺北：文史哲出版社，1992年），頁266-267。

「三年之喪」乃孝子為父母守三年之喪，〈本經訓〉強調「三年之喪」非強而致之的虛文禮制，此禮制的背後乃本之於人性「聽樂不樂，食旨不甘，思慕之心未能絕也」的真情流露，此乃人性之自然。反對的是末世人心俗敗，披麻帶孝，卻戲笑其中的虛應禮俗。儒家三年之喪的禮制，本建立在孝親之心的道德基礎上，亦非虛應故事而設。〈本經訓〉論喪親而哀乃本人性，喪親之哀必然聽樂不樂，食旨不甘，此乃人性之自然，故禮的本質來自於人性。〈主術訓〉同申此意：

> 古之為金石管弦者，所以宣樂也；兵革斧鉞者，所以飾怒也；觴酌俎豆，酬酢之禮，所以效善也；衰絰菅屨，辟踴哭泣，所以諭哀也。此皆有充于內而成像於外。及至亂主，取民則不裁其力，求於下則不量其積，男女不得事耕織之業，以供上之求，力勤財匱，君臣相疾也。故民至於焦脣沸肝，有今無儲，而乃始撞大鍾，擊鳴鼓，吹竽笙，彈琴瑟，是猶貫甲冑而入宗廟，被羅紈而從軍旅，失樂之所由生矣。[38]

〈主術訓〉主樂、怒、效善、諭哀本為人性之質，遂有金石，兵革，觴酌，酬酢，哭泣之節，實因「充于內而成像於外」即人性之自然抒發於外的表現。至於亂世之主，遂失禮樂之本，取民無度，求民無厭，遂使民不得其生，君臣相疾，更進一步人君追逐感官享樂，民苦不堪言，何樂之有？遂失「禮樂」本發於人性內在喜樂之情，流於感官逸樂，乃失禮樂之本。

《莊子》後學論莊周妻死鼓盆而歌；論子桑戶死，二友臨尸而歌，可看出莊子後學乃站在氣化天道之理，以超越知解地消解人情之哀。但《淮南子》論禮樂必有其質，乃為之文，則落實在人性之喜怒哀樂

---

38 劉文典：《淮南鴻烈集解・主術訓》（臺北：文史哲出版社，1992年），頁305-307。

自然而發處論，三年之喪思慕之心自不能絕，自然聽樂不樂，食旨不甘，喜、怒、效善、諭哀之情本自於人性，此皆心之所感而發乎性情，是為禮樂之質。可見《淮南子》論禮樂本質之說較近於〈大宗師〉、〈駢拇〉及〈漁父〉一系，乃以真情實感「貴真」為主，批判晚世風俗衰敗，禮義廢弛，思慕之心盡亡，披麻戲笑其間，失禮樂之本。

2 禮者，因民之所好而節之

《淮南子・泰族訓》云：

> 夫物有以自然，而後人事有治也。故良匠不能斫金，巧冶不能鑠木，金之勢不可斫；而木性不可鑠也。埏埴而為器，窬木而為舟，鑠鐵而為刃，鑄金而為鍾，因其可也。駕馬服牛，令雞司夜，令狗守門，因其自然也。民有好色之性，故有大婚之禮；有飲食之性，故有大饗之誼；有喜樂之性，故有鐘鼓管弦之音；有悲哀之性，故有衰絰哭踊之節。故先王之制法也，因民之所好而為之節文者也。因其好色而制婚姻之禮，故男女有別；因其喜音而正《雅》、《頌》之聲，故風俗不流；因其寗家室、樂妻子，教之以順，故父子有親；因其喜朋友而教之以悌，故長幼有序。然後修朝聘以明貴賤，饗飲習射以明長幼，時蒐振旅以慣用兵也，入學庠序以修人倫。此皆人之所有於性，而聖人之所匠成也。[39]

〈泰族訓〉論「禮樂」之起，首論當順金木之性以陶冶乃可行；再論當順馬、雞、狗之性，乃可服駕馭、司晨、看守之功；最後論民之性有好色之性、飲食之性、喜樂之性、悲哀之性，故先王順應人性以制

---

[39] 劉文典：《淮南鴻烈集解・泰族訓》（臺北：文史哲出版社，1992年），頁670。

禮樂之法，因好色而制婚姻之禮，因飲食而制宴饗之禮，因喜樂而制鐘鼓之樂，因悲哀而制喪祭之儀，皆本於人性，而由聖人所匠成。

荀子〈禮論〉云：「禮起於何也？曰：人生而有欲，欲而不得，則不能無求。求而無度量分界，則不能不爭；爭則亂，亂則窮。先王惡其亂也，故制禮義以分之，以養人之欲，給人之求。使欲必不窮於物，物必不屈於欲。兩者相持而長，是禮之所起也。」[40]荀子言禮樂本於人欲之求而節制之，惟荀子之性乃食色之性，荀子之禮乃針對食色之性的節制而設。但〈泰族訓〉「性」的內涵卻不盡相同。

> 無其性，不可教訓；有其性，無其養，不能遵道。繭之性為絲，然非得工女煮以熱湯而抽其統紀，則不能成絲；卵之化為雛，非慈雌嘔煖覆伏，累日積久，則不能為雛；人之性有仁義之資，非聖人為之法度而教導之，則不可使鄉方。故先王之教也，因其所喜以勸善，因其所惡以禁姦。故刑罰不用而威行如流；政令約省而化耀如神。故因其性，則天下聽從，拂其性，則法縣而不用。[41]

〈泰族訓〉論「禮」本於人性之自然，人性之自然內涵有仁義之資，又有好色之性、飲食之性、喜樂之性、悲哀之性，可謂雜揉各家人性之說，既有儒家之道德性，也有道家之性情說，實則為人性之實然面。特別的是〈泰族訓〉主張道家的人性自然說，卻也認可人性有仁義內涵，也接納儒家教育思想，強調須待學、待教化乃得成其禮樂之行，其人性主張甚具特色。

〈泰族訓〉論禮的建立乃順應民性之所好而有所節制的表現，言

---

40 〔清〕王先謙：《荀子集解下・禮論》（北京：中華書局，1981年），頁346。
41 劉文典：《淮南鴻烈集解・泰族訓》（臺北：文史哲出版社，1992年），頁671。

「因其好色而制婚姻之禮,故男女有別;因其喜音而正《雅》、《頌》之聲,故風俗不流;因其甯家室、樂妻子,教之以順,故父子有親;因其喜朋友而教之以悌,故長幼有序。」[42]順男女好色之情乃制婚姻之禮,使男女不淫而有別;順好音之性而制雅、頌之聲,使風俗不亂;順人甯家室、好交友之性,乃制父子之親、長幼之禮,使人倫有序而不亂。

孔、孟論禮之來源於仁心,人性之善端,其弊端則流為矯情虛偽;荀子論禮之源於人欲之節制,故重外在人倫之規範以節制[43],其弊端則流於強制。〈泰族訓〉論「禮」源於人之情性,故其貴真,但順應情性,卻也主張要合理節制的安排,以防止放蕩為亂之弊,此乃〈泰族訓〉論「禮」之特色。學者徐復觀以為:

> 因民之性以制禮作樂的思想,大概在戰國中期以後才發展出來的。此一思想的重要性,在於把禮起源於適應封建政治要求的歷史根據完全淘汰,而認定適應人性的傾向、要求,才是禮的起源,才是禮的意義,這便使禮從原來的封建統治的束縛中完全突破了出來,使其成為集體社會中所共同需要的行為規範。[44]

徐氏由封建政治的禮樂文化發展,論《淮南子》由「因」以論「禮」起源的歷史意義。筆者以為站在道家禮樂思想的發展而言,此說亦有其意義,即道家對「禮」的議題,不再只是站在批判的立場反對儒家之禮,而是提出有道家思想內涵的禮樂主張,非固守三代之禮,非拘泥鄒、魯之禮,乃本於人性之自然之禮,禮要因民之性,要依據人性而設,才能避免強人所難,矯情虛偽之弊病。但順應民性不代表任性

---

42 劉文典:《淮南鴻烈集解・泰族訓》(臺北:文史哲出版社,1992年),頁670。
43 〔清〕王先謙:《荀子集解下・禮論》(北京:中華書局,1981年),頁346。
44 徐復觀:兩漢思想史(臺北:臺灣學生書局,民國65〔1976〕年),頁271。

放縱，同樣需要透過學習與教育而知所節制，亦有其規範當遵守，此乃《淮南子》所認同的禮樂義。故《淮南子》不再如莊子後學只是批判禮文之縟節與虛偽，它要重建一代新的禮樂文化，此乃《淮南子》論禮「因民之所好而為之節文」的重要意義。

3 參五以制禮，化民反性

> 昔者，五帝三王之蒞政施教，必用參五。何謂參五？仰取象於天，俯取度於地，中取法於人，乃立明堂之朝，行明堂之令，以調陰陽之氣，以和四時之節，以辟疾病之菑。俯視地理，以制度量，察陵陸水澤肥墩高下之宜，立事生財，以除飢寒之患。中考乎人德，以制禮樂，行仁義之道，以治人倫而除暴亂之禍。乃澄列金木水火土之性，故立父子之親而成家；別清濁五音六律相生之數，以立君臣之義而成國；察四時季孟之序，以立長幼之禮而成官。此之謂參。制君臣之義，父子之親，夫婦之辨，長幼之序，朋友之際，此之謂五。乃裂地而州之，分職而治之，築城而居之，割宅而異之，分財而衣食之，立大學而教誨之，夙興夜寐而勞力之。此治之綱紀也。[45]

〈泰族訓〉此合天、地、人以論治世之綱紀，「參者」家、國、官。「五者」：君臣、父子、夫婦、長幼、朋友。〈泰族訓〉治國之道的內容與其宇宙氣化觀的主張一致，天地由一氣生生為陰陽五行，順四時以生人與萬物，煩氣為蟲，精氣為人。下落於人世，乃由人以上達天地之道，聖人治國亦當考其天時陰陽之變，察其地利水澤之宜。值得注意者，人德的部分乃為民制禮樂、行仁義之道，成家、成國、成官，此為「參」，進一步建立父子之親、君臣之義、夫婦之辨、長幼

---

[45] 劉文典：《淮南鴻烈集解・泰族訓》（臺北：文史哲出版社，1992年），頁671-672。

之序、朋友之際的人倫規範，此為「五」，是用「參五以制禮」。〈泰族訓〉論禮樂仁義之道乃因民之性而節之制，使民能除暴亂以移風易俗，以達民日遷善而不知其所以然之效。

老子論「無為而治」云：「聖人之治，虛其心，實其腹，弱其志，強其骨；常使民無知、無欲，使夫智者不敢為也。為無為，則無不治。」[46]老子強調個人修身寡欲使民無知無欲的無為理念。〈本經訓〉云：「至人之治也，心與神處，形與性調，靜而體德，動而理通。隨自然之性而緣不得已之化，洞然無為而天下自和，憺然無為而民自樸，無禨祥而民不夭，不忿爭而養足，兼包海內，澤及後世，不知為之者誰何。」[47]合心與神，形與性的協調；靜而體會天地之道，動而順應事物之理，回歸自然之性情，進而能無為而使民自樸自化，此可謂承老子「無為而治」思想的進一步發展。

〈泰族訓〉用「參」、「五」以涖政施教，以家、國、官為懷，以君臣、夫婦、父子、長幼、朋友之倫的建立作為施政綱領，以移風易俗，化民遷善，使民復天性之自然，以為治世之方。〈泰族訓〉豐富老子無為而治的內涵，除延續老子聖人的修養功夫，更強調聖人在天人關係上的一體性，此外也主張合天地人之道以制禮樂，行仁義之道，由五行之性以立父子之親，由五音之別以立君臣之義，由四時之序以立長幼之禮，故父子之親、君臣之義、夫婦之辨、長幼之序、朋友之際，乃合天人之道以發乎人德而成者，此為道家義的禮樂思想，以為化民成俗，落實無為而治的理想，增進實踐上的可行性。

> 聖人之學也，欲以返性于初，而游心於虛也。達人之學也，欲以通性於遼廓，而覺於寂漠也。若夫俗世之學也則不然，內愁

---

46 高明：《帛書老子校注》（北京：中華書局，1996年），頁237。
47 劉文典：《淮南鴻烈集解·本經訓》（臺北：文史哲出版社，1992年），頁252。

五藏,外勞耳目,乃始招蟯振繾物之毫芒,搖消掉捎仁義禮樂,暴行越智於天下,以招號名聲於世。此我所羞而不為也。[48]

〈俶真訓〉論「學」有三種類型:聖人之學、達人之學、俗世之學。聖人之學返性於太古,逍遙於虛心。達人之學通達於本性,無所羈絆。俗學之學勞苦耳目感官,逐物逞名於世,是以羞而不為。〈俶真訓〉論學之目的在「返性」、「通性」,勿追逐名物以愁勞感官五臟,當回歸本性之初心。

老子云:「見素抱樸,少私寡欲」[49]、「為天下谷,常德乃足,復歸於樸。」[50]反對人為聖智之弊,主張回歸素樸之心。此回復「素樸之心」正是〈俶真訓〉主張「返性」的人性本質,此乃道家思想重要修養論理據。莊子云:「純素之道,唯神是守;守而勿失,與神為一;一之精通,合於天倫。野語有之曰:『眾人重利,廉士重名,賢人尚志,聖人貴精。』故素也者,謂其無所與雜也;純也者,謂其不虧其神也。能體純素,謂之真人。[51]」莊子提出「純素之道,唯神是守」的修養功夫,進一步說明人之反性需「貴精守神」,保養精與神而不失,正是回歸人性素樸的修養內涵。

《淮南子》合「參」以制「五」的禮學思想,主張制訂一套合於家、國、官的禮樂制度,此禮樂制度立基於人性之所好,卻也要有所節制與安排的形式。所謂「人之性有仁義之資,非聖人為之法度而教導之,則不可使鄉方。故先王之教也,因其所喜以勸善,因其所惡以禁姦。故刑罰不用而威行如流」,[52]故《淮南子》主張要「學」與

---

48 劉文典:《淮南鴻烈集解・俶真訓》(臺北:文史哲出版社,1992年),頁67。
49 高明:《帛書老子校注》(北京:中華書局,1996年),頁314。
50 高明:《帛書老子校注》(北京:中華書局,1996年),頁370。
51 〔清〕郭慶藩撰:《莊子集釋》(臺北:莊嚴出版社,1984年10月),頁546。
52 劉文典:《淮南鴻烈集解・泰族訓》(臺北:文史哲出版社,1992年),頁671。

「教」[53]，但學習的不是詩書禮樂之經，學的目標是「反性於初」，是回歸初心之樸，即是順應情性與節制性情的禮樂之道。此可說是《淮南子》對老莊「無為而治」思想進一步建構黃老禮學思想的重大進展，甚具時代特色。

天地一氣的氣化思想乃《淮南子》禮學思想的根據，上古之世體道而德全，至於衰世人心敗壞，禮樂乃生，故禮樂之生乃返性於初而設，透過禮樂的制定與節制，希冀回復上古人心之樸。學者陳鼓應先生以為「禮、法『同出』於道，視禮、法為道的衍生物，從而倡導法治與禮義教化相互為用。這裡展現出黃老經世的雄心，為要掌握時代的脈動而推動社會改革（即所謂「時變」），遂在以道為依歸的前提下，把作為權衡準則的道通過禮法而落實到現實社會的層面」，[54]陳氏所論正說明《淮南子》禮學主張的時代意義。

三 結論

老子由「尊道貴德」思考模式切入，老子價值主體在「道」，「道」包含天地之道與自我之德的明覺，故體察天地萬物之道而行乃為人之玄德，此老子主張人當順「道」而行，自然無為，可行則行，可止則止。當順外在客觀道體自然無為而行，自能順內在純樸之自然無為之性而發，不自恃、不自功、不迫切而強為之。三代之禮也好，周文之美也罷，毋執於形式，毋執於己志，放下形式與我見，回歸道體之自然，回歸玄德之純樸，方為根本之道。故老子對「仁」、「義」、「禮」的批判，實是針對當時周文喪失道體的內涵，不得不標舉「仁」、「義」、「禮」之德以拔振人心。

---

[53]「立大學而教誨之，夙興夜寐而勞力之。此治之綱紀也。」劉文典：《淮南鴻烈集解・泰族訓》（臺北：文史哲出版社，1992年），頁671-672。

[54] 陳鼓應：〈先秦道家之禮觀〉，《漢學研究》第18卷第1期（2000年6月），頁18。

學者陳鼓應以為:「莊子後學對禮的態度約可分為三類:一是抒發個人的真情實感,〈大宗師〉『返真』的人生觀發展至外、雜篇任情放性的『貴真』說,〈駢拇〉及〈漁父〉等篇可為其代表;二是安於所行、釋然忘懷,由〈大宗師〉『坐忘』的心境到〈天運〉談至仁、孝親之行止臻於忘境,及〈山木〉描述『建國之德』人們舉手投足自然適然地合於禮儀,這是道德行為最高境界的寫照;三是落實到現實人間,肯定人倫道德社會作用的走向,而〈天運〉提出『禮義法度者應時而變』的主張為其代表。」[55]戰國晚期莊子後學對儒家禮樂主張明顯與老子或《莊子》內篇〈大宗師〉面對「禮」的態度不同。實則對老子而言「毀道德」並非聖人造成,乃人心之貪欲造成,聖人制「禮」正是為挽救人心之淪喪而生。〈大宗師〉只是強調「禮意」的內涵當本於人性之真,莊子後學在外篇反應較為激烈,甚至認為人世禮樂之生,正是世亂之禍源,在此處外篇對「禮」的看法是與儒家「禮」主張針鋒相對的。

老子、莊子及其後學皆對儒家禮樂儀節的虛偽矯情採批判態度,對儒家禮文的虛矯,《淮南子》是延續莊子後學的,認為禮樂制度乃因時而制、因地而設,不當拘守三代之禮,不當拘執鄒、魯之禮,三年之喪當發乎真情,當稱人之力而為,不當強人所不及,這是一致的。

《淮南子》較莊子及其後學在禮樂思想的進展上較具特色的一點是進一步省思「禮」的本質,提出「因性制禮,化民反性」的主張實深具意義。《淮南子》主張禮樂之制當順應民性又有所節制,順好色之性而制婚禮,順飲食之性而制大饗之儀,順喜樂之性而制鐘鼓之樂,有悲哀之性而制哭踊之節,所謂「因民之所好而節之」,[56]人君當體察天地人之道,用「參、五」之道以制禮,在成家、成國、成官的

---

55 陳鼓應:〈先秦道家之禮觀〉,《漢學研究》第18卷第1期(2000年6月),頁14。
56 劉文典:《淮南鴻烈集解‧泰族訓》(臺北:文史哲出版社,1992年),頁670。

三大目標上,以立父子、君臣、夫婦、長幼、朋友之五禮,分職以治,分財以衣食,立學校以教,使民順性而知節以好禮,以化民成俗,返性於初,所謂「隨自然之性而緣不得已之化」,[57]《淮南子》制禮樂乃是要使衰世之民能返性於初,以回歸於「樸」。故《淮南子》仍是延續先秦道家返樸理想,《淮南子》收攝禮樂思想實則是化民反性的一種途徑,回歸天地一氣的天道人德仍是《淮南子》的最高理想,此乃《淮南子》禮樂思想特色。《淮南子》所提的禮學主張有別於儒家禮樂主張,代表道家思想的禮樂主張,有其重大學術意義。惜乎,隨著淮南王謀反一案及漢武帝獨尊儒術的歷史發展,後遂湮沒於歷史洪流中。

第三節　《禮記・禮運》合天人氣化義論「人」[58]

《禮記・禮運》之論人曰:「人者,其天地之德,陰陽之交,鬼神之會,五行之秀氣。」[59]則其受陰陽五行思想影響,自不待言。故筆者本文論禮運篇由陰陽五行之氣化角度,從天道以論其德,由陰陽以論禮樂,由鬼神以論生死,由五行以論仁義禮智信之情性,以詮釋《禮記・禮運》論「人」之氣性義,並進而觀察秦漢之際儒家在諸多思潮影響下的演變軌跡。

一　前言

人之內涵與價值,乃中國古哲關心之重要命題。是以孔子論

---

57 劉文典:《淮南鴻烈集解・本經訓》(臺北:文史哲出版社,1992年),頁252。
58 本文依作者二〇一〇年六月發表於《孔孟月刊》第48卷第9期(頁1-7)、第48卷第11期(頁10-16),〈《禮記・禮運》論人之氣性義〉(上)(下)一文再修改。
59 〔清〕阮元:《禮記》,《十三經注疏》(臺北:藝文印書館,1976年),第5冊,頁432。

「人」云:「志於道,據於德,依於仁,遊於藝。」[60]是以文化義之優游,論君子之涵養。孟子論「君子」云:「君子所以異於人者,以其存心也。君子以仁存心,以禮存心。」[61]是以君子當存心養性,擴充仁義禮智四端之心,乃重其道德心性義。荀子論「人」云:「水火有氣而無生,草木有生而無知,禽獸有知而無義,人有氣、有生、有知,亦且有義,故最為天下貴也。」[62]荀子論「人」乃由物種之別始,人則獨具氣、生、知且有義,故最為貴,反映其重理性認知與道德規範。

　　《禮記・禮運》之論「人」云:「人者,其天地之德,陰陽之交,鬼神之會,五行之秀氣。」[63]乃從天地氣化的角度論人,天地為創生之始,自萬物之生言,天道化生山川草木鳥獸,有高低大小殊異,即《禮記・樂記》所謂「方以類聚,物以群分,則性命不同矣。」[64]此見天地之生生殊異。萬物雖性命不同,而實皆陰陽氣化之所生,此《禮記・中庸》所謂「小德川流,大德敦化,此天地之所以為大也。」[65]此見天道之兼容並蓄,乃人與萬物之所同,是見人物形氣之一體。自人之生言,人與萬物皆稟氣化而生,惟人得其「五行之秀氣」兼耳目之聰明與心知之靈,故最為貴,此顯人、物形氣之異。此外,人稟五行之秀氣,具性情之喜怒哀樂,聖人法天地之理,制禮樂之道,立仁義禮智信之德,以為人道之價值,此見人道之所立。故人乃得立身成德,發善施仁,以擴及家人、國人,以至天下人,此為

---

60 〔清〕阮元:《論語・述而》,《十三經注疏》(臺北:藝文印書館,1976年),第8冊,頁60。
61 〔清〕阮元:《孟子・離婁下》,《十三經注疏》(臺北:藝文印書館,1976年),第8冊,頁153。
62 梁啟雄:《荀子簡釋》(臺北:木鐸出版社,1988年),頁109。
63 〔清〕阮元:《禮記》,《十三經注疏》(臺北:藝文印書館,1976年),第5冊,頁432。
64 〔清〕阮元:《禮記》,《十三經注疏》(臺北:藝文印書館,1976年),第5冊,頁671。
65 〔清〕阮元:《禮記》,《十三經注疏》(臺北:藝文印書館,1976年),第5冊,頁899。

人道之理想。

故《禮記・禮運》之論人乃由氣性論，由天道以論人物之成形，由陰陽以論禮樂之所生，由鬼神以論生死之聚散，由五行以論情性之成德，其說上承孟荀之說，下開漢儒之論，深具時代特色與意義。

二　諸家之論

《禮記・禮運》論「人」云：「人者，其天地之德，陰陽之交，鬼神之會，五行之秀氣也。」[66]鄭玄注：「言人兼此氣性純也。」鄭氏乃分「氣」與「性」兩層面論之，「氣」為天道之內涵，「性」為人道之價值，氣化層包括天地之始生，陰陽二氣，鬼神之靈，五行之生發，以至萬物之成形。價值層乃含天道之義，人道之立，以及天人如何相應的問題，但鄭氏在此並無詳論。

孔穎達正義論「人者，其天地之德，陰陽之交，鬼神之會，五行之秀氣也。」其云：

> 天以覆為德，地以載為德，人感覆載而生，是天地之德也。陰陽之交者，陰陽則天地也，據其氣謂之陰陽，據其形謂之天地，獨陽不生，獨陰不成，二氣相交乃生。五行之秀氣者，秀謂秀異，言人感五行秀異之氣，故有仁義禮知信，是五行之秀氣也。故人者天地之德，陰陽之交，是其氣也；鬼神之會，五行之秀，是其性也。故注云兼此氣性純也。[67]

孔氏承鄭氏以氣、性為義，並解釋天地陰陽乃生人之氣形，鬼神五行

---

66 〔清〕阮元：《禮記》，《十三經注疏》（臺北：藝文印書館，1976年），第5冊，頁432。
67 〔清〕阮元：《禮記》，《十三經注疏》（臺北：藝文印書館，1976年），第5冊，頁432。

乃賦人之情性。故人者有血氣之形體，能知仁義禮知信之德義，而能明辨是非，乃論人之形氣義與價值義。

陳澔《禮記集說》注：「人者，其天地之德，陰陽之交，鬼神之會，五行之秀氣也。」其云：「天地鬼神五行皆陰陽也。『德』指實理而言，『交』指變合而言，『會』者妙合而凝也，形生神發皆其秀而最靈者，故曰五行之秀氣也。」[68]陳氏以天地鬼神五行皆屬陰陽之變合，不言性之仁義禮智，而重在「實理」之德。故陰陽變合妙凝為形，形生神發乃知實理之德，故人為陰陽氣化之所凝，其心之神發乃能知實理，乃重人心知之神對天地實理的體會。

王夫之《禮記章句》注：「人者，其天地之德，陰陽之交，鬼神之會，五行之秀氣也。」其云：

> 立天之道曰陰與陽，立地之道曰柔與剛，立人之道曰仁與義，三者一也。仁義者陰陽剛柔之理以起化者也，人道於是而立，以別於萬物之生，是天地之德也。陰陽以撰言，鬼神以用言，張子曰：「鬼神者，二氣之良能也。」「交」謂互相為成而形性皆具也，「會」猶際也，神來而伸，於人息之，鬼屈而往，人之所消，則鬼神往來於兩閒，人居其中而為之際會也。五行之氣用生萬物，物莫不資之以生，人則皆具而得其最神者。鄭氏曰：「木神仁，火神禮，土神信，金神義，水神智。」皆其氣之秀者也，此節承上章天道人情而言，人之有情皆性所發生之機，而性之所受則天地陰陽鬼神五行之靈，所降於形而充之以為用者，是人情天道從其原而言之，合一不閒，而治人之情即以承天之道，故不得歧本末而二之矣。[69]

---

68 〔元〕陳澔：《禮記集說》（臺北：世界書局，1967年），頁126。
69 〔明〕王夫之：《禮記章句》（臺北：廣文書局，1967年），上冊，頁13。

《易經‧說卦傳》:「昔者聖人之作《易》也,將以順性命之理。是以立天之道曰陰與陽,立地之道曰柔與剛,立人之道曰仁與義。」[70]王氏引《易傳》之說,以天道為陰陽之氣,地道為剛柔之形,人道則為仁義之德。天地之道乃陰陽鬼神妙合生化之理,為人道之所立,陰陽相交乃成人之形性,鬼神乃氣之屈伸,天地以五行之氣生化萬物,人得五行之秀氣即仁義禮智信而為貴。故人受天地陰陽鬼神五行之靈以成其性,循性以發其情,王氏所重在人之性情之根源及發用,而推至人情天道其原一也。

孫希旦《禮記集解》注:「人者,其天地之德,陰陽之交,鬼神之會,五行之秀氣也。」其云:

> 徐氏師曾曰上天之載,無聲無臭,而實造化之樞紐,品彙之根柢。此天地之實理,而為生人之本也,理一而已。動而為陽,陽變交陰,靜而生陰,陰合交陽,此實理之流行而為生人之機也。由是二氣凝聚,陰靈為鬼,聚而成魄,陽靈為神,聚而成魂,此實理之凝成,而人於是乎生矣。形生而四肢百骸無有偏塞,五行之質之秀也。神發而聰明睿智,無有駁雜,五行之氣之秀也。此實理之全具,而人之所以靈於物也。愚謂天地之德以理言,陰陽鬼神五行以氣言,人兼此而生,周子所謂太極之真,二五之精,妙合而凝也。魂者神之盛,魄者鬼之盛,陰陽之交,指其氣之初出於天地者而言。鬼神之會,指其氣之已具於人身者而言。天地之生人物,皆予之理以成性,皆賦之氣以成形。然以理而言,則其所得於天者,人與物未嘗有異。以氣而言,則惟人獨得其秀,此其所以為萬物之靈,而能全其性也。[71]

---

[70] 〔清〕阮元:《周易》,《十三經注疏》(臺北:藝文印書館,1976年),第1冊,頁183。

[71] 〔清〕孫希旦:《禮記集解》(臺北:蘭臺書局,1973年),頁298。

孫氏先引徐氏之說，以「上天之載，無聲無臭」為天地實理之流行，「陰陽之交」即生人之機，「鬼神之會」則為魄魂之凝，五行之質秀生人四肢百骸之形體，五行之氣秀生人聰明睿智之神發，故人可靈於萬物。

　　孫氏復申己說，以理、氣對言，以天地之德為理，陰陽鬼神五行為氣，並引周敦頤〈太極圖說〉：「無極之真，二五之精，妙合而凝」[72]，以太極為理，陰陽五行妙合為氣以證。孫氏析分「陰陽之交」為天地初分之氣，「鬼神之會」乃具於人身以後言，萬物皆受天地之實理以成性，受陰陽五行之氣以成形，惟人獨得其氣之秀，而得聰明睿智，故為物之靈，能全其性之德。

　　綜合上述諸家之論，則《禮記‧禮運》云：「人者，其天地之德，陰陽之交，鬼神之會，五行之秀氣也。」其論人之意義，內涵豐富。即「天地之德」涉及天道價值，「陰陽之交」論天道之氣化內涵，「鬼神之會」論形氣魂魄之消散，「五行之秀氣」則從氣化論人道之價值。以下乃據此架構分述之：

三　「人者，其天地之德，陰陽之交，鬼神之會，五行之秀氣」

（一）天地之德

1　先秦論「天地之德」

　　先秦將天地之運行賦予德行義，可見於《詩經‧周頌》云：「維天之命，於穆不已。於乎不顯！文王之德之純。」[73]乃頌天道運行不

72　〔清〕黃百家：《宋元學案》（臺北：廣文書局，1979年），上冊，頁245。
73　〔清〕阮元：《詩經》，《十三經注疏》（臺北：藝文印書館，1976年），第2冊，頁708。

已,如文王之修德不已,此論天道之持續性,並將人道之德,上應天道之不已。《詩經‧大雅》又云:「天生烝民,有物有則。民之秉彝,好是懿德。」[74]此言天道之運行有其規律,人民執持此天道之則而行,便能修美其德,乃見法天之道德思想。《尚書‧蔡仲之命》云:「皇天無親,惟德是輔,民心無常,惟惠之懷」;[75]此訓勉蔡仲當循文、武之道,天命無常,惟修德者乃輔佑之,惟施惠者乃得民心。此雖有崇天之神性義,但其所重在以天道為「德」,人當循天道而修德施惠,此以「德」為天命內容,是從上古神性義的天道,漸轉化為人文義的天人關係[76]。

先秦儒家論天地之德,孔子少言性與天道[77],孟子云:「誠者,天之道也。思誠者,人之道也。」[78]「盡其心者,知其性也。知其性,則知天矣。」[79]即天道的價值義在「誠」,天以「誠」為道,人則以「思誠」回應天道之德,「思誠」落實在心性論上,即透過盡心,以知善性,經由善性的擴而充之,以應天道之德。故孟子乃以「誠」連結天人關係,初步建立儒家道德義的天人理論。荀子則主張「明於天人之分」[80],以天道為自然義,持天人不相干的理性態度。故先秦儒家論「天地之德」,以孟子之說較具理論性。

先秦道家多論「天地之德」,以老子之說乃由自然觀察中得來,

---

74 〔清〕阮元:《詩經》,《十三經注疏》(臺北:藝文印書館,1976年),第2冊,頁674。
75 〔清〕阮元:《尚書》,《十三經注疏》(臺北:藝文印書館,1976年),第1冊,頁254。
76 參李杜:《詩》、《書》時代的天有四種不同的涵義:神性義、主宰義、自然義、天堂義。《中西哲學思想中的天道與上帝》(臺北:聯經出版事業公司,1991年),頁31。
77 子貢曰:「夫子之文章,可得而聞也;夫子之言性與天道,不可得而聞也。」〔清〕阮元:《論語》,《十三經注疏》(臺北:藝文印書館,1976年),第8冊,頁43。
78 〔清〕阮元:《孟子》,《十三經注疏》(臺北:藝文印書館,1976年),第8冊,頁133。
79 〔清〕阮元:《孟子》,《十三經注疏》(臺北:藝文印書館,1976年),第8冊,頁228。
80 《荀子‧天論》:「天行有常,不為堯存,不為桀亡。……故明於天人之分,則可謂至人矣。」梁啟雄:《荀子簡釋》(臺北:木鐸出版社,1988年),頁220。

其云:「人法地,地法天,天法道,道法自然」[81],《莊子・天道》亦云:「夫明白於天地之德者,此之謂大本大宗,與天和者也。」[82]故道家主「法天地」之說,效法天道之德,以為人道之價值。故老子云:「聖人處無為之事,行不言之教。萬物作焉而不辭。生而不有,為而不恃,功成而弗居。」[83]以其主「法天地」,乃倡「無為」之說。但老莊所謂「天地之德」為「自然」、「無為」之價值,乃屬自然義的天道觀,與上古具神性義的天道觀不同。

秦漢之際,或受鄒衍陰陽五行說影響,學者多論「天地之德」以彰其說。《易・繫辭下》云:「乾,陽物也;坤,陰物也;陰陽合德而剛柔有體,以體天地之撰,以通神明之德。」孔穎達正義論「神明之德」云:「萬物變化,或生或成,是神明之德,易則象其變化之理」,[84]是《易》企圖以卦爻之排列,表現天地陰陽氣化,形生剛柔萬物之情狀,更進而探究卦爻之理,以呈現「天地之德」,而主「天地之大德曰生」[85]。是以「生生不息」為天地之大德,此生生之德,落實在道德修養上,乃有《易・乾卦》象辭:「天行健,君子以自強不息。」[86]的主張,此乃秦漢時期儒者,自天道論及人道修養之新說。

此外,《呂氏春秋・孟春紀》云:「始生之者,天也;養成之者,人也。能養天之所生而勿攖之,謂之天子。天子之動也,以全天為故

---

81 〔漢〕河上公:《老子道德經》(新北市:五洲出版社,1970年,世德堂刊本),卷上,頁36。
82 〔清〕王先謙:《莊子集解》(臺北:東大圖書公司,2004年),頁116。
83 〔漢〕河上公:《老子道德經》(新北市:五洲出版社,1970年,世德堂刊本),卷上,頁3。
84 〔清〕阮元:《周易》,《十三經注疏》(臺北:藝文印書館,1976年),第1冊,頁172。
85 〔清〕阮元:《周易》,《十三經注疏》(臺北:藝文印書館,1976年),第1冊,頁166。
86 〔清〕阮元:《周易》,《十三經注疏》(臺北:藝文印書館,1976年),第1冊,頁11。

者也。此官之所自立也。立官者以全生也。今世之惑主，多官而反以害生，則失所為立之矣！」[87]《呂氏春秋》詳細記錄天文自然之運行變化，而為「十二紀」，並在「十二紀」的自然觀察中，提出天地乃以生養為德的主張，落實在政治方面，乃主「貴公」、「去私」之說，此乃自天道論衍生及政治論的主張。

故先秦論「天地之德」，可分為四個階段：一、上古三代乃自崇天畏天的神性義，逐漸落實在人君道德修養的人文義。二、先秦儒家，孔子由道德實踐感受天道之仁，孟子初步建立「天人以誠」的天道理論。三、先秦道家強調天地之德，主張「法天地」，倡「無為」之說，脫離「神性天」之說，而為一「自然天」涵義。四、戰國末期至秦漢之際，或受鄒衍之說影響，結合天道理論，以彰其人道主張者，一時盛行。故《禮記・禮運》論人，自「天地之德」始，亦反映此「由天論人」的時代特色。

2 《禮記・禮運》論「天地之德」

《禮記・禮運》：「人者，其天地之德」，孔穎達正義云：「天以覆為德，地以載為德，人感覆載而生，是天地之德也。」[88]以天覆地載言天道之德，是偏自然義的宇宙觀。《禮記・中庸》云：

> 故至誠無息。不息則久，久則徵，徵則悠遠，悠遠則博厚，博厚則高明。博厚，所以載物也；高明，所以覆物也；悠久，所以成物也。博厚配地，高明配天，悠久無疆。如此者，不見而章，不動而變，無為而成。天地之道，可壹言而盡也。其為物不貳，則其生物不測。天地之道，博也厚也，高也明也，悠也

---

87 陳奇猷：《呂氏春秋校釋》（臺北：華正書局，1988年），頁20。
88 〔清〕阮元：《禮記》，《十三經注疏》（臺北：藝文印書館，1976年），第5冊，頁432。

久也。[89]

　　由天覆地載而言天地之高明博厚，由時間之悠久無疆，言天地之生物成物，是「天地之德」在高明、博厚、生物、成物之創造。是以「為物不貳，生物不測」言其生物之創造性與無限性，此即至誠之道。《孟子‧離婁》云：「誠者，天之道也；思誠者，人之道也」，[90]則更進一步詮釋天道至於人道的誠體連結性。《禮記‧哀公問》云：

> 公曰：「敢問君子何貴乎天道也？」孔子對曰：「貴其『不已』。如日月東西相從而不已也，是天道也；不閉其久，是天道也；無為而物成，是天道也；已成而明，是天道也。」[91]

　　此乃強調天道創造的不已性，即持續不已的創生，方以成就萬物而不息，《禮記‧樂記》云：「天高地下，萬物散殊……流而不息，合同而化」[92]，故天地之德更在「不息不已」。《禮記‧樂記》又云：「著不息者天也，著不動者地也。一動一靜者天地之間也。」[93]天道之奧妙在不息的生化，而生化之萬物大小殊異，無一而同，故《禮記‧樂記》云：「小大殊矣。方以類聚，物以群分，則性命不同矣。在天成象，在地成形」；[94]在此表現天道具恆久義與創造義。

　　《禮記‧郊特牲》云：「天垂象，聖人則之。郊所以明天道也。……萬物本乎天，人本乎祖，此所以配上帝也。郊之祭也，大報

---

[89] 〔清〕阮元：《禮記》，《十三經注疏》（臺北：藝文印書館，1976年），第5冊，頁896。
[90] 〔清〕阮元：《禮記》，《十三經注疏》（臺北：藝文印書館，1976年），第5冊，頁133。
[91] 〔清〕阮元：《禮記》，《十三經注疏》（臺北：藝文印書館，1976年），第5冊，頁851。
[92] 〔清〕阮元：《禮記》，《十三經注疏》（臺北：藝文印書館，1976年），第5冊，頁671。
[93] 〔清〕阮元：《禮記》，《十三經注疏》（臺北：藝文印書館，1976年），第5冊，頁672。
[94] 〔清〕阮元：《禮記》，《十三經注疏》（臺北：藝文印書館，1976年），第5冊，頁671。

本反始也。」⁹⁵是萬物皆為天地所生,故郊祭所以顯揚天道創生之德,祭祀祖廟乃以感祖先之德,皆為「報本反始」。人當知所從出,飲水思源,是知天有創生義,天地人物皆為其所生造。故《禮記‧禮運》云:「是故夫禮,必本於大一,分而為天地,轉而為陰陽,變而為四時,列而為鬼神。其降曰命,其官於天也。」⁹⁶是以「大一」為宇宙最高主體,其生天地陰陽四時鬼神,具根源義與主體義。

其次,雖萬物散殊不同,但天地皆一視同仁以生養,《禮記‧孔子閒居》云:「天無私覆,地無私載,日月無私照。奉斯三者以勞天下,此之謂三無私」⁹⁷,是天道最為無私而大公,又見其一體義,此與《呂氏春秋》主「貴公」之義同。

《禮記‧郊特牲》云:「魂氣歸于天,形魄歸于地。」⁹⁸此言人物之消散,陰陽氣聚成形,形敝消散,歸於「大一」。故對天道而言無生死,只有「生生之德」,對個體而言有生死,如《禮記‧祭義》云:「氣也者,神之盛也;魄也者,鬼之盛也」⁹⁹是為鬼神之義。此論天道之氣化有其聚散義。《禮記‧中庸》云:

> 仲尼祖述堯、舜,憲章文、武;上律天時,下襲水土。辟如天地之無不持載,無不覆幬,辟如四時之錯行,如日月之代明。萬物並育而不相害,道並行而不相悖,小德川流,大德敦化,此天地之所以為大也。¹⁰⁰

此將人道連結於天道,言孔子之道承堯舜文武而來,乃言其文化義之

---

95 〔清〕阮元:《禮記》,《十三經注疏》(臺北:藝文印書館,1976年),第5冊,頁499。
96 〔清〕阮元:《禮記》,《十三經注疏》(臺北:藝文印書館,1976年),第5冊,頁438。
97 〔清〕阮元:《禮記》,《十三經注疏》(臺北:藝文印書館,1976年),第5冊,頁861。
98 〔清〕阮元:《禮記》,《十三經注疏》(臺北:藝文印書館,1976年),第5冊,頁507。
99 〔清〕阮元:《禮記》,《十三經注疏》(臺北:藝文印書館,1976年),第5冊,頁813。
100 〔清〕阮元:《禮記》,《十三經注疏》(臺北:藝文印書館,1976年),第5冊,頁899。

悠遠，而堯舜文武之道又源於天道之則，是將人道價值與天道規律相連結，以儒家堯舜之道乃源於天道，以推尊儒家義理之最高價值，亦表明人道與天道的關係，天與人乃相應之體系。

綜合《禮記》諸篇說法，《禮記‧禮運》論「天地之德」可歸納為以下諸義：一、天地創造萬物，是天地有創生義，為萬物之根源，「大一」為宇宙最高之主體，此義乃承道家之說而來。二、天道之生乃悠久不息，有其永恆持續義，此取《易傳》「生生」之說，是儒家對道家自然天的轉化。三、天地以陰陽五行四時運行，有其條理義，此乃吸收陰陽家思想。四、天地創造萬物森羅萬象，個個不同，皆為獨立個體，有其個體之差別義。五、天地生養萬物一視同仁，又見其一體之大公義。六、萬物氣化成形，形敝氣散，乃為鬼神，乃見生死，乃天道之氣化聚散義。七、「天地之德」與「人道之德」本為一體，儒家孔門之教乃法天道之德，以為人道之則，天人本為一，此為天人價值義。

故《禮記‧禮運》論「天地之德」有其時代特色，其吸收道家天道思想，又復受陰陽家影響，以成其新的天道內容，但在天道的價值義上，則不取道家之「無為」，也不取陰陽家之「順應」，乃轉化為儒家「生生」之道德義，以成己成物之德業。此是承儒家以道德義為主體，可謂是秦漢之際儒者新的天道觀。近人錢穆云：

> 惟自戰國晚世，下迄秦皇、漢武之間，道家新宇宙觀既確立，而陰陽家言又不符深望，其時之儒家，則多采取道家新說，旁及陰陽家，而更務為變通修飾，以求融會於孔孟以來傳統之人生論，而儒家面目亦為之一新，予嘗謂當目此時期之儒家為新儒，以示別於孔孟一派之舊儒，而其主要分辨，即在其宇宙論方面。[101]

---

[101] 錢穆：〈易傳與小戴禮記中之宇宙論〉，《中國學術思想史論叢》（臺北：東大圖書公司，1981年），第2冊，頁23。

故秦漢之際之儒者，融通道家、陰陽家之說，以新儒家面目，以建立新的宇宙論，並以之重新詮釋儒家之道德精神，乃為其特色。

(二) 論「陰陽之交」

1　先秦論「陰陽二氣」

　　許慎《說文解字》釋「陰陽」二字：「陰，雲覆日也」[102]，「陽，日出也」[103]，故「陰陽」之義，原形容「日之暗與明」的自然現象。《國語‧周語》周幽王三年，三川地震，伯陽父解釋曰：「周將亡矣，夫天地之氣，不失其序，若過其序，民之亂也，陽伏而不能出，陰迫而不能蒸，於是有地震。今三川實震，是陽失其所，而鎮陰也，陽失而在陰，川源必塞。」[104]此用「陰陽二氣」解釋地震的成因，由「明暗」之義擴大為陰陽二氣，以陽當鎮陰為天地合理之序，「陽伏不出，陰迫不蒸」，則是天地失序，乃亡國之兆。此承上古天降禍福的神性天之說，「陰陽」乃為造成自然變動的二氣。

　　《左傳》僖公十六年，「春，隕石于宋五，隕星也」，周內史叔興云：「（隕石）是陰陽之事，非吉凶所生也。」[105]將隕石落地以陰陽變化來解釋，說明其為自然現象而已，無關人世之吉凶。可以見到人逐漸擺脫吉凶禍福的天道觀，而回歸其自然義，此亦以「陰陽」為自然之氣化義。

　　《左傳》昭公元年，秦醫和視晉侯疾，曰：「天有六氣，降生五味，發為五色，徵為五聲。淫生六疾。六氣曰陰、陽、風、雨、晦、

102　〔漢〕許慎撰；〔清〕段玉裁注：《說文解字注》（臺北：黎明文化事業公司，1991年），頁580。

103　〔漢〕許慎撰；〔清〕段玉裁注：《說文解字注》（臺北：黎明文化事業公司，1991年），頁306。

104　左丘明：《國語》（四部叢刊史部，臺北：臺灣商務印書館），頁8。

105　〔清〕阮元：《左傳》，《十三經注疏》（臺北：藝文印書館，1976年），頁236。

明也,分為四時,序為五節,過則為菑:陰淫寒疾,陽淫熱疾,風淫末疾,雨淫腹疾,晦淫惑疾,明淫心疾。」[106]此「陰陽」成為天之六氣之一,不僅是自然的作用力,更成為天地創生的基本元素之一。

孔子《論語》無「陰陽」之論。老子則有「道生一,一生二,二生三,三生萬物。萬物負陰而抱陽,沖氣以為和。」[107]之說,河上公注:「道始所生者一,一生陰與陽也,陰陽生和、氣、濁三氣,分為天地人也。」[108]是道生陰陽二氣,陰陽二氣再生天地人,是陰陽成為道體的作用,萬物的內涵。《莊子‧則陽》又云:「天地者,形之大者也;陰陽者,氣之大者也;道者為之公。」[109]此見道家的氣化宇宙觀,是以至公之天道為本體,以陰陽為氣化之主要作用者,以天地萬物為氣化之成形者。故「陰陽」成為天道運行的內涵,造就萬物的作用,乃具造化作用義。戰國末年的鄒衍,據《史記‧孟荀列傳》:

> 鄒衍睹有國者益淫侈,不能尚德,若大雅整之於身,施及黎庶矣。乃深觀陰陽消息而作怪迂之變,終始、大聖之篇十餘萬言。其語閎大不經,必先驗小物,推而大之,至於無垠。先序今以上至黃帝,學者所共術,大並世盛衰,因載其禨祥度制,推而遠之,至天地未生,窈冥不可考而原也。先列中國名山大川,通谷禽獸,水土所殖,物類所珍,因而推之,及海外人之所不能睹。稱引天地剖判以來,五德轉移,治各有宜,而符應若茲。[110]

鄒衍在《漢書‧藝文志》被列為陰陽家,班固云:「陰陽家者流,蓋

---

106 〔清〕阮元:《左傳》,《十三經注疏》(臺北:藝文印書館,1976年),頁709。
107 《老子道德經》(世德堂刊本,新北市:五洲出版社,1980年8月),頁9。
108 《老子道德經》(世德堂刊本,新北市:五洲出版社,1980年8月),頁9。
109 〔清〕王先謙:《莊子集解》(臺北:東大圖書公司,2004年),頁245。
110 〔漢〕司馬遷:《史記》(臺北:藝文印書館,1962年,據武英殿影印本),頁939。

出於羲和之官,敬順昊天,歷象日月星辰,敬授民時,此其所長也。及拘者為之,則牽於禁忌,泥於小數,舍人事而任鬼神。」[111]近人鄺芷人云:「根據『孟荀列傳』的記述,則鄒衍是把「陰陽」與「五行」配合而立論……至於他是否最先以陰陽五行合而論之,這就無法稽考了。鄒衍的陰陽五行說大抵主要用來詮釋歷史,他的史觀是採用五行相剋的觀點,解釋歷史的興衰與時代的轉替,這就是《史記》所謂『五德轉移說』。」[112]鄒衍的著作今已不可考,觀其大旨,鄒衍似乎是吸收當時以陰陽解釋的天文知識,將陰陽消長的現象,結合五行之說,附會於朝代盛衰興替的規律,自成一套詮釋系統,於是「陰陽」不再只是自然界的消長變化或道家陳述天道的氣化作用而已,它成為戰國末期陳述天道,以附會人道價值的一家之言「陰陽家」。

戰國末期陰陽家以陰陽配合五行、四時的自然知識,再用來詮釋人文思想的模式,對秦漢之際學術思潮產生影響。《管子・四時》云:「陰陽者,天地之大理也;四時者,陰陽之大經也。刑德者,四時之合也;刑德合於時則生福,詭則生禍。」[113]《管子》以陰陽二氣的消長,解釋四時的變化,值得注意的是,春生夏長秋收冬藏,本只是配合節氣因應的人文農作活動,在此被引申為人君施政的原則,春夏生意盎然,施政以德惠為主,秋冬蕭瑟肅殺,施政以刑罰為主,故四時節氣的陰陽變化,乃成為一政治主張的依據。

秦相呂不韋集門客編《呂氏春秋》,更以陰陽消長配合節令成其「十二紀」,〈十二紀紀首〉衍生出人君的施政方向:春夏之時,陽氣為盛,更配合五行之主,春乃木德之生,夏以火德為盛,故施政以「行德施惠、勸學尊師」為主;秋冬陰氣為殺,五行上以金德水德當令,則以「講武論刑、收斂謹藏」為宗。故《呂氏春秋・十二紀》的

---

111 〔漢〕班固:《漢書》(臺北:泰盛書局,1976年),頁1734。
112 鄺芷人:《陰陽五行及其體系》(臺北:文津出版社,1998年),頁8。
113 〔清〕黎翔鳳撰,梁運華整理:《管子校注》(北京:中華書局,2006年),頁838。

施政方向,乃按四時陰陽消長,五行相主而調整,成一體系宏大的政治思想,《呂氏春秋·十二紀》後也為《禮記·月令》篇所吸收。[114]

《易·繫辭上》云:「一陰一陽之謂道,繼之者善也,成之者性也。」[115]孔穎達正義曰:「道是生物開通,善是順理養物,故繼道之功者,唯善行也。成之者性也者,若能成就此道者,是人之本性。」[116]此乃以陰陽氣化解釋天道之生物不息,此生物之德便是「善」,人能成就此善乃為其「性」之所在。此將儒家的道德價值「善」,賦予於天道本體,從天道本體論道德價值,而「陰陽」在此扮演天道生物化物之內涵,亦為吾人本性之內涵,此可視為儒家新的心性主張,故「陰陽」之義,也為儒家所吸收轉化。

綜合所論,「陰陽」本為自然義,因其相對性,後漸被解釋為自然變化的作用。道家之老莊,則以陰陽二氣作為天道的內涵,於是陰陽漸脫離自然義,成為道家解釋自然氣化的重要作用力。戰國晚期的鄒衍,更吸收陰陽配合五行,成為龐雜的政治思想,遂有「陰陽家」之名。秦漢之際,諸家對「陰陽」的看法漸複雜,《管子》、《呂氏春秋》吸納「陰陽」之義,作為其天道論的重要內容,再將其天道論對應於人倫社會,完成其「天人相應」的政治主張,以為人君施政的依據。而《易傳》也吸收「陰陽」思想,建立儒家的天道體系,進而詮釋天道之「善」與人道之「性」的意義。

2 《禮記·禮運》論:「陰陽之交」

《禮記·禮運》論「陰陽之交」,孔穎達正義論「陰陽之交」

---

114 賴昇宏:〈論《呂氏春秋·十二紀》之「公」義〉,《中國文化大學中文學報》第十四期(2007年4月),頁82。
115 〔清〕阮元:《周易》,《十三經注疏》(臺北:藝文印書館,1976年),第1冊,頁148。
116 〔清〕阮元:《周易》,《十三經注疏》(臺北:藝文印書館,1976年),第1冊,頁148。

云:「陰陽則天地也,據其氣謂之陰陽,據其形謂之天地,獨陽不生,獨陰不成,二氣相交乃生,故云陰陽之交。」[117]是「陰陽之交」即指天地萬物之生,以氣化而言謂之陰陽,以成形而言謂之天地,二者同指天地萬物之造化。其次,陰陽為氣化之作用,二氣相交乃生萬物,無獨陽、獨陰之存,故必言「陰陽之交」者,乃指氣化之交感不已,故《禮記・樂記》云:

> 地氣上齊,天氣下降,陰陽相摩,天地相蕩,鼓之以雷霆,奮之以風雨,動之以四時,煖之以日月,而百化興焉。[118]

此言萬物之生化乃由陰陽氣化相摩相蕩,由無形以至於成物的過程,乃具豐富內涵與動態不息的宇宙觀,其說受到道家氣化宇宙論影響。《易・繫辭上》云:「在天成象,在地成形,變化見矣。是故剛柔相摩,八卦相盪。鼓之以雷霆,潤之以風雨;日月運行,一寒一暑。乾道成男,坤道成女。乾知大始,坤作成物。」[119]是《易》與《禮記・禮運》之宇宙觀十分相近,惟《易》以〈乾〉、〈坤〉二卦,表現天地萬物之創生與凝成,《禮記・禮運》則以「陰陽之交」來呈現天地之交感而生,二者都強調氣化宇宙論之動態與生機。

從陰陽氣化而言,乃述天地萬物生生之作用,就其氣化成形而言,則陰陽之交的具體內容就是萬象紛然之物,此即「天地」。故天有日星、雷霆、四時之氣化流轉,地有大小形殊之物態不同,合無形之氣化與有形之萬物,乃天地之全體,人物皆天地之所生,為天地所

---

117 〔清〕阮元:《禮記》,《十三經注疏》(臺北:藝文印書館,1976年),第5冊,頁432。

118 〔清〕阮元:《禮記》,《十三經注疏》(臺北:藝文印書館,1976年),第5冊,頁672。

119 〔清〕阮元:《周易》,《十三經注疏》(臺北:藝文印書館,1976年),第1冊,頁143。

生養。故《禮記・郊特牲》又云:「地載萬物,天垂象。取財於地,取法於天,是以尊天而親地也。」[120]故當「尊天親地」以天地為法,此「法天地」思想,固受道家影響,亦受到秦漢之際如《管子》、《呂氏春秋》之天人相應思潮的影響。故《禮記・禮運》云:

> 故聖人作則,必以天地為本,以陰陽為端,以四時為柄,以日星為紀,月以為量,鬼神以為徒,五行以為質,禮義以為器,人情以為田,四靈以為畜。[121]

鄭玄注此云:「天地以至於五行,其制作所取象也,禮義人情其政治也,四靈者其徵報也。」[122]聖人法天之象,順天之則而制作,至於禮義人情,乃用之於人世之政,如以禮義為器用,耕人情之田。所謂「麟鳳龜龍謂之四靈」[123],靈為眾物之長,此以四靈為畜,乃指眾物之生養以為人所用,此乃法地之形,以人物為用。是以天地為根本,以陰陽氣化之消長為端首,順春生夏長秋收冬藏四時為用,以日星之度,月行之分為綱紀,立鬼神以施教,法五行之氣以為體。

《禮記・禮運》吸收道家氣化流行的宇宙觀,也受到戰國末期陰陽家天人相應說的影響,如《管子》主張依四時而施「刑德」、《呂氏春秋・十二紀》依時令,架構出年月時日順時施政的嚴密規範,《禮記・鄉飲酒義》亦云:「賓主象天地也;介僎象陰陽也;三賓象三光

---

[120] 〔清〕阮元:《禮記》,《十三經注疏》(臺北:藝文印書館,1976年),第5冊,頁489。

[121] 〔清〕阮元:《禮記》,《十三經注疏》(臺北:藝文印書館,1976年),第5冊,頁435。

[122] 〔清〕阮元:《禮記》,《十三經注疏》(臺北:藝文印書館,1976年),第5冊,頁435。

[123] 〔清〕阮元:《禮記》,《十三經注疏》(臺北:藝文印書館,1976年),第5冊,頁436。

也；讓之三也，象月之三日而成魄也；四面之坐，象四時也。」[124]將「禮」比附於天地陰陽日月四時之象。故《禮記‧禮運》「法天地」雖吸收諸家之說以成就其氣化宇宙觀，但其建立此氣化宇宙觀的目的，是為重新詮釋儒家「禮樂」精神。《禮記‧樂記》云：

> 樂者，天地之和也；禮者，天地之序也。和故百物皆化；序故群物皆別。樂由天作，禮以地制。過制則亂，過作則暴。明於天地，然後能興禮樂也。[125]

「禮者，天地之序」，即《禮記‧樂記》所謂「天尊地卑，君臣定矣。卑高已陳，貴賤位矣。動靜有常，小大殊矣。方以類聚，物以群分，則性命不同矣。在天成象，在地成形；如此，則禮者天地之別也。」[126]天之象有高低動靜，地之形有小大類群，此種種之別，其中有序，是為「禮」之所由生，故「禮」有尊卑貴賤之分，孔穎達正義曰：「禮明貴賤，是天地之序也。」[127]

「樂者，天地之和」即《禮記‧樂記》所謂「地氣上齊，天氣下降，陰陽相摩，天地相蕩，鼓之以雷霆，奮之以風雨，動之以四時，煖之以日月，而百化興焉。如此則樂者天地之和也。」[128]天地陰陽氣化相感，以雷霆風雨四時日月化生萬物，萬物皆得氣化以生養，故

---

124 〔清〕阮元：《禮記》，《十三經注疏》（臺北：藝文印書館，1976年），第5冊，頁1005。
125 〔清〕阮元：《禮記》，《十三經注疏》（臺北：藝文印書館，1976年），第5冊，頁669。
126 〔清〕阮元：《禮記》，《十三經注疏》（臺北：藝文印書館，1976年），第5冊，頁671。
127 〔清〕阮元：《禮記》，《十三經注疏》（臺北：藝文印書館，1976年），第5冊，頁669。
128 〔清〕阮元：《禮記》，《十三經注疏》（臺北：藝文印書館，1976年），第5冊，頁1032。

「樂」者天地氣化之和氣,孔穎達正義曰:「樂者調暢陰陽,是天地之和也。」[129]近人唐君毅云:

> 傳以乾坤為天地之道,而樂記則以天地之道即禮樂之道,蓋即謂此天地所表現之序別而分,即天地之大禮,其所表現之合同而化,即天地之大樂也。此就自然之天地,而視為人文之禮樂之所瀰淪,實為一儒家之禮樂思想之最高之發展。[130]

禮樂之道即天地之道,天地之別乃成「禮」之尊卑貴賤,是「禮」因地而制;天地之和乃為「樂」之調暢欣和,故「樂」因天而生。故聖人「明於天地,然後能興禮樂」,是「法天地」乃成就禮樂之制,是儒家禮樂思想的一大進展。故《禮記‧喪服四制》云:

> 凡禮之大體,體天地,法四時,則陰陽,順人情,故謂之禮。訾之者,是不知禮之所由生也。夫禮,吉凶異道,不得相干,取之陰陽也。喪有四制,變而從宜,取之四時也。有恩有理,有節有權,取之人情也。恩者仁也,理者義也,節者禮也,權者知也。仁義禮智,人道具矣。[131]

「體天地,法四時,則陰陽,順人情」即「法天地」,天地之則乃「禮」之所由生,故知「禮」之所本在天地,而天地之則即陰陽氣化,四時從宜,人情之理。故落實在「禮」之制作,制禮之所據,在

---

129 〔清〕阮元:《禮記》,《十三經注疏》(臺北:藝文印書館,1976年),第5冊,頁669。

130 唐君毅:《中國哲學原論‧原性篇》(臺北:臺灣學生書局,1989年),頁104。

131 〔清〕阮元:《禮記》,《十三經注疏》(臺北:藝文印書館,1976年),第5冊,頁1032。

體天地之意，在法四時之從宜，在取陰陽之異同，在順人情之恩理節權，此乃「法天地、順人情」的制禮原則。

故「體天地」是將「禮」的主體依據，提升到天道論的層次，「則陰陽」乃論吉禮凶禮之大別，「法四時」乃論行禮之權宜與變通原則，「順人情」則從人情之合理，論禮因人情之恩、理、權、節而制，也即人道之仁義禮智四德。此論制禮之所由生，乃在法天地之則，以天地陰陽四時人情為依據，而制吉凶之禮，依時變權宜之則，順人情之恩理權節而作，是人道之仁義禮智乃成，故人道之本天道也。故《禮記・禮運》云：

> 是故夫禮，必本於大一，分而為天地，轉而為陰陽，變而為四時，列而為鬼神。其降曰命，其官於天也。夫禮必本於天，動而之地，列而之事，變而從時，協於分藝，其居人也曰養，其行之以貨力、辭讓、飲食、冠昏、喪祭、射御、朝聘。[132]

「大一」鄭玄注：「大音泰」，孔穎達正義曰：「大一者，謂天地未分，混沌之氣也。」[133]《呂氏春秋》云：「道也者，至精也，不可為形，不可為名，彊為之謂之太一。」[134]是知「大一」即「太一」即「道」，乃至高之天道主體。此乃將「禮」之所本，提升至天道主體的地位，言「制禮」本從「大一」天道而來，天道化生陰陽、五行、四時、鬼神、萬物，對應於人倫社會，禮制亦有祭祀天地、鬼神、飲食、冠昏、喪祭、射御、朝聘等諸禮，故人世之禮制乃如天地之生

---

132 〔清〕阮元：《禮記》，《十三經注疏》（臺北：藝文印書館，1976年），第5冊，頁438。

133 〔清〕阮元：《禮記》，《十三經注疏》（臺北：藝文印書館，1976年），第5冊，頁438。

134 陳奇猷：《呂氏春秋校釋》（臺北：華正書局，1988年），頁256。

化，有其種種條理與差別性。

此秦漢儒者吸收道家「大一」之說，以「大一」為天道主體，建立以陰陽四時五行鬼神萬物為內容的氣化宇宙論。禮制之作則本此「大一」天道，是強調禮制之作的最高絕對義，強調禮儀之別的條理性正如天地萬物之種種情狀，以明儒家「禮樂」之長存與必然性。

《禮記・禮運》論「禮」之所據，乃從天道論角度，其云：「禮必本於大一」，強調其至高無上的絕對義，天地兼容萬象，造就禮制因應不同時空、人物、身分、階段而有不同之從宜，天道即是人道之所源，「禮」即是天道在人世的展現。此乃《禮記・禮運》吸收了道家、陰陽家的思想，「禮」的文化傳承義減弱，新的儒家天道論建立，「禮」乃承天道主體而來，此可看出儒家的禮學思想的演變。

故《禮記・禮運》論「陰陽之交」，其乃吸收道家、陰陽家的氣化宇宙觀，構成以天地陰陽四時雷霆風雨萬物為豐富內容的動態宇宙。從氣化言，則陰陽氣化相感相生，生養天地萬物，天地萬物皆為氣化所生，是其所同。從成形言，則天地萬物大小殊異，人物各別，是其所異。故「陰陽之交」從宇宙論言，實指天地之全體，包括無形的氣化之同與有形的萬物之異，雖有同異，但二者不斷生生創造，是為「陰陽之交」的宇宙生化義。

秦漢儒者承此陰陽氣化觀，而其義乃有所轉，即以此氣化宇宙觀重新詮釋儒家的「禮樂」之義，提出「禮本於大一」的主張，制禮原則乃順應天道之陰陽四時五行之則，禮之貴賤有別即本天地萬物之殊異，樂之調和欣暢即本陰陽氣化之一體。此乃「陰陽之交」為儒家所轉化，成為一富時代特色的禮樂新意。

（三）鬼神之會

1　先秦論「鬼神」之義

　　許慎《說文解字》釋「神」云：「天神引出萬物者也。」[135]釋「鬼」云：「人所歸為鬼。」[136]「神」乃自天道之創生言，「鬼」乃從人道之歸宿言。

　　先秦論鬼神，《尚書·湯誥》有云：「天道福善禍淫，降災于夏。」[137]《詩經·大雅》云：「敬恭明神，宜無悔怒。」[138]其多祭祀敬拜之禱，知上古之世多人格神信仰。至於春秋，《左傳》仍保留甚多鬼神之事，惟對「神」的素樸崇敬，漸與人本身的修養德行做連結，魯莊公三十二年，史囂曰：「國將興，聽於民；將亡，聽於神。神，聰明正直而壹者也，依人而行。」[139]魯僖公五年，宮之奇云：「鬼神非人實親，惟德是依。……神所馮依，將在德矣。」[140]可知當時雖仍盛行鬼神之說，但人的自主與德行亦漸肯定。

　　孔子對鬼神之事如何看待？《論語·先進》云：「季路問事鬼神。子曰：『未能事人，焉能事鬼？』曰：『敢問死。』曰：『未知生，焉知死？』」[141]可知孔子對鬼神的態度，其關懷的是人，重視的

135　〔漢〕許慎撰，〔清〕段玉裁注：《說文解字注》（臺北：黎明文化事業公司，1991年），頁3。
136　〔漢〕許慎撰，〔清〕段玉裁注：《說文解字注》（臺北：黎明文化事業公司，1991年），頁439。
137　〔清〕阮元：《尚書》，《十三經注疏》（臺北：藝文印書館，1976年），第1冊，頁112。
138　〔清〕阮元：《詩經》，《十三經注疏》（臺北：藝文印書館，1976年），第2冊，頁662。
139　〔清〕阮元：《左傳》，《十三經注疏》（臺北：藝文印書館，1976年），第6冊，頁181。
140　〔清〕阮元：《左傳》，《十三經注疏》（臺北：藝文印書館，1976年），第6冊，頁208。
141　〔清〕阮元：《論語》，《十三經注疏》（臺北：藝文印書館，1976年），第8冊，頁97。

是人生問題,對鬼神則敬而不論。但孔子仍云:「祭如在,祭神如神在。子曰:『吾不與祭,如不祭。』」[142]對鬼神敬而遠之,對祭禮仍然重視,豈不矛盾?此即曾子所云:「慎終追遠,民德歸厚矣!」[143]之意,即祭祀不在探求鬼神之是否真有?而在民德之歸厚。即人民面對山川先人,知所感念,使民情淳厚。故祭祀鬼神之禮,孔子在意的是此飲水思源的感念,心若不在此,則如不祭。故孔子重視「禮」,所謂「生,事之以禮;死,葬之以禮,祭之以禮。」[144]以禮事生,以禮祭死,以溫厚感恩的心情面對生死,安頓鬼神。

荀子點出孔子對祭禮的此番深意,《荀子‧禮論》云:「祭者,志意思慕之情也。忠信愛敬之至矣,禮節文貌之盛矣,苟非聖人,莫之能知也。聖人明知之,士君子安行之,官人以為守,百姓以成俗;其在君子以為人道也,其在百姓以為鬼事也。」[145]即祭祀的用意在「志意思慕之情」。藉由合宜的禮節程序,表達忠信愛敬之至情,此乃聖人之用心,百姓日用而不知,尚以為鬼事。此是儒家將鬼神的敬畏,轉化為使人民移風易俗的淳厚民情。

老子主自然義的宇宙論,所謂「天得一以清,地得一以寧,神得一以靈,谷得一以盈,萬物得一以生。」[146]所重在天道論的陳述,鬼神也為天道所生之一物而已。莊子主氣化宇宙論,以人為造化所生,死後便歸於造化之中,《莊子‧至樂》有云:「雜乎芒芴之間,變而有氣,氣變而有形,形變而有生,今又變而之死,是相與為春秋冬夏四時行也。」[147]人之生與死,只是造化的自然,如四時之流轉。基本上

---

142 〔清〕阮元:《論語》,《十三經注疏》(臺北:藝文印書館,1976年),第8冊,頁28。
143 〔清〕阮元:《論語》,《十三經注疏》(臺北:藝文印書館,1976年),第8冊,頁7。
144 〔清〕阮元:《論語》,《十三經注疏》(臺北:藝文印書館,1976年),第8冊,頁16。
145 梁啟雄:《荀子簡釋》(臺北:木鐸出版社,1988年),頁275。
146 〔漢〕河上公:《老子道德經》(新北市:五洲出版社,1970年,世德堂刊本),卷下,頁3。
147 〔清〕王先謙:《莊子集解》(臺北:東大圖書公司,2004年),頁157。

莊子否定人鬼的存在。至於崇高的「神」義，在莊子中下落為逍遙自得的「神人」，「神」更轉化為人精神的專一狀態，即《莊子・達生》所謂「用志不分，乃凝於神」[148]。

由上述先秦儒、道二家對鬼神的看法，儒家仍繼承上古以來尊天敬鬼的傳統，而重祭祀之禮。但亦云「敬鬼神而遠之」，則已脫離上古畏服人格神之情，凸顯人之主體，其重在養民「志意思慕之情」，使民德之歸厚，這完全是人的問題。至於先秦道家似乎走得更遠，自然義的天道主體，氣化的宇宙論，實不容鬼神的存在。故先秦儒道二家對鬼神的態度，可以說與《左傳》反映的部分思潮符合，即人的主體性提高，理性與德行彰顯，對鬼神的上古崇拜逐漸削弱。

但鬼神之說並未消失，乃有所演變。如《左傳》昭公七年，述伯有死後為厲鬼，子產論云：「鬼有所歸，乃不為厲。」[149]又云：「人生始化曰魄，既生魄，陽曰魂。用物精多，則魂魄強，是以有精爽，至於神明。匹夫匹婦強死，其魂魄猶能馮依於人，以為淫厲……其用物也弘矣，其取精也多矣，其族又大，所馮厚矣，而強死，能為鬼，不亦宜乎！」[150]子產以為人死為鬼，但鬼亦當有歸，乃不為厲。人何以死後為鬼？乃因人之始生有魂魄，因此人之形體死亡，但「魂魄猶能馮依於人」，而人「用物也弘，取精也多」，其魂魄亦強，故為鬼而能為厲，至於「魂魄」究為何物？《左傳》昭公二十五年，樂祈云：「心之精爽，是謂魂魄。魂魄去之，何以能久？」[151]則「魂魄」似指心知的覺識活動。

《禮記・檀弓》述季札論「魂氣」之事，其云：「骨肉歸復于土，命也。若魂氣則無不之也！」[152]此言形體終歸塵土，至於魂氣則

---

148 〔清〕王先謙：《莊子集解》（臺北：東大圖書公司，2004年），頁165。
149 〔清〕阮元：《左傳》，《十三經注疏》（臺北：藝文印書館，1976年），第6冊，763。
150 〔清〕阮元：《左傳》，《十三經注疏》（臺北：藝文印書館，1976年），第6冊，764。
151 〔清〕阮元：《左傳》，《十三經注疏》（臺北：藝文印書館，1976年），第6冊，887。
152 〔清〕阮元：《左傳》，《十三經注疏》（臺北：藝文印書館，1976年），第5冊，195。

到處飄移,如此形體當屬「魄」,死後歸土,鬼則當為人之「魂氣」所致,死後尚存,會遊移不定。子產提出「魂魄」之說,人生而有魂魄,人死為鬼,有所歸則不為厲,厲乃因人之魂魄強弱所致。季札所論,則以「魂」屬心知的覺識活動,所謂「心之精爽」,乃聰明心思之主;「魄」為形體的實有,屬感官能力之主,人死「魄」會隨形體消散,「魂」仍尚存而為鬼。

綜合所論,則先秦對神鬼之說,儒道二家,都趨向以人為主體,或重視道德義,或強調自然義,二家對於上古人格神的鬼神崇拜逐漸減弱,取而代之的是對人世的看重,儒家對鬼神之說仍保留在祭禮的慎終追遠,道家則將「神」內化,提出所謂「精神」說。此外,在《左傳》可見其對「鬼神」之義的探討,面對人之組成,死後歸向的問題,提出有「人鬼」,「魂魄」說及「魂氣」說等。

2 《禮記·禮運》論「鬼神之會」

秦漢之際,對鬼神之事,又有不同的看法。《易·繫辭上》有云:「精氣為物,遊魂為變,是故知鬼神之情狀。」[153]孔穎達正義云:「精氣為物者,陰陽精靈之氣,氤氳積聚而為萬物也。遊魂為變者,物既積聚,極則分散,將散之時,浮遊精魂,去離物形而為改變,則生變為死,成變為敗。」[154]此論沿襲「魂魄」說,但不取「魄」義而吸收道家「精氣」之說[155],是道生陰陽,陰陽精靈之氣即「精」,精氣聚而成形,消散則為魂遊,知此聚散之理,則知物之生

---

153 〔清〕阮元:《周易》,《十三經注疏》(臺北:藝文印書館,1976年),第1冊,頁147。

154 〔清〕阮元:《周易》,《十三經注疏》(臺北:藝文印書館,1976年),第1冊,頁147。

155 《莊子·知北遊》:「夫昭昭生於冥冥,有倫生於無形,精神生於道,形本生於精,而萬物以形相生。」〔清〕王先謙:《莊子集解》(臺北:東大圖書公司,2004年),頁197。

死，乃知鬼神之情，是精氣聚而為物，乃神之所為；散而為魂，乃為鬼之成因。《禮記・郊特牲》論「鬼神」，其云：「魂氣歸于天，形魄歸于地。」[156]，《禮記・禮運》又云：「體魄則降，知氣在上。」[157]此皆乃承襲先秦子產「魂魄」說而來，魂屬氣，上升歸於天，魄屬體，消散歸於土。又《禮記・祭義》云：

> 宰我曰：「吾聞鬼神之名，不知其所謂。」子曰：「氣也者，神之盛也；魄也者，鬼之盛也；合鬼與神，教之至也。眾生必死，死必歸土：此之謂鬼。骨肉斃於下，陰為野土；其氣發揚于上，為昭明，焄蒿，悽愴，此百物之精也，神之著也。因物之精，制為之極，明命鬼神，以為黔首則。百眾以畏，萬明（民）以服。」聖人以是為未足也，築為宮室，謂為宗祧，以別親疏遠邇，教民反古復始，不忘其所由生也。眾之服自此，故聽且速也。二端既立，報以二禮。建設朝事，燔燎羶薌，見以蕭光，以報氣也。此教眾反始也。薦黍稷，羞肝肺首心，見間以俠甒，加以鬱鬯，以報魄也。教民相愛，上下用情，禮之至也。[158]

鄭玄注此句云：「氣謂噓吸出入者也，耳目之聰明為魄，合鬼神而祭之，聖人之教致之也。」[159]孔穎達正義云：「人生賦形體與氣，合共

---

[156] 〔清〕阮元：《禮記》，《十三經注疏》（臺北：藝文印書館，1976年），第5冊，頁507。

[157] 〔清〕阮元：《禮記》，《十三經注疏》（臺北：藝文印書館，1976年），第5冊，頁416。

[158] 〔清〕阮元：《禮記》，《十三經注疏》（臺北：藝文印書館，1976年），第5冊，頁813。

[159] 〔清〕阮元：《禮記》，《十三經注疏》（臺北：藝文印書館，1976年），第5冊，頁813。

為生,其死則形與氣分,其氣之精魂發揚升於上。」[160]故氣即魂氣,所謂「噓吸出入之氣」。魄即形體,所謂「耳目之聰明」乃指耳目感官之體,故人合魂氣與魄體而生,人之成形包含無形的魂氣與有形的魄體,而人之死則「魂氣歸于天,形魄歸于地」,是人之生乃魂氣與魄體之合,人之死則魂氣與魄體各分。

無形之魂氣為何物?「氣也者,神之盛也」,孔穎達正義云:「此氣之體無性識也,但性識依此氣而生,有氣則有識,無氣則無識,則識從氣生,性者神出入也,故人之精靈而謂之神。」可知魂氣為性識之所由憑依,當指人認知與判斷能力,而性識的認知判斷能力,乃人之精靈所在,此氣之精靈又謂神。

合而論《禮記‧祭義》之「鬼神」之義,「形魄歸於地」即「骨肉斃於下,陰為野土」,是歸為鬼,故「鬼」者,魄之形體歸於野土之名也。至於「神」,乃謂「魂氣歸於天」,即「其氣發揚于上,為昭明,焄蒿,悽愴,此百物之精也,神之著也。」孔穎達正義曰:

> 其氣之精魂,發揚升於上,為昭明者,言此升上為神靈光明也。焄蒿悽愴,此百物之精也者。焄謂香臭也,言百物之氣或香或臭。蒿謂蒸出貌。言此香臭蒸而上出,其氣蒿然也。悽愴者,言此等之氣,人聞之,情有悽有愴。百物之精也者,人氣揚於上為昭明,百物之精氣為焄蒿悽愴,人與百物共同,但情識為多,故特謂之神。[161]

魂氣乃氣之精靈,既屬無形,實難描述,「昭明,焄蒿,悽愴」皆屬

---

160 〔清〕阮元:《禮記》,《十三經注疏》(臺北:藝文印書館,1976年),第5冊,頁813。
161 〔清〕阮元:《禮記》,《十三經注疏》(臺北:藝文印書館,1976年),第5冊,頁814。

形容之詞，此氣如神靈之光明，如蒸燻香臭之氣貌，使人悽愴有感，此人與百物之所同，惟人為多。故此氣中造物之精靈謂之神，如《易‧繫辭上》所謂「精氣為物」[162]，使此精氣而能成物，不亦神乎？《禮記‧祭義》之說，乃承子產「魂魄」說，復吸收道家「精神」說，二者結合而成。蓋氣化之精靈，神明氤氳，能聚而成物，此曰「神」。人之始生為魂氣與魄體之合，「魂」當指無形的情識，「魄」為有形的感官肢體。故在人身為「魂魄」，人死魂氣升而為天，化於氣化神明之精，魄體斃於下土，乃歸為鬼。故人生時為「魂魄」，死後名「鬼神」，故「魂魄」、「鬼神」，二名實為一也，或以為「形、神二元論」殊非也。[163]

此外，論及聖人制禮之深意，按上述，人死魂氣升天，魄體消散，人物亡滅，實不復存。老莊即以自然義面對生死，儒家聖人則不然，《禮記‧祭義》所謂「因物之精，制為之極，明命鬼神，以為黔首則。百眾以畏，萬明（民）以服。」[164]鄭玄注此云：「明命猶尊名也，尊極於鬼神，不可復加也。黔首謂民也，則法也，為民作法，使民亦事其祖禰。」[165]聖人不因魂魄消散而即抹滅人物，以人有情識故也。人物雖消亡，思慕之情卻實有長存，故聖人尊名鬼神之名，制禮以為百姓儀則，築宮室設宮祧以祀先祖，百姓以為鬼神而畏服，聖人則為「教民反古復始，不忘其所由生也。」此亦《荀子‧禮論》所

---

162 〔清〕阮元：《周易》，《十三經注疏》（臺北：藝文印書館，1976年），第1冊，頁147。

163 馮友蘭：「《禮記》對人的生死以及鬼神所作的基本的解釋，……實際上是形、神二元論，也可說是一種物活論。」《中國哲學史新編》（臺北：藍燈文化事業公司，1991年），第3冊，頁105。

164 〔清〕阮元：《禮記》，《十三經注疏》（臺北：藝文印書館，1976年），第5冊，頁813。

165 〔清〕阮元：《禮記》，《十三經注疏》（臺北：藝文印書館，1976年），第5冊，頁813。

云:「其在君子以為人道也,其在百姓以為鬼事也。」[166]是聖人之制禮在「教民反始」、「教民相愛」,其著重在使民德之歸厚,而百姓則畏服於鬼神,移風易俗矣。「合鬼與神,教之至也」孔穎達正義曰:「聖人之教致之也者,人之死,其神與形體分散各別,聖人以生存之時,神形和合,今雖身死,聚合鬼神,似若生人而祭之,是聖人之設教興致之,令其如此也。」[167]人之生乃合魂魄而成形,人之死,雖魂升魄滅,但透過祭祀先祖的過程,上報「魂氣」之升,下報「魄體」之形,宛如又合其魂魄,如見先人之復生,以慰子孫志意思慕之情,是先人之鬼神有所歸,後人之情識得所慰,所謂「上下用情,禮之至也」[168],此乃「鬼神之會」,即儒家制祭禮名鬼神之德的深意。近人錢穆云:

> 人生前,魂魄和合,即形神和合,死後,魂魄分散,即鬼神分散。鬼指屍體,即生前之魄。神指魂氣,即生前之種種情識。人死後,其生前種種情識,生者還可由感想回憶而得之。但其屍體,則早已歸復於土,蔭於地下,變成野澤土壤。而聖人設教,則設法把此魂與魄,即鬼與神,由種種禮的設備,求其重新會合,要他仍像生前一般,此一節把儒家祭禮精義都以說盡。[169]

《禮記‧中庸》論「鬼神」,其云:「鬼神之為德,其盛矣乎!視之而弗見,聽之而弗聞,體物而不可遺。使天下之人齊明盛服,以承祭祀,洋洋乎如在其上,如在其左右。《詩》曰:『神之格思,不可度

---

166 梁啟雄:《荀子簡釋》(臺北:木鐸出版社,1988年),頁275。
167 梁啟雄:《荀子簡釋》(臺北:木鐸出版社,1988年),頁813。
168 梁啟雄:《荀子簡釋》(臺北:木鐸出版社,1988年),頁813。
169 錢穆:《靈魂與心》(臺北:聯經出版事業公司,1994年),頁72。

思！矧可射思！』夫微之顯，誠之不可揜如此夫。」[170]從魂氣、魄體的分析，可知儒者非真肯認鬼神之實有，儒者之所重乃在「鬼神之德」。從理性而言《禮記‧中庸》之儒者不信真有鬼神之異物，但從教化成俗而言，《禮記‧祭義》巧妙的利用人民畏服鬼神的心理，對先人志意思慕之情感，乃因之而尊鬼神之名，立先人之宗廟，慎重其祭祀之禮，使人民念天地之始生，感先人之遺澤，是乃「鬼神之德」也，其雖鬼事，實則人情之安頓在其中。

故孔穎達正義論「鬼神之會」云：「鬼謂形體，神謂精靈，〈祭義〉云：『氣也者，神之盛也，魄也者，鬼之盛也』，必形體精靈相會，然後物生，故云鬼神之會。」[171]鬼為形之歸，神為精氣之靈，孔氏從造化之始生論：「必形體精靈相會，然後物生」乃人之所由生，必由鬼神之會而成，此乃人之創生義。其次，鬼神之會而為人，在人身為「魂」與「魄」，氣之精靈為魂氣，形之所成為魄體，是人有情識及認知判斷之神用，也有耳目感官之聰明，此為「鬼神之會」在人身，乃人之形神義。最後，人之生為鬼神之所會，魂魄之合，人之死則魂魄各分，魂氣歸天，體魄化土，是鬼神之分，乃人物之消散。聖人感此，乃制禮尊名，崇鬼神之德，作祭禮以合鬼神，以慰人心之情厚，此乃「鬼神之會」之禮俗義。

《禮記‧禮運》論「鬼神之會」其義深微，其吸收春秋以來之「魂魄」說，道家之「精神」說，改變先秦儒家「敬鬼神而遠之」的實然態度，成就其鬼神之新論。對天而言，鬼神乃為創生之主，鬼神會而為人物，是人物皆為鬼神之所生，見人物之同源一體處，此承襲上古尊天敬鬼的宗教精神，但已非人格神之型態。對人而言，「鬼神

---

170 〔清〕阮元：《禮記》，《十三經注疏》（臺北：藝文印書館，1976年），第5冊，頁884。

171 〔清〕阮元：《禮記》，《十三經注疏》（臺北：藝文印書館，1976年），第5冊，頁432。

之會」而為吾人之魂氣體魄，是乃鬼神義下落人身，而為吾人之形質心神。其次，人死鬼神各散，透過祭禮之儀，復會其鬼神，先人如在目前，以慰後世子孫之心，使民之感念鬼神之德，先人之澤。故能安頓鬼神，即能面對生死，能面對生死，則生命乃得安處於當世，盡力於德業，以留德澤於後世，此乃《禮記・禮運》論「鬼神之會」義。

（四）五行之秀氣

1 先秦論「五行」之義

「五行」與「陰陽」本為兩組不同的系統，「陰陽」本指「明暗」之自然義，後擴大解釋為宇宙氣化的內涵與作用。「五行」在先秦其義多指五種基本物質，如《尚書・洪範》云：「五行：一曰水，二曰火，三曰木，四曰金，五曰土。水曰潤下，火曰炎上，木曰曲直，金曰從革，木爰稼穡」[172]，乃指自然界五種基本物質及它們的屬性，其義甚明。

《左傳》昭公二十五年，子太叔答趙簡子問禮：「夫禮，天之經也，地之義也，民之行也。天地之經，而民實則之。則天之明，因地之性，生其六氣，用其五行。氣為五味，發為五色，章為五聲。」[173] 天所生為「六氣」，地所生為「五行」，是「五行」作物質義。又昭公二十九年，蔡墨答魏獻子：「有五行之官，是謂五官……木正曰句芒，火正曰祝融，金正曰蓐收，水正曰玄冥，土正曰后土。」[174] 是「五行之官」乃分掌金、木、水、火、土各部之首長，是「五行」解釋為管理五類民生物資之首長。將「五行」配合「陰陽」為說，殆始

---

172 〔清〕阮元：《尚書》，《十三經注疏》（臺北：藝文印書館，1976年），第1冊，頁169。
173 〔清〕阮元：《左傳》，《十三經注疏》（臺北：藝文印書館，1976年），第6冊，888。
174 〔清〕阮元：《左傳》，《十三經注疏》（臺北：藝文印書館，1976年），第6冊，923。

於戰國末年的鄒衍，據《史記‧孟荀列傳》：「（鄒衍）深觀陰陽消息而作怪迂之變、稱引天地剖判以來，五德轉移，治各有宜，而符應若茲。」[175]何謂「五德轉移」？今鄒衍之著已不得見，惟《呂氏春秋‧應同》篇，略見其概：

> 凡帝王者之將興也，天必先見祥乎下民。黃帝之時，天先見大螾大螻，黃帝曰：「土氣勝」，土氣勝，故其色尚黃，其事則土。及禹之時，天先見草木秋冬不殺，禹曰：「木氣勝」，木氣勝，故其色尚青，其事則木。及湯之時，天先見金刃生於水，湯曰：「金氣勝」，金氣勝，故其色尚白，其事則金。及文王之時，天先見火，赤烏銜丹書集於周社，文王曰：「火氣勝」，火氣勝，故其色尚赤，其事則火。代火者必將水，天且先見水氣勝，「水氣勝」，故其色尚黑，其事則水。[176]

「五德轉移」乃述黃帝以來，歷土德、木德、金德、火德，而今代周之火德者，必為水德。為何黃帝為土德？周為火德？理由不失牽強。但此說當時甚為諸侯所重，據《史記‧孟荀列傳》：「騶子重於齊。適梁，惠王郊迎，執賓主之禮。適趙，平原君側行撇席。如燕，昭王擁彗先驅，請列弟子之座而受業，築碣石宮，身親往師之。作主運。其游諸侯見尊禮如此。」[177]可謂聳動一時，鄒衍之說更影響了秦帝國的服制。

據《史記‧秦始皇本紀》云：「（秦）始皇推終始五德之傳，以為周得火德，秦代周德，從所不勝。方今水德之始，改年始，朝賀皆自

---

175 〔漢〕〔漢〕司馬遷：《史記》（臺北：藝文印書館，1962年，據武英殿影印本），頁939。
176 陳奇猷：《呂氏春秋校釋》（臺北：華正書局，1988年），頁677。
177 〔漢〕司馬遷：《史記》（臺北：藝文印書館，1962年，據武英殿影印本），頁940。

十月朔。衣服旄旌節旗皆上黑。數以六為紀，符、法冠皆六寸，而輿六尺，六尺為步，乘六馬。更名河曰德水，以為水德之始。」[178]因此「五行」遂脫離原始物質義解釋，成為與陰陽消長配合，解釋天道運行及朝代五德更替的重要因素，其說隨秦帝國的統一六國，影響當時的思潮。

　　《管子‧四時》將陰陽五行與節氣、方位、德令配合，其云：「東方曰星，其時曰春，其氣曰風。風生木與骨，其德喜嬴。」「南方曰日，其時曰夏，其氣曰陽，陽生火與氣，其德施舍修樂，」「西方曰辰，其時曰秋，其氣曰陰，陰生金與甲，其德憂哀、靜正、嚴順，」「北方曰月，其時曰冬，其氣曰寒，寒生水與血，其德淳越，溫怒周密。」更主「刑德」之說，所謂：「德始於春，長於夏；刑始於秋，流於冬。刑德不失，四時如一，刑德離鄉，時乃逆行。」[179]《管子》將陰陽與五行與四時結合，主春生木，夏生火，秋生金，冬生水，亦為附會，但其以天道四時之運行，建立其政治主張「刑德」說，亦有其深意。故「五行」之義，其本為物質義，戰國末期鄒衍「五德轉移說」出現後，發生了變化，超越其物質性，成為四時流行之主，成為天道運行的元素，更擴大成為一種分類的原則[180]，更與陰陽配合，成為人君施政的指導方向。由《管子》、《呂氏春秋》的思想進展，再看鄒衍「五德轉移」說，雖看似牽強附會，但亦有深意焉。[181]

---

178 〔漢〕司馬遷：《史記》（臺北：藝文印書館，1962年，據武英殿影印本），頁120。
179 〔清〕黎翔鳳撰，梁運華整理：《管子校注》（北京：中華書局，2006年），頁240。
180 「漢以前的五行意義分列為四種，這就是：一、指五種重要的行為原則。二、指物質的五種物性。三、指自然界中提供人類生活的五種必須的物質條件。四、指分類學的五種基本原則。」鄺芷人：《陰陽五行及其體系》（臺北：文津出版社，1998年），頁23。
181 〔漢〕司馬遷：《史記‧孟荀列傳》：「或曰，伊尹負鼎而勉湯以王，百里奚飯牛車下而繆公用霸，作先合，然後引之大道。騶衍其言雖不軌，儻亦有牛鼎之意乎？」（臺北：藝文印書館，1962年，據武英殿影印本），頁940。

2　《禮記・禮運》論「五行之會」

《禮記》諸篇將「陰陽」與「五行」結合論述者不多，主要集中於〈禮運〉、〈月令〉、〈郊特牲〉、〈樂記〉等篇，可知此數篇較為晚出，故受陰陽五行說影響較深。

《禮記・鄉飲酒義》云：「天地嚴凝之氣，始於西南，而盛於西北，此天地之尊嚴氣也，此天地之義氣也。天地溫厚之氣，始於東北，而盛於東南，此天地之盛德氣也，此天地之仁氣也。」[182]此由氣化方位言仁義之德。由季節看，則由秋入冬為天地尊嚴之氣，亦為嚴凝之「義氣」；由春入夏為天地溫厚之氣，亦為盛德之「仁氣」，是將人文的道德價值，賦予自然之氣化現象。此雖未明言五行之德，但五行多與季節方位配合，亦可看出秦漢之際儒家受到陰陽五行說的影響，而有由氣化來說仁義的趨向。

《禮記・禮運》云：「故人者，其天地之德，陰陽之交，鬼神之會，五行之秀氣也。」[183]其中「五行」以「秀氣」言，而與「陰陽」配合，以言人之內涵，顯然「五行」非作物質義解，而與鄒衍以後之陰陽五行發展，有密切關係。孔穎達正義論「五行之秀氣」云：「秀謂秀異，言人感五行秀異之氣，故有仁義禮知信，是五行之秀氣也。」[184]《禮記・禮運》又云：「故人者天地之心也，五行之端也，食味別聲被色而生者也。」[185]孔穎達正義曰：「五行之端也者，端猶首也，萬物悉由五行而生，而人最得其妙氣，明仁義禮智信為五行之

---

[182] 〔清〕阮元：《禮記》，《十三經注疏》（臺北：藝文印書館，1976年），第5冊，頁1005。

[183] 〔清〕阮元：《禮記》，《十三經注疏》（臺北：藝文印書館，1976年），第5冊，頁432。

[184] 〔清〕阮元：《禮記》，《十三經注疏》（臺北：藝文印書館，1976年），第5冊，頁432。

[185] 〔清〕阮元：《禮記》，《十三經注疏》（臺北：藝文印書館，1976年），第5冊，頁434。

首也。」[186]《禮記・禮運》乃由宇宙氣化論人物之生，萬物由五行之氣而生，人得五行之秀氣，乃得以知仁義禮智信之德，故最為靈。

「五行之秀氣」指人性之仁義禮智信，此乃秦漢儒者吸收五行說，將其消化納入儒家人性論中，可謂是「五行」之說，自鄒衍「五德轉移」說以來，經《管子》、《呂氏春秋》的又一發展，是由政治論轉向人性論的探討。

《禮記・禮運》論人性多從「情性」層面，所謂「人者天地之心也，五行之端也，食味別聲被色而生者也。」[187]「食味別聲被色」當指「耳目感官之性」，「天地之心，五行之端」當指「道德之性」，此非將人性二分，而是指在情性之中表現道德之性。故《禮記・樂記》云：「夫民有血氣心知之性，而無哀樂喜怒之常，應感起物而動，然後心術形焉。」[188]又云：「先王本之情性，稽之度數，制之禮義。合生氣之和，道五常之行，使之陽而不散，陰而不密，剛氣不怒，柔氣不懾，四暢交於中而發作於外，皆安其位而不相奪也。」[189]孔穎達正義曰：「生氣，陰陽氣也」、「五常謂五行，此經有陰陽剛柔，皆自天地之氣，故以五常為五行，非父義母慈之德，謂五常之行者，若木性仁，金性義，火性禮，水性智，土性信，五常之行也。」[190]人之形氣得自天地之氣，有陰陽剛柔之不齊，故須五常之行，即仁義禮智信之德以導之。

---

186 〔清〕阮元：《禮記》，《十三經注疏》（臺北：藝文印書館，1976年），第5冊，頁434。

187 〔清〕阮元：《禮記》，《十三經注疏》（臺北：藝文印書館，1976年），第5冊，頁434。

188 〔清〕阮元：《禮記》，《十三經注疏》（臺北：藝文印書館，1976年），第5冊，頁679。

189 〔清〕阮元：《禮記》，《十三經注疏》（臺北：藝文印書館，1976年），第5冊，頁680。

190 〔清〕阮元：《禮記》，《十三經注疏》（臺北：藝文印書館，1976年），第5冊，頁680。

民以血氣心知為性，此乃承荀子「人生而有欲」[191]之系統而來，故人之情性具陰陽剛柔之殊異，欲而不得則不能無爭，故先王「合生氣之和，道五常之行」，制仁義禮智信之五常之行，使陰陽剛柔之性無過與不及，皆安其位，此聖人順情性，制五行之德之義。故「血氣心知之性」即《禮記・禮運》所謂「人情」：

> 何謂人情？喜怒哀懼愛惡欲七者，弗學而能。何謂人義？父慈、子孝、兄良、弟弟、夫義、婦聽、長惠、幼順、君仁、臣忠十者，謂之人義。講信修睦，謂之人利。爭奪相殺，謂之人患。故聖人所以治人七情，修十義，講信修睦，尚辭讓，去爭奪，舍禮何以治之？飲食男女，人之大欲存焉；死亡貧苦，人之大惡存焉。故欲惡者，心之大端也。人藏其心，不可測度也；美惡皆在其心，不見其色也，欲一以窮之，舍禮何以哉？[192]

人情者，乃《荀子・禮論》所謂「人生而有欲，欲而不得，則不能無求」[193]之天生性情，故飲食男女，死亡病苦，喜怒哀懼愛惡欲皆為人情之內涵，欲而不得，則不免於爭奪相殺，是謂「人患」，於是聖人修「十義」，尚辭讓，以謀人利，以去人患，是為「禮」之所對治。故禮所對應的是人情，其非否定人情，而是條理人情，以「美惡皆在其心」之故，使趨人利避人患，此乃承荀子〈禮論〉思想而來，故「禮」乃對應於人情之故而制。

《禮記・喪服四制》云：「凡禮之大體，體天地，法四時，則陰陽，順人情。……有恩有理，有節有權，取之人情也。恩者仁也，理

---

191 梁啟雄：《荀子簡釋》（臺北：木鐸出版社，1988年），頁253。
192 〔清〕阮元：《禮記》，《十三經注疏》（臺北：藝文印書館，1976年），第5冊，頁431。
193 梁啟雄：《荀子簡釋》（臺北：木鐸出版社，1988年），頁253。

者義也,節者禮也,權者知也。仁義禮智,人道具矣。」[194]故禮之道乃法天地陰陽之條理,以體現於人情中,順人情之喜怒哀樂愛惡懼,理出人情之恩、理、節、權以為據,此人情的恩理節權之則,便是仁義禮智之性所發。此乃論天道以至於人道,由禮之制以至於心性之仁義禮智。

故《禮記・禮運》云:「人情者,聖王之田也。修禮以耕之,陳義以種之,講學以耨之,本仁以聚之,播樂以安之。」[195]人情如田,人之性情或剛或柔,聖人制禮以正其人情之偏,教以善道,使知仁義之是,存是去非,不敢為惡,多聚仁義之行,布其樂善之心,是禮樂之道乃順人情而導之正。此論聖人制禮以人情為據,強調講學教育的重要,亦有受荀子〈勸學〉思想的影響。

人與萬物皆由五行之氣而生,此人物之同源處,而人得五行之氣之秀異者,乃其能知仁義禮智之道,故人最為萬物之靈,此為「五行之秀氣」之形質義。其次,就人情言,人稟五行之秀氣而生,皆有喜怒哀樂愛惡懼之欲惡,乃人之所同。但聖人效天地之理,以為禮樂,以理人情,順人情恩理節權之則,發為仁義禮智之德,更強調後天的教育與禮樂之道的學習,透過禮樂、講學、集義等修養功夫,乃得成德,此為「五行之秀氣」的義理義。

二 《禮記・禮運》:論人的內涵與價值

《禮記・禮運》論:「人者,其天地之德,陰陽之交,鬼神之會,五行之秀氣也」,簡言之:「天地之德」乃天道論,論天道生生之

---

[194] 〔清〕阮元:《禮記》,《十三經注疏》(臺北:藝文印書館,1976年),第5冊,頁1032。

[195] 〔清〕阮元:《禮記》,《十三經注疏》(臺北:藝文印書館,1976年),第5冊,頁439。

義,「陰陽之交」論氣化之流行,人物稟氣化而生。「鬼神之會」論形氣之聚散,乃生死與生命歸向的問題,「五行之秀氣」則論人之情性義,如何在情性中實踐道德價值?以下再合而論之:

(一) 人之根源義

「萬物本於天,人本於祖」,自天道言,萬物皆源於天,自人道言,則人源於祖,此為人道之生,是人除祭祀天地山川,亦當祭祀祖廟,故人之根源義包含「天地之德」與「人祖之德」兩部分,此為形氣義之「報本反始」。

人為天地所生,故當法「天地之德」,天地生生不息,以生養萬物,以見天地之序,以體剛健不已之德。天地之生以陰陽五行氣化,以兼容萬物為德,以一體無私為仁,此乃天地合同之大德。故人當法天地之大德,以制禮樂,以導人情,是從天道以建立人道之價值,此為價值義之「報本反始」。

(二) 人文禮樂義

「陰陽之交」者乃論天地陰陽之氣化,「大一」生天地,轉而為陰陽,舒五行之氣為四時,氣聚而成形,創生而不已,以成山川草木鳥獸之異,以同萬物之生養。故聖人制「禮」以法其尊卑貴賤之位,制「樂」以合同上下之情,是禮樂之道乃本於天道而生。

故禮樂之道本於天道陰陽氣化之條理,乃以生養為德,「禮」之尊卑貴賤,同萬物之殊異,「樂」之合同欣暢,同天道之化物,此乃將禮樂之道提升其形上根據於天道,將天道的自然條理,轉化為人道的人文秩序,乃當時儒家將天道論,由陰陽氣化以生萬物之序別,轉化為禮學之新意。

（三）鬼神義

　　人稟陰陽五行之氣而生，人身之成形，乃合「魂氣」與「體魄」而為人，「魂氣」為無形心知之神，乃心靈覺識之作用，「體魄」為有形耳目聰明之靈，此為鬼神之形氣義。當形敝而氣散，則人之形體終將消亡，故「魂氣升於天，體魄歸於土」，魂氣之升曰神，體魄之降曰鬼，此為「鬼神」之名。故自天道言，形氣之消亡乃另一形氣之生生，無所謂生死。自人道言，則形氣之消亡則化為鬼神，此時形體雖亡，但對先人思慕之情猶不能忘，是以祭祀先祖，除「報本反始」之義，更有一份思慕之情慰的人文情懷，聖人感此而制祭禮，以厚民俗，此為鬼神之禮俗義。

　　鬼神義乃自人道而言，天道無所謂鬼神，鬼神之名立，乃為生人者設，人民敬畏鬼神，有形形體雖滅，無形鬼神卻長存，是對先人思慕之情得所慰，對己之生命有所歸，生命乃得安頓。故對人民而言，乃鬼事之可畏，對聖人而言，乃民俗之歸厚，此為鬼神之「養生送死」義。

（四）仁義禮智信之價值義

　　人受五行秀異之氣以生，故自形質言，萬物以人為貴；自性情言，則惟人有心知之神，能知仁義禮智信之德，故以人為最靈，此從形性義論人之尊貴。人之形氣發而為人情，人情包括喜怒哀樂愛惡懼，而以男女飲食，好利惡害為人之大欲，爭逐欲求，則不能無爭。故聖人制禮講學，使民在人情中理其恩理節權，使知仁義禮智之德，制貨力、辭讓、飲食、冠婚、喪祭、射御、朝聘之禮，使民各盡其分。故《禮記・禮運》云：「禮義也者，人之大端也，所以講信修

睦,而固人之肌膚之會,筋骸之束也」[196]故禮義也者,非外在之規範,其本自天道,亦本吾人性情恩禮節權之則,使內在之人情得條理,使外在之行為有規範,故個人乃有所立,群體乃得安居。故《禮記·禮運》又云:

> 四體既正,膚革充盈,人之肥也;父子篤,兄弟睦,夫婦和,家之肥也;大臣法,小臣廉,官職相序,君臣相正,國之肥也;天子以德為車,以樂為御,諸侯以禮相與,大夫以法相序,士以信相考,百姓以睦相守,天下之肥也,是謂大順。大順者,所以養生,送死,事鬼神之常也。故事大積焉而不苑,並行而不繆,細行而不失,深而通,茂而有間,連而不相及也,動而不相害也,此順之至也,故明于順,然後能守危也。[197]

己有所立,然後擴及家、國、天下,使家庭和睦,使君臣相正,使天下各盡其分。此乃《禮記·大學》修身、齊家、治國、平天下之理想,亦是《禮記·中庸》所謂「誠者非自成己而已也,所以成物也。成己,仁也;成物,知也。性之德也,合外內之道也,故時措之宜也。」[198]「成己」只是個人獨善其身,「成物」乃能兼善天下,乃儒家最高之理想,此乃為「性之德」,即性之全體,故性不僅只是內在仁義禮智四端,更是發而為家、國、天下之德業,此亦孔子「夫仁者,己欲立而立人,己欲達而達人。」[199]之勝義,此亦秦漢之際儒者

---

196 〔清〕阮元:《禮記》,《十三經注疏》(臺北:藝文印書館,1976年),第5冊,頁439。
197 〔清〕阮元:《禮記》,《十三經注疏》(臺北:藝文印書館,1976年),第5冊,頁440。
198 〔清〕阮元:《禮記》,《十三經注疏》(臺北:藝文印書館,1976年),第5冊,頁896。
199 〔清〕阮元:《論語》,《十三經注疏》(臺北:藝文印書館,1976年),第8冊,頁55。

的最高理想義。

(五)《禮記・禮運》論「人」的思想意義

綜合上述,則《禮記・禮運》乃由氣性而論人,自「氣」而論,天道之內涵為氣,人物皆稟陰陽五行之氣化而生,氣聚而成形,萬物大小殊異,各具主體,氣散而死,復歸大一,見天地氣化之生生不息,以顯剛健不已之德。此氣化宇宙論雖森羅萬象,但天與萬物的內涵皆是「氣」,天地萬物實一氣之聚散流行而已,此見天人萬物之同質一體處,亦是法天地之德,轉化為禮樂新意,在本質一體上的依據。

其次,人得五行秀異之氣而為貴,是以人得形質之體,又具心知之神,是能知仁義禮智信之德,人稟氣化而生,氣聚人身而為情性,具喜怒哀樂之人情,透過心神之習禮問學,乃得發為仁義禮智信之德行。此由形氣以論心性,氣性非二,性為氣中之條理,人情之德義。故性為人情中本具,具普遍內在義,但也須習禮問學乃得知之。

因此《禮記・禮運》乃由氣性而論人,大一天道,陰陽氣化為人物之根源主體,氣為人物形質之內涵,以氣之聚散解釋人物生死之歸向,以五行之秀氣凸顯人之形質與心神之合,由人情之條理詮釋仁義禮智信之德義,由氣之一體流行論人道之兼善天下,此乃其論人之諸義。

故自思想史上,天道論之演變言,《禮記・禮運》之天道論吸收道家、陰陽家的陰陽五行氣化思想,與《管子》、《呂氏春秋》、《易傳》反映同一思潮特色,皆為氣化宇宙論,以天道為最高主體,天道運行為動態不息,皆主「法天地」而論其說。但各家對天道之德各取其義,《管子》取「時」而主「刑德」,《呂氏春秋》取「義」而主「貴公」,《易傳》取「變」而主「剛健不息」,至於《禮記・禮運》則取「異同」而主「禮樂」。此乃戰國末期鄒衍將陰陽五行配合,倡「五德轉移」說以來,天道論思想的演變。

自儒家思想之演變言,「禮樂之道」乃儒家思想的重心,孔子提倡「克己復禮」,更進而提出「仁」的道德方向。孟子強調禮樂之道,本於四端之心,希望在心性論上立基。荀子闡發〈禮論〉,其體系嚴密,從群體的規範義肯定「禮樂」的重要。

　　《禮記·禮運》上承儒家重禮之傳統,吸收道家與陰陽家之天道思想,建立氣化宇宙的天道架構,再重新詮釋禮樂的精神,使儒家禮樂之說,能再貫注新的生命力。其次,在心性論方面,「五行之秀氣」論人之形性,形性中有喜怒哀樂之情,可表現仁義禮智之性,禮樂之道雖為聖人所制作,卻亦為人情之本有,可以說《禮記·禮運》所論之心性內涵,雖受荀子思想較深,卻不否定人情中本有之善性,可謂是融合荀子「性惡」、「勸學」、孟子「性善」說的特色,即《禮記·禮運》所謂「美惡皆在其心」,[200]使儒家心性論的發展有新意,乃由先秦荀子之「性惡」,孟子之「性善」,化而為「情性說」,乃在喜怒哀樂之情中論仁義禮智信之性。此說影響及於漢儒,董仲舒云:「天地之所生,謂之性情。性情相與為一瞑。情亦性也。謂性已善,奈其情何?故聖人莫謂性善,累其名也。身之有性情也,若天之有陰陽也。言人之質而無其情,猶言天之陽而無其陰也。」[201]王充亦云:「人性有善有惡,猶人才有高有下也。」[202]此皆由天道以論心性,由天生性情以論善惡,而重後天教化之功,可顯《禮記·禮運》心性說的影響。

　　故《禮記·禮運》之論人,乃以天地為源,以萬物為懷,以鬼神為敬,以生而為人為貴,慎人情之喜怒哀樂,勤講學,行善道,學禮樂之道,以為身之所立,己立而後及人,以至於天下人,是為人道之

---

200 〔清〕阮元:《禮記》,《十三經注疏》(臺北:藝文印書館,1976年),第5冊,頁431。
201 朱永嘉、王知常注釋:《新譯春秋繁露》(臺北:三民書局,2007年),頁804。
202 楊寶中:《論衡校箋上》(石家莊:河北教育出版社,1999年),頁101。

貴。故始從天道之德論，由陰陽五行之交，萬物之生，鬼神之變。再論人道之所立，從人之所生，人之所學，以成就禮樂之道，再擴及家、國、天下，以回應天道之德。是由天論人，再由人上達天的體系。《易·乾傳》云：「夫大人者，與天地合其德，與日月合其明，與四時合其序，與鬼神合其吉凶。先天而天弗違，後天而奉天時。」[203] 亦有此義。近人徐復觀云：

> 秦始皇統一了天下……於是五行之說，大大受到提倡，為當時的儒生所不能不接受。所以秦代的儒生多與方技之士相混雜。其中有一部分優秀特出之士，對儒家傳統地道德精神的天人關係，亦開始吸收陰陽五行這兩個新因素，而加以再建。《禮記》中除了把《呂氏春秋》中的〈十二紀〉抄錄為〈月令〉外，我以為〈禮運〉、〈郊特牲〉等，都是秦代儒者的傑作。〈禮運〉「故人者其天地之德，陰陽之交，鬼神之會，五行之秀氣也。」這是通過陰陽五行，以把人與天連結在一起，這對儒家而言，完全是一種新說。此一新說之出現，不僅是陰陽五行說的一大發展，同時也是儒家性格的一大改變。[204]

徐氏補充說明《禮記·禮運》論「人」之說的政治及思想背景，並指出其天人關係的新連結，在儒家思想演變上的意義。

故自儒家對「人」之意義演變而言，孔子論「人」重文化義之承襲，孟子論「人」重道德心性義的樹立，強調人之異於禽獸者。荀子論「人」重血氣心知之實然內涵，強調教育學習與群體的規範義。至於《禮記·禮運》論「人」，乃結合天道論，論述人之形性義，鬼神

---

203 〔清〕阮元：《周易》，《十三經注疏》（臺北：藝文印書館，1976年），第1冊，頁17。
204 徐復觀：《中國人性論史·先秦篇》（臺北：臺灣商務印書館，1969年），頁576。

義及禮樂之根源義,更擴及到人與家、國、天下的連結,以達人與天地、山川、鬼神、人倫社會的和諧,此可謂是秦漢之際儒者在儒家論「人」議題上的開展。

此外,《禮記‧禮運》由天道氣化以論人之內涵與價值之說,亦影響至於漢儒,董仲舒論人云:「人之形體,化天數而成;人之血氣,化天志而仁;人之德行,化天理而義。人之好惡,化天之暖清;人之喜怒,化天之寒暑;人之受命,化天之四時。人生有喜怒哀樂之答,春秋冬夏之類也。……天之副在乎人。人之情性有由天者矣。故曰受,由天之號也。」[205]此由天以論人之形質性情之所生,可謂是《禮記‧禮運》論人之說的進一步發展,此可顯《禮記‧禮運》論「人」之氣性義,在儒家論人思想演變上的重要價值。

---

205 朱永嘉、王知常注釋:《新譯春秋繁露》(臺北:三民書局,2007年),頁857。

第六章
結論

　　本書主張先秦禮學思想面對的時代難題是周文的禮崩樂壞，先秦禮學思想的目標是對周文之禮的省察與重建新時代的禮制規範，目的是安頓個人、建立社會人倫秩序、建立國家運作體制，進而重建在天、地、人、物中安身立命的禮制與意義，這一階段工作當至漢儒始得重建完成。站此角度論先秦禮學思想成就，可說先秦禮學思想成就主要在理論發展的建樹，筆者考察先秦禮學思想發展有四個脈絡，這四個脈絡對後世中國禮學思想發展中相互影響以至於今：一、先秦禮學思想論「君子之德」的深化與發展。二、先秦禮學在社會規範義的重建與發展。三、先秦禮學「天人合德」思想的發展。四、先秦「天人合德」思想另一脈絡發展，乃論述道家思想對先秦禮學的批判。

　　漢儒藉由君王支持，由上而下，東漢章帝《白虎通》正式提出「三綱六紀」說[1]，藉由「天人相感」、「陽尊陰卑」之說，建立兩漢父長制權威的家國人倫禮教國家，兩漢禮教社會的重建始得完成。在此漫長過程中可知第三脈絡先秦禮學「天人合德」思想與第二脈絡先秦禮學社會規範義的發展相互激盪，最終得到實踐與重建，由周文禮崩樂壞至漢世人倫禮教社會重建完成，可謂中華禮樂文化第一次的崩壞與重建。[2]

---

[1] 「三綱者何謂也？謂君臣、父子、夫婦也。六紀者，謂諸父、兄弟、族人、諸舅、師長、朋友也。」〔清〕陳立：《白虎通疏證》（北京：中華書局，2007年10月），頁373-374。

[2] 可參看個人拙著提出秦漢禮學思想成就：一、天人關係的重建，二、陰陽思想的轉化，三、秦亡的歷史教訓，四、推尊君王的權威，五、災異說的制衡，

漢末禮教文化因權威化而僵固，社會人倫禮教秩序再次瓦解，進入南北朝亂世，此時第四條脈絡道家思想的批判精神挺身而出，竹林七賢、魏晉名士可為代表，強調背棄名教，回歸天地之道，回歸本性之自然，又適逢佛教東傳，遂結合佛教思想，此時第三條脈絡「天人合德」禮學思想吸收新的宇宙觀，漸轉入宗教禮俗方面發展，隨後隋唐帝國繼起，立基於才情感性與佛教文化的隋唐文化成為主流。

　　唐末五代亂世不足以安定人心，故有宋儒興起以德性生命為本，以禮樂文化為德性外在表現，透過講學、著書、家禮、鄉校等，由下而上，重建宋明社會君臣、父子、夫婦、兄弟、朋友之新人倫禮教規範，此可謂第一條脈絡「君子之德」禮學思想的再次復興，可謂中華禮樂文化第二次的崩壞與重建。

　　宋明儒重振道德禮教之風至於近代中西文化的衝突，面對船堅炮利的西方科技優勢，第一條脈絡「君子之德」禮學思想顯然不足以因應新時代的挑戰，造成近代因感「禮教吃人」遂揚棄傳統文化，有志之士全力追求科技發展、追求物質功利，社會詐騙橫行，造成人倫價值崩壞，人心不安，近代可視作中華禮樂文化第三次的崩壞，每感於斯乃有志焉！

　　宋明儒重振第一條脈絡「君子之德」禮學思想本身居功厥偉，其後無力面對西方文化的挑戰，其弊病不在「君子之德」本身，而是第二條脈絡禮學在社會規範義的重建與發展沒有跟上。修身之禮的德性是本，但面對近代社會的劇烈變遷不能只有德性而已，它需要有志之士與時俱進不斷學習認知的態度，面對現代社會的變遷更甚以往，傳統家族聚居被現代社區規劃所取代、小家庭形式成為家庭型態的主流，豈能再以傳統家父長制的權威處理親族或親子關係？傳統婚姻乃

六、黃老思想的批判，七、人倫規範的重建。賴昇宏：《秦漢諸子禮學思想——論《呂氏‧十二紀》到《春秋繁露》》（臺北：文史哲出版社，2018年3月）。

奉「父母之命、媒妁之言」，今日青年多自由戀愛，男女戀愛也當有禮，才能降低戀愛的傷害。工商社會取代過去農業社會，職場環境也大不相同，職場之禮的重建成為當務之急。交通工具的發明，交通之禮的規範亟待完備。影響最大的是今日網路時代，在網路世界中詐騙橫行，是否更該建立起強而有力的規範？此皆亟待第二條脈絡禮學在社會規範義的重建與發展上發揮貢獻。

第三條脈絡禮學「天人合德」思想的發展，在今日則因宗教禮俗型態而傳承未絕，在臺灣社會媽祖繞境更是年度盛事，成為重要禮俗文化特色，第三條脈絡禮學「天人合德」思想在今日更能與環保、永續觀念作結合，賦予新的時代意義。至於第四條脈絡「天人合德」思想另一條脈絡發展，道家思想對禮學的批判，此條脈絡在歷代禮學演變中或顯或隱始終未絕，在中國文人心中「得志則兼善天下，不得志則獨善其身」早已是基本人文素養，重建現代社會的新禮教規範之餘，也時刻傾聽來自天地、來自生命的真實心聲，時時莫忘初心。

個人以為先秦禮學思想的最大貢獻正是它開創了中國禮學思想的四條脈絡，而此四條脈絡在歷代中國禮學思想的演進中相互消長激盪，不斷賦予新的時代意義、呈現新的時代禮教風貌，相信今日吾輩面對近代中華禮樂文化第三次的崩壞，吾人也會從此四條禮學脈絡中得到啟發與智慧，完成第三次中華禮樂文化崩壞後的重建新禮教的文化使命。

參考文獻

一 古籍著作

《老子道德經》,新北市:五洲出版社,1980年8月,世德堂刊本。
《周易》,《十三經注疏》第1冊,臺北:藝文印書館,1976年。
《尚書》,《十三經注疏》第1冊,臺北:藝文印書館,1976年。
《詩經》,《十三經注疏》第2冊,臺北:藝文印書館,1976年。
《周禮》,《十三經注疏》第3冊,臺北:藝文印書館,1976年。
《禮記》,《十三經注疏》第5冊,臺北:藝文印書館,1976年。
《左傳》,《十三經注疏》第6冊,臺北:藝文印書館,1976年。
《論語》,《十三經注疏》第8冊,臺北:藝文印書館,1976年。
《孟子》,《十三經注疏》第8冊,臺北:藝文印書館,1976年。
《楚辭・九歌》,臺北:大方出版社,1979年6月。
《管子》,「新編諸子叢書」,臺北:國立編譯館,2002年2月。
《韓愈全集》,上海:上海古籍出版社,1997年10月。
〔漢〕司馬遷:《史記》,臺北:藝文印書館,1962年,據武英殿影印本。
〔漢〕范　曄撰;〔清〕王先謙集解:《後漢書集解》,臺北:藝文印書館,1982年,據武英殿影印本。
〔漢〕班　固:《漢書》,臺北:世界書局,1973年3月。
〔漢〕許　慎撰;〔清〕段玉裁注:《說文解字注》,臺北:黎明文化事業公司,1991年8月。
〔三國魏〕王　弼等著:《老子四種》,臺北:臺大出版中心,2016年6月。

〔晉〕郭　象注；〔唐〕成玄英疏：《南華真經注疏》，北京：中華書局，1998年7月。
〔宋〕朱　熹：《朱子語類》，臺北：文津出版社，1986年。
〔宋〕朱　熹：《四書章句集注》，臺北：大安出版社，2011年12月。
〔宋〕葉　適：《習學記言》，《四庫全書珍本》三集，臺北：臺灣商務印書館，1971年。
〔元〕陳　澔：《禮記集說》，臺北：世界書局，2009年6月六版。
〔明〕王夫之：《禮記章句》，臺北：廣文書局，1967年7月。
〔清〕王先謙：《荀子集解》，北京：中華書局，1981年。
〔清〕王聘珍撰；王文錦點校：《大戴禮記解詁》，北京：中華書局，2008年1月。
〔清〕朱　彬：《禮記訓纂》，北京：中華書局，1996年。
〔清〕孫希旦：《禮記集解》，臺北：文史哲出版社，1990年月。
〔清〕郭慶藩：《莊子集釋》，臺北：莊嚴出版社，1984年10月。
〔清〕陳　立：《白虎通疏證》，北京：中華書局，1994年8月。
〔清〕焦　循：《孟子正義》，臺北：文津出版社，1998年7月。
〔清〕黃百家：《宋元學案》，臺北：廣文書局，1979年。
〔清〕黎翔鳳撰；梁運華整理：《管子校注》，北京：中華書局，2006年。
〔清〕蘇　輿：《春秋繁露義證》，北京：中華書局，1992年12月。
〔日〕瀧川龜太郎著：《史記會注考證》，臺北：萬卷樓圖書公司，1993年8月。
方向東：《大戴禮記匯校集解》，北京：中華書局，2008年7月。
徐元誥撰；王樹民，沈長雲點校：《國語集解》，北京：中華書局，2006年。
高　明：《帛書老子校注》，北京：中華書局，2002年。
許維遹：《呂氏春秋集釋》，北京：中華書局，2009年9月。

陳奇猷：《呂氏春秋集釋》，臺北：華正書局，1988年。
陳奇猷：《韓非子集釋》，臺北：河洛圖書出版社，1974年3月。
劉文典：《淮南鴻烈集解》，臺北：文史哲出版社，1992年。

二　近人著作（按姓氏筆畫）

勾承益：《先秦禮學》，成都：巴蜀書社，2002年
王啟發：《禮學思想體系探源》，鄭州：中洲古籍出版社，2005年。
王國維：《觀堂集林（外二種）》，石家莊：河北教育出版社，2003年。
皮錫瑞云：《經學通論》，臺北：臺灣商務印書館，1989年10月。
佐藤將之：《荀學與荀子思想研究：評析、前景、構想》，臺北：萬卷樓圖書公司，2015年12月。
余英時：《中國思想傳統的現代詮釋》，臺北：聯經出版事業公司，1987年3月。
余英時：《論天人之際：中國古代思想起源初探》，臺北：聯經出版事業公司，2014年。
李　杜：《中西哲學思想中的天道與上帝》，臺灣：聯經出版事業公司，1991年。
李　零《郭店楚簡校讀記（增訂本）》，北京：北京大學出版社，2002年。
周　何：《禮學概論》，臺北：三民書局，1998年7月。
季旭昇主編，陳霖慶、鄭玉姍、鄒濬智合撰：《《上海博物館藏戰國楚竹書（一）》讀本》，臺北：萬卷樓圖書公司，2004年。
林明照：《先秦道家的禮樂觀》，臺北：五南圖書出版公司，2007年9月。
侯外廬主編：《中國思想通史》，北京：人民出版社，1957年。
姜廣輝主編：《中國哲學》第二十輯，瀋陽：遼寧教育出版社，2000年。

韋政通：《荀子與古代哲學》，臺北：臺灣商務印書館，1997年4月。
唐君毅：《中國哲學原論》，臺北：臺灣學生書局，1989年。
徐復觀：《中國人性論史》，臺北：臺灣商務印書館，1969年。
徐復觀：《增訂兩漢思想史》，臺北：臺灣學生書局，1976年。
涂宗流、劉祖信：《郭店楚簡先秦儒家佚書校釋》，臺北：萬卷樓圖書公司，2001年2月。
高明：《帛書老子校注》，北京：中華書局，2002年重印。
高柏園：《中庸形上思想》，臺北：東大圖書公司，1990年。
張岱年：《中國哲學史史料學》，北京：生活・讀書・新知三聯書店，1982年6月。
張煥君：《制禮作樂：先秦儒家禮學的形成與特徵》，北京：中國社會科學出版社，2010年1月。
曹建墩：《先秦禮制探頤》，天津：人民出版社，2010年10月。
梁啟超：《中國近三百年學術史》，臺北：里仁書局，1995年2月。
郭沫若：《管子集校》，北京：人民出版社，1985年。
陳戍國：《中國禮制史》，長沙：湖南教育出版社，2002年2月2版。
陳師錫勇：《老子論集》，臺北：國家出版社，2015年1月。
陳鼓應：《管子四篇詮釋——稷下道家代表作解析》，北京：商務印書館，2006年。
陳福濱主編：《新出楚簡與儒家思想論文集》，新北市：輔仁大學，2002年。
陳德和：《淮南子的哲學》，嘉義：南華管理學院，1999年。
陳麗桂：《近四十年出土簡帛文獻思想研究》，臺北：五南圖書出版公司，2013年11月。
陳麗桂：《戰國時期的黃老思想》，臺北：聯經出版事業公司，1991年。
陸建華：《先秦諸子禮學研究》，北京：人民出版社，2008年。
陸建華：《荀子禮學研究》，合肥：安徽大學出版社，2004年。

傅武光：《呂氏春秋與諸子的關係》，臺北：東吳大學，1993年2月。
勞思光：《新編中國哲學史》，臺北：三民書局，1991年1月增訂六版。
馮有蘭：《中國哲學史新編》，臺北：藍燈文化事業公司，1991年12月。
楊伯峻：《春秋左傳注》上冊，高雄：復文書局，1991年9月再版。
楊志剛：《中國禮儀制度研究》，上海：華東師範大學出版社，2000年。

三　期刊論文（按年代順序）

王　甦：〈曾子踐仁的工夫〉，《孔孟月刊》第13卷第11期，民國64（1975）年7月。
王玉彬：〈「道的突破」與「仁的覺醒」——老子、孔子之哲學突破的理論進路〉，《哲學與文化》第44卷第2期，2017年2月，頁151。
王　鍔：〈「大同」、「小康」與《禮運》的成篇年代〉，《西北師大學報》第43卷第6期，2006年11月，頁68-71。
佐藤將之：〈《呂氏春秋》和《荀子》對「人類國家」構想之探析：以其「人」觀與「群」論為切入點〉，《政治科學論叢》第69期，民國105（2016）年9月，頁176。
吳信英：〈先秦儒家禮學「內向化」的三次轉向〉，《中國哲學史》2017年第3期，頁46-47。
吳榮增：〈《緇衣》簡本、今本引詩考辨〉，《文史》第3輯，2002年8月，頁14-18。
呂欣怡：〈孟子禮學研究〉，《國立臺灣師範大學國文研究所集刊》第45期，2001年6月，頁191-360。
李　銳：〈出土文獻與《曾子》成書研究——兼論對曾子思想的新認識〉，《哲學與文化》第51卷第9期，2024年9月。
李正治：〈孟子「禮根於心」型的禮樂思索〉，《鵝湖月刊》第22卷第8期（總第260號），1997年，頁15。

杜國庠：〈略論禮樂的起源及中國禮學的發展〉，《中國思想的若干研究》，北京：生活・讀書・新知三聯書店，1952年，原發表於1944年。

林素英：〈從「修六禮明七教」之角度論荀子禮教思想之限制〉，《漢學研究集刊・荀子研究專號》第3集，2006年12月。

林素英：〈從施政策略論〈緇衣〉對孔子理想君道思想之繼承──兼論簡本與今本〈緇衣〉差異現象之意義〉，《哲學與文化》第34卷第3期，2007年3月，頁21。

徐玉梅：〈談大戴禮記中曾子的孝道觀〉，《臺南家專學報》第15期，1996年6月，頁1-9。

張志芳：〈仁禮學說與現代化──探中國傳統文化的現實意義〉，《中國文化月刊》第252期，2001年3月，頁14-24。

許東海：〈大戴禮記盧辯注釋例〉，《孔孟月刊》第21卷1期，1982年9月，頁5-10。

陳志信：〈禮制國家的組構──以《二戴記》的論述形式剖析漢代儒化世界的形成〉，《臺大文史哲學報》第60期，2004年5月。

陳宜均：《王聘珍《大戴禮記解詁》研究》，彰化：國立彰化師範大學國文學系碩士論文，2006年。

陳章錫：〈論《禮記・禮運》的政教文化觀──以人情為核心的考察〉，《揭諦》第9期，2005年7月，頁39-74。

陳鼓應：〈先秦道家之禮觀〉，《漢學研究》第18卷第1期，2000年6月，頁5。

陸建華：〈以道觀禮──老子禮學思想研究〉，《鵝湖》第30卷11期（總第359號），2005年5月，頁58-64。

陸建華：〈先秦儒家禮學的演變〉，《中國海洋大學學報》（社會科學版）2003年第2期，頁12。

惠吉興：〈近年禮學研究綜述〉，《河北學刊》2000年第2期。

黃羽璿：〈《禮記・禮運》的成篇與思想研究〉，《有鳳初鳴年刊》第3期，2007年10月，頁313-327。

黃佳駿：〈孔廣森《大戴禮記補注》的思想取向〉，《東吳中文線上學術論文》第1期，2008年3月，頁107-126。

黃梓根、張松輝：〈關於孔子問禮于老子的幾點認識〉，《湖南大學學報》（社會科學版）第19卷第4期，2005年7月，頁6-10。

楊志剛：〈中國禮學史發凡〉，《復旦學報》（社會科學版）1995年第6期，頁52-68。

楊朝明：〈〈禮運〉成篇與學派屬性等問題〉，收入《儒家文獻研究》，濟南：齊魯書社，2004年。

劉滄龍：〈〈性自命出〉的情性論與禮樂觀〉，《鵝湖月刊》第429期，2011年，頁32-43。

劉澤華：〈先秦禮論初探〉，《中國文化研究集刊》第4號，1987年。

鄭麗娟：〈盧辯《大戴禮記注》與「鄭、王」論說異同考〉，《中國文哲研究集刊》第36期，2010年3月，頁137-180。

賴昇宏：〈論呂氏春秋十二紀的禮學思想〉：《人文研究學報》第51卷第2期，2017年10月1日，頁1-18。

羅根澤：〈荀子論禮通釋〉，《女師大學術季刊》第2卷第2期，1931年4月。

羅新慧：〈曾子禮學思想初探〉，《史學月刊》2000年第3期，頁21-22。

哲學研究叢書・學術思想叢刊 0701036

先秦禮學思想研究

作　　者	賴昇宏
責任編輯	林以邠
特約校對	林秋芬
發 行 人	林慶彰
總 經 理	梁錦興
總 編 輯	張晏瑞
編 輯 所	萬卷樓圖書股份有限公司
排　　版	林曉敏
封面設計	黃筠軒
印　　刷	百通科技股份有限公司
發　　行	萬卷樓圖書股份有限公司

臺北市羅斯福路二段 41 號 6 樓之 3
電話 (02)23216565
傳真 (02)23218698
電郵 SERVICE@WANJUAN.COM.TW

香港經銷　香港聯合書刊物流有限公司
電話 (852)21502100
傳真 (852)23560735

ISBN 978-626-386-309-5

2025 年 9 月初版一刷

定價：新臺幣 500 元

如何購買本書：

1. 轉帳購書，請透過以下帳戶
合作金庫銀行　古亭分行
戶名：萬卷樓圖書股份有限公司
帳號：0877717092596

2. 網路購書，請透過萬卷樓網站
網址 WWW.WANJUAN.COM.TW

大量購書，請直接聯繫我們，將有專人為您服務。客服：(02)23216565 分機 610

如有缺頁、破損或裝訂錯誤，請寄回更換
版權所有・翻印必究
Copyright©2025 by WanJuanLou Books CO., Ltd.
All Rights Reserved　　Printed in Taiwan

國家圖書館出版品預行編目資料

先秦禮學思想研究/賴昇宏著.-- 初版.-- 臺北市：萬卷樓圖書股份有限公司, 2025.09
　　面；　公分.--(哲學研究叢書. 學術思想叢刊；0701036)
ISBN 978-626-386-309-5(平裝)

1.CST: 先秦哲學　2.CST: 禮儀　3.CST: 文集

121.07　　　　　　　　　　　　114011559